Dieudonné de Bèze

베자

교회를 위해 길 위에 서다

베자
교회를 위해 길 위에 서다

양신혜 지음

익투스

| 추천사 |

"이 책은 한국교회에서 개혁교회 연구의 지평을 넓히는 일에 꼭 필요한 디딤돌이다."

기쁘다! 우리 학자가 쓴 베자에 관한 책이 나온다니 얼마나 감격스러운 일인가. 개혁교회와 장로교회의 유산을 이어받아 간직하고 있는 한국교회에 개혁교회의 설립자 중 한 사람인 베자를 소개하는 책이 진작에 나왔어야 했다. 많이 늦기는 했지만, 이제라도 베자의 전기가 나온다니 종교개혁과 개혁교회의 역사와 신학을 가르치는 한 사람으로서 기쁘기 그지없다.

감사하다! 개혁교회 신학과 전통에서 베자가 지닌 중요성에도 불구하고 적어도 국내에서 그는 거의 잊히고 묻힌 인물이었다. 먼저는 루터, 츠빙글리, 칼뱅과 같은 선배 개혁자들의 빛에 가려졌기 때문일 것이고, 또한 라틴어와 프랑스어라는 언어적 장벽으로 인해 접근하기 쉽지 않았기 때문일 것이다. 그런 어려움에도 불구하고 양신혜 박사가 용기를 내어 베자에 관한 전기를 저술해 준 것이 정말 고맙다. 생소한 것들을 찾아가며, 기록하고, 다듬어 한 권의 책을 펴낸다는 것이 얼마나 고단한 일인지 잘 알기 때문에 그 고마움이 더욱 크다. 이 책은 한국교회에서 개혁교회 연구의 지평을 넓히는 일에 꼭 필요한 디딤돌이다.

베자가 태어난 프랑스의 베즐레는 중세 정신의 상징과도 같다. 시토회 수도사 클레르보 베르나르의 권고에 따라 2차 십자군이 출발했던 장소이자, 막달라 마리아의 유물을 보관한 대성당이 자리하고 있는 곳이다. 필자도 혹 베자의 흔적이라도 찾을 수 있을까 싶어 언덕 위의 도시 베즐레를 방문한 적이 있었다. 베자의 발자취를 발견할 수는 없었지만, 유서 깊은 중세풍 도시를 만날 수 있었다. 이곳에서 새 시대를 여는 종교개혁자 베자가 태어난 것은 하나님의 은혜였다. 그의 세례명 '디외도네'의 의미처럼, 베자는 종교개혁 운동과 개혁교회에 주어진 '하나님의 선물'이었다.

인문주의자, 시인, 정통신앙의 옹호자이자 신학자, 위그노의 지도자, 제네바아카데미를 이끌었던 교육자, 제네바 목사회의 대표자, 베자를 가리키는 수많은 호칭이다. 참으로 그는 이 이름에 걸맞은 역할을 했고, 프로테스탄트 종교개혁을 든든한 반석 위에 올려놓은 개혁자였다. 흔히 베자를 칼뱅의 후계자 정도로 치부하지만, 실상 베자는 그 자체로 제네바 종교개혁과 개혁교회 유산의 확립자로 평가되어야 마땅하다. 칼뱅이 제네바의 개혁자로 25년(1536~38, 1541~64) 일했다면, 베자는 칼뱅을 계승하여 무려 41년(1564~1605) 동안 제네바의 개혁 운동을 이끌었던 사람이다. 더 나아가 프랑스와 유럽의 개혁교회가 따르는 신학과 실천의 원칙을 제시한 인물이다. 참으로 베자는 16세기 종교개혁의 역사 한복판에서 개혁교회의 전통을 수립하고 오늘날에 이르기까지 항구적인 영향을 끼친 시대의 선각자였다.

아무쪼록 이 책이 21세기 한국교회 안에 진정한 개혁교회 정신이 구현되기를 갈망하는 모든 사람에게 주어지는 '하나님의 선물'이 되기를 바라며, 앞으로 베자와 관련한 연구에서 긴요한 지렛대로 사용될 수 있기를 소망한다. 그것이 저자에게는 가장 큰 기쁨과 보람이 될 것이다.

박경수 (장신대 교수)

드디어 한국 학자에 의해 저술된 베자의 한국어 전기가 출간되었다. 베자는 유명한 제네바 개혁자 칼빈의 후계자이다. 칼빈은 한국교회에 너무 잘 알려져 있는 반면에 그의 후계자 베자는 거의 알려져 있지 않은 상태이다. 신학교에서 관심 있는 몇몇 사람들만 겨우 그의 이름을 기억할 정도로 베자에 대한 지식은 빈약하여 그가 칼빈의 후계자라는 사실 외에는 전무하다고 해도 과언이 아닐 것이다.

이런 상황에서 제네바의 종교개혁자 베자에 대한 단행본 출간은 한국교회에 종교개혁, 특히 제네바 종교개혁을 좀 더 다각도로 깊이 알리는 희소식이다. 이 책의 최대 장점은 단순히 베자의 일생을 시대 순으로 기술한 평면적 전기가 아니라, 프랑스와 제네바를 둘러싼 당시 시대적 상황과 정치적 지형도를 상세하게 기술한 통합적 전기라는 것이다.

이 책에서 저자 양신혜 박사는 칼빈을 전공한 학자답게 칼빈과 베자의 신학적 연관성도 주도면밀하고 다면적으로 분석하는 탁월한 능력을 발휘한다. 저자는 보수교단인 총신대학교 출신으로 독일에서 칼빈의 성경관을 다룬 논문으로 학위를 받은 보기 드문 실력자다. 출중한 능력으로 무장한 그녀의 책은 베자에 관한 최초의 한글 단행본이라는 사실만으로도 충분히 가치가 있다.

물론 이런 역작의 탄생을 가능하게 한 출판사의 탁월한 기획에도 공로를 돌린다. 베자 전기는 베자에 관한 옛 연구물 보다는 오히려 최신 연구물을 참고한 저술이다. 저자가 독일 유학파임에도 불구하고 참고문헌들을 독어권 혹은 불어권보다는, 접근이 용이한 영어권이나 한글로 번역된 연구물 중심으로 소개한다는 점도 본서의 장점이다.

또한 본서는 16세기 베자에 대한 역사적 연구에서 끝나지 않고, 마지막 13장의 '한국교회와 베자'와 같은 제목에서 짐작할 수 있는 것처럼, 정교분리 시대 21세기를 살아가는 한국교회가 정교일치시대인 16세기를 살았던 베자에게서 과연 무엇을 얼마나 어떻게 배워야 하는지 문제를 제기하고 도전할 뿐만 아니라, 조심스럽게 해답을 찾아갈 수 있도록 요청하고 안내한다.

본서가 칼빈의 후계자로서의 베자뿐만 아니라, 칼빈과 제네바의 종교개혁에 대해 좀 더 깊이 알고 싶은 독자들의 욕구를 차고 넘치도록 채워줄 훌륭한 저술이라 생각하며 기쁜 마음으로 추천한다.

황대우 (고신대 교수)

| 저자 서문 |

누군가를 기억한다는 것은 그의 삶이 나의 존재 안으로 들어온다는 의미이다. 나의 기억의 저장소에 그가 들어오면서 그와의 동행은 시작되었다. 그를 만나면서 나를 보기 시작했고, 그와 걸어간 길에서 그가 만난 하나님을 대면하였다. 그와의 동행이 준 '설렘'을 글로 남기기 시작했다. 여전히 마음 한편에 자리 잡은 부족함이 나를 부끄럽게 한다. 그럼에도 불구하고 그가 걸어간 시대가 던진 묵직한 질문이 여전히 우리 시대에 의미가 있기에 그와의 동행이 감사하기만 하다.

베자가 태어난 프랑스의 작은 도시 베즐레(Vézelay)는 순례길이 시작하는 도시이다. 묘하게 베자의 삶은 고향과 평행선을 그린다. 중세시대의 순례자들은 하나님과 만나기 위해서, 그리고 자기 자신을 반추하기 위해서 베즐레로 모여 들었고, 길을 떠났다. 하지만 베자는 그곳을 떠났고, 새로운 길을 만들어가기 위해서 그곳으로 갔다. 고국 프랑스에서 박해받는 위그노를 돕기 위해서, 그리고 종교적 갈등을 해결하기 위해서 그렇게 그는 길을 만들어 갔다. 그가 만든 생소하고 낯선 길을 따라가면서 '나'는 파리의 공원에 있는 잔 달브레의 동상, 연인의 다리에서 만나는 앙리 4세의 상, 푸아시의 평화 회담 표지판 뒤로 펼쳐지는 해리포터의 '나무'를 연상시키는 나무숲, 라로셸에서 개혁교회와 그 앞으로 펼쳐지는 평화로운 바다를 만났다. 과거는 기억 한편으로 사라지고, 그저 그 때를 알려주는 흔적만이 과거의 시간을 떠오르게 할 뿐이었다. 지금의 평화가 어울리지 않는 그 때 그 역사가 남긴 선물을 이 땅에 살고 있는 후손들은 기억하고 있을까? 역사는 기억하는 자의 현재와 함께할 뿐이다. 그러하기에 이 작은 책이 전하는 역사의 뒤편으로 물러나 있는 한 종교개혁자의 삶이 이 땅의 그리스도인에게 '오늘'을 선물하길 소망한다. 혼돈에 빠진 한국교회를 고민하고, 진리를 위해서 분투하는 그리스도인에게 '낯선' 설렘으로 다가가길 기도한다. 더 나아가 마음 한편에 공명을 일으켜 그와 함께 참된 그리스도인의 길을 고민하며 걸어가게 되길 기도한다.

    그는 같은 민족에게 이단자로 낙인찍혀 철저하게 버려졌다. 당시 수치의 상징이었던 화형대에 자신을 대신하는 인형이 불태워졌다. 이렇게 흔적 하나 남기지 않고 그는 길을 떠났다.

올바른 신앙을 위해서 낯선 땅에서 자리를 잡았다. 제네바에서 제2의 종교개혁을 이끌었던 칼빈의 등 뒤에서 계시던 하나님을 보았기 때문이다. 그래서 그는 칼빈이 닦은 길에서 대화를 나누며 그와 함께 동역의 길을 걸었다. 또한 그는 칼빈에 대항하는 대적자 뒤에 있는 사탄을 보았다. 그러하기에 칼빈을 향해 쏟아내는 화살을 향해 자신의 온몸을 던졌다. 그렇게 그는 칼빈의 예정론을 체계화하였고, 교회의 일치를 지켜냈다. 베자는 칼빈 뒤에서 그를 지지하는 버팀목이 되어주었다. 그렇게 그들은 '우리'가 되어 개혁교회의 터전을 닦았다. 그렇게 그는 제네바 교회의 기둥이 되어갔다.

하지만 하나님은 베자를 이끌어 멀고 험한 길을 떠나게 하셨다. 제네바를 넘어서 하나님은 베자를 통해서 그의 일을 행하고 계셨다. 참된 신앙의 불모지인 프랑스, 참된 신앙이 짓밟히고 숨을 쉴 수 없었던 그 자리에서 묵묵히 자리를 지키는 자들에게 참된 신앙의 씨앗을 뿌리게 하셨고, 물을 주어 새싹을 돋게 만들며 열매로 개혁교회를 세우게 하셨다. 베자는 그렇게 하나님의 손에 이끌려 걷고 또 걸었다. 오직 하나님의 영광을 위해서! 고향 땅에 올바른 신앙을 전하기 위해서! 고향에서 핍박받는 참된 그리스도인을 변호하기 위해서! 이렇게 베자의 신학은 고국 프랑스에 꽃을 피우게 하셨고 유럽으로 확장시키셨다. 하나의 홀씨가 되어 베자의 신학은 프랑스, 네덜란드,

독일, 바다를 건너 영국으로까지 퍼져나가 개혁신학의 꽃을 피웠다.

    칼빈이 뿌리를 놓은 개혁신학을 널리 확장시킨 베자의 삶을 그리는 일은 만만치 않은 작업이었다. 그에 대한 업적이 칼빈의 그것으로 인해 묻혀있어서 그의 자료를 찾는 일뿐만 아니라, 그에 대한 오해를 이해로 나가기 위해서 넘어야 할 언어적 장벽은 생각한 것보다 더 높았다. 그럼에도 불구하고 칼빈의 뒤를 이어서 제네바의 종교개혁을 이끈 후계자라는 한 줄 기록에서 한 권으로 만들어가는 과정은 기쁨이었다. 한국교회가 직면한 문제를 해결하기 위해서 넘어야만 하는 산이 그곳에 있었기 때문이었다. 하지만 베자를 그리는 작업은 오히려 그리스도인으로서의 나의 자리를 찾게 해 주었기에 행복했다. 그러하기에 베자와 함께 떠나는 순례의 길을 권하고 싶다.

    기꺼이 베자와 길을 떠나기를 결정한 독자들에게 먼저 용서를 구하고 싶다. 언어적 부족함을 인지했음에도 불구하고 시작한 작업이었다. 그렇지만 그것이 남긴 아쉬움은 베자에게 다가갈수록 더욱 커져만 갔다. 그러하기에 책으로 출판되는 이 시점에서 부끄러움만이 남는다. 그렇지만 작은 졸고가 칼빈의 삶과 신학이 남긴 유산 위에 세워진 한국교회가 또다시 개혁신학의 토대 위에서 본류를 세워가는 길에 작은 밑거름이 되길 바라기에, 부족함에도 불구하고 출판하게 되었음을 너른 마음으로 포용해 주시길 바란다. 또한 부끄러운 글을 이렇게 아름답게 만들어준 익투스의 모든 분에게 감사를 드리고, 한국연구재단에서 받은 지원으로 시작한 베자 연구가 결실을 맺을 수 있도록 힘써 주신 모든 분들에게도 감사를 드린다.

무엇보다도 모든 여정을 인간의 생각을 넘어서 세심하게 이끈 하나님께 영광을 돌리며 이스라엘의 남은 자를 모으신다는 약속의 말씀으로 끝맺음을 하려고 한다.

"길을 여는 자가 그들 앞에 올라가고 그들은 길을 열어 성문에 이르러서는 그리로 나갈 것이며 그들의 왕이 앞서 가며 여호와께서는 선두로 가시리라"(미 2:13).

2020년 1월
또다시 떠나는 길 위에서
양신혜

차례

추천사 · **4**
저자서문 · **9**

Chapter 01
익숙하지만 낯선 이름 · **21**

역사의 무대에 선 그리스도인 · **23**
베자에 대한 오해 벗기 · **26**
길 위의 그리스도인 · **29**

Chapter 02
참된 신앙의 길목에서 · **33**

하나님의 선물 · **35**
스승 볼마르 · **37**
꿈을 찾는 시인 · **45**
칼빈과의 만남 · **57**

Chapter 03
로잔에서의 사역 • 63

문인으로서 베자 • 68
볼섹과의 예정론 논쟁 • 75
정통주의 신학의 기초인 예정론 도식 • 81
예정론 도식의 내용 • 86
하나님은 악의 조성자인가 • 90
그리스도 안에서의 선택 • 94
예정 교리 설교 방법론 • 98
예정과 구원의 확신 • 103

Chapter 04
종교적 관용 논쟁 : 세르베투스 • 115

위정자의 임무 • 128
양심의 자유와 이단 • 133
양심의 확신으로서의 믿음 • 138
동포를 위한 국제 활동 • 143

차례

Chapter 05
신앙고백서 · 153

신앙고백서의 목적 · 156
신앙고백서의 구조 · 161
성령이 주는 믿음 · 169
믿음의 매개인 하나님의 말씀 · 180

Chapter 06
진리를 위한 영적 싸움 · 187

제네바 아카데미 · 191
교육 과정 및 훈련 · 193
세상을 변혁시키는 대학 · 200

Chapter 07
목회자로서의 베자 • 205

공부하는 목회자 • **207**
고난을 함께 하는 목회자 • **211**
설교자로서의 베자 • **237**
목사회의 의장으로서의 베자 • **240**
신학자로서의 베자 • **244**

Chapter 08
위그노, 종교의 자유를 위하여 • 251

개혁교회 형성과 발전 • **254**
위그노 지도자의 개종 • **258**
나바르의 여왕 잔 달브레 • **262**
앙부아즈 사건 • **266**
푸아시 회담 • **271**
종교전쟁의 과정 • **283**

차례

Chapter 09
프랑스 개혁교회 · **299**

프랑스 개혁교회의 첫 총회 · **302**
프랑스 신앙고백서 · **305**
라로셀 총회 · **321**

Chapter 10
하나님의 말씀에 붙잡힌 양심의 저항 · **335**

성 바돌로매 축일의 대학살 · **341**
심연의 슬픔을 넘어서 · **348**
백성들에 대한 위정자의 권한 · **357**
저항의 목소리 · **371**
저항의 윤리 · **373**

Chapter 11
갈등과 고뇌의 시간 · **379**

성만찬 논쟁 · **382**
몽벨리아르 회담 · **392**

Chapter 12
마지막 시기 • **407**

낭트 칙령 • 419
마지막 길목에서 • 429

Chapter 13
한국교회와 베자 • **441**

베일에 싸여 있는 사람 • 443
우리의 자리 • 446
베자에게 묻고 답을 얻다 • 449

편집후기 • 457
참고문헌 • 462

테오도르 베자
교회를 위해 길 위에 서다
Dieudonné de Bèze

1
익숙하지만 낯선 이름

제네바에서 추방당하는 칼빈(오른쪽)과 파렐

Chapter 01

익숙하지만 낯선 이름

이 땅에 살아가는 그리스도인의 삶의 뒤에는
그의 등을 밀어 이루어 가시는 하나님의 손길이 있음을 기억하라.

역사의 무대에 선 그리스도인

르네상스의 물결은 과거 찬란했던 그리스·로마의 문화를 현재에 복원하고자 하는 인간 욕망의 표현이었다. 과거 인간의 찬란했던 시대를 복원하려는 것은 과거를 통해 현재의 인간이 세상의 명백한 주인임을 다시 한 번 천명하려는 열망에서 기인한 것이다. 이러한 물결은 역사를 기록하는 역사가들의 서술 방법과 내용에도 지대한 영향을 미쳤다. 이러한 시대적 흐름에 맞서서 하나님 중심의 역사서술의 장을 열어 자신의 일생 과업을 시작한 자가 있었다. 바로 테오도르 베자이다. 그는 칼빈이 서거한 지 몇 주 안 되는 시점에서 『칼빈의 생애』를 저술하였다. 이 작품은 동시대의 흐름에 역류하는 저항의 상징이자 새로운 기독교 문화의 창출이며 계승이었다. 사람들은 베자를 통해 비로소 한 인물의 일대기가 어떻게 하나님의 이야기와 연결되어 있는지 보게 되었다.

그의 역사서술은 두 지평의 융합을 특징으로 갖는다. 종말이라는 미래의 역사를 이 땅으로 끌어들일 뿐만 아니라, 다른 한편으로는 이 땅에서 펼쳐지는 역사의 무대를 영적 시간으로 끌어올린다. 이로써 제한된 시공간에서 일어난 역사적 사건의 지평과 그 시공간을 넘어서 펼쳐지는 영적 지평의 융합이 눈앞에서 이루어지게 된다. 칼빈의 실제적 계승자인 베자는 『칼빈의 생애』에서 제네바라는 역사의 무대에 선 칼빈과 그의 등 뒤에서 사탄과 싸우시는 하나님을 주인공으로 삼아 하나님께서 칼빈을 통해 그려가시는 그림을 그려낸다. 그래서 베자의 역사 이야기에는 네 명의 주인공이 등장한다. 역사의 무대에 선 주인공과 그 적대자, 주인공의 등 뒤에 서 계신 하나님과 대적자 뒤에 있는 사탄이다. 지금 이곳이라는 시공간에서 이루어진 역사 이야기는 시공을 넘어선 하나님의 이야기와 연결되어 있는 것이다.

수줍고 내성적인 칼빈은 하나님의 강권적 간섭으로 제네바에서 종교개혁자로서의 삶을 시작하였다. 하지만 그곳에서 그는 쫓겨났다. 하나님께 떠밀리어 들어간 제네바에서 그는 적대자들에게 오히려 밀려나 쫓겨났다. 참담한 일을 당하여 어찌할 바를 몰랐던 그는 스트라스부르로 갔다. 그 길에서 칼빈은 얼마나 낙심했겠는가. 하지만 베자는 절망하여 참담하게 스트라스부르로 가는 칼빈의 등을 미는 하나님의 손을 보았다. 스트라스부르 사역은 하나님의 섭리였고, 더 큰 일을 하도록 하기 위해서 다양한 시련을 통해 훈련시키는 과정이었다. 즉 제네바의 교회를 재건하기 위한 하나님의 뜻이었다. 하나님은 그의 손을 펼쳐 칼빈의 등을 밀어 적대자와 싸우게 하셨다. 그렇게 하나님께서는 칼빈을 통해서 제네바의 교회를 개혁해 나가셨다. 베자는 칼빈의 등 뒤에서 이루어가시는 하나님의 역사를 보았다. 그리고 이 땅에서 살아가는 그리스도인의 삶은 하나님의 손길의 결과임을 깨달았다. 그리스도인은 하나님의 마지막을 준비하며 이 땅에서 맡겨진 소명의 자리를 묵묵하게 감당하며 살아가야 한다. 그렇게 살다가 자신의 영적 아버지 칼빈처럼 하나님의 부름을 받아야 한다. 베자는 칼빈의 삶을 기록하면서 자신도 그렇게 살아가리라 소망했으리라. 더 나아가 하나님의 역사가 자신을 통해서 이루어지길 소망했으리라.

베자에 대한 오해 벗기

테오도르 베자(1519-1605)는 칼빈의 제자이자 개혁파 정통주의 신학의 선구자이다. 그는 중세와 단절하고 새로운 시대를 연 종교개혁자 칼빈이 남긴 유산을 체계화하여 정통주의 신학으로 발전시켰다. 그럼에도 불구하고 베자에 대한 연구는 칼빈의 연구와 비교할 때 절대적으로 미흡하다.[1] 칼빈의 후계자 내지는 계승자라고 불림에도 불구하고 베자가 칼빈의 그늘 아래 가려져 있는 이유는 무엇일까? 베자는 칼빈이 토대를 놓은 개혁신학을 한층 더 발전시키고 체계화하여 정통주의 신학을 유럽에 꽃 피웠다. 루터가 죽은 후 루터파는 성찬론 논쟁으로 인해 엄밀한 루터파와 온건한 루터파로 분열에 들어간 것과 대조를 이룬다. 그럼에도 불구하고 그에 대한 평가는 정통주의에 대한 평가와 맞물려 부정적이다. 사람들은 "정통주의(스위스를 중심으로 이루어진 개혁신학을 체계화한 칼빈주의)는 지나치게 논리적이어서 딱딱하다. 감정도 없는 무미건조한 서술로 재미없고 지루

---

[1] 한국에서 발표된 베자에 대한 연구논문은 다음과 같다. 김지훈, "테오도르 베자의 신학 안에서 예정론에 대한 이해," 「조직신학연구」 24(2016), 36-64. 양신혜, "성경의 권위에 대한 베자의 이해-칼빈과 베자의 연속성과 불연속성의 관계에서," 「한국개혁신학」 57(2018), 133-166. 임도건, "제네바 아카데미와 베자의 신학사상," 「진리논단」 13(2006), 813-831. 임도건, "후기종교개혁 사상연구: 멜란히톤, 부처, 불링거, 베자를 중심으로," (숭실대학교대학원 Ph.D. 2012).

하다"라고 말한다. 그리고 이러한 정통주의를 낳은 신학의 선구자가 바로 베자라고 주저함 없이 주장한다.

베자에 대한 이러한 부정적 평가는 19세기의 칼 바르트의 영향을 받은 칼빈주의 신학자들의 연구결과물이다. 이들은 논리적 체계를 낳은 정통주의 신학은 원래 칼빈이 가진 따뜻한 신학과 거리가 멀다는 것을 학문적으로 논증해내기 시작했다. 그리고 정통주의 신학이 칼빈의 개혁신학에서 벗어나 멀어지게 되는 단초를 제공한 학자가 바로 베자라는 결론을 내렸다. 이들의 학문적 성과로 인해 베자에 대한 부정적 이미지는 고정화되었다. 지금까지 우리는 베자의 삶과 그의 신학에 대한 연구에 집중하기보다는 그에 대한 부정적 이미지만을 재생산해낼 뿐이었다. 베자에 대한 해석만 우리에게 알려졌을 뿐 우리는 그가 어떤 신학자였는지 그의 삶에 대해서는 관심을 기울이지 않았다. 단지 하나의 해석을 사실로 여기고 그에 대한 선입견만 재생산하고 있었다.

이런 선입견에서 벗어나기 위해서 라이트(Shawn D. Wright)는 성경신학의 원칙인 '상황이 왕이다'(context is king)를 그대로 베자에게도 적용해야 한다고 주장한다.[2] 즉 우

---

2) Shawn D. Wright, *Theodore Beza The Man and the Myth* (Glasgow: Christian Focus Publications Ltd., 2015), 9.

리가 가지고 있는 선입견에서 벗어나 베자를 제대로 올바르게 이해하기 위해서 그의 생애로부터 다시 시작해야 한다는 말이다.[3] 그는 우리와는 다른 시대를 다른 공간에서 살다 간 인물이다. 그의 삶은 우리가 생각하지 못할 정도로 드라마틱하다. 그는 비밀리에 결혼하여 40여 년의 결혼생활을 하였고, 이단으로 정죄되어 그의 조형물이 화형을 당하기도 했다. 그는 귀족들과 왕족들과 관계를 맺으며 살았지만 그가 걸어간 삶의 여정에는 우리의 상상을 초월한 위험이 도사리고 있었다. 그리고 목숨을 걸고 전쟁의 불 속으로 들어갔으며, 종교적 이유로 억압을 당하는 동료와 친구를 위해서 수없이 길을 떠났다. 일상적인 우리 삶의 모습과는 전혀 다른 모습으로 살아간 그의 삶의 여정을 따라 우리는 조심스럽게 함께 걸어가는 시간이 필요하지 않겠는가. 역사라는 시공간의 자리를 묵묵하게 걸어간 한 인물의 삶을 고정화된 날카로운 해석의 잣대로 평가하기 전에 그가 걸어간 삶의 여정을 따라서 그를 이해하려고 노력하는 것

---

3) Richard A. Muller, "Theodore Beza(1519-1605)," 213—224. Jill Raitt, "Theodore Beza (1519-1605)," 89-104. Shawn D. Wright, *Theodore Beza The Man and the Myth* (Glasgow: Christian Focus Publications Ltd., 2015). 박건택, "Theodore Beza (1519-1605) 개혁파 정통신학의 선구자," 「신학지남」 211-237. 이은선, "2세대 제네바의 종교개혁자 테오도르 베자," 『종교개혁자들 이야기』 (시흥: 지민, 2013), 287-311. 임원택, "칼빈의 후계자, 베자", (부산: 개혁주의 학술원, 2012), 69-84.

이 먼저가 아닐까 생각한다.

우리는 한 시대의 그리스도인으로서 주어진 길을 걸어간 베자의 삶에 대한 관심을 뒤로 한 채 정형화된 해석의 틀만을 반복하지 않았는지 반성해야 한다. 역사는 사실에 토대를 둔 해석이 되어야 한다. 물론 해석의 주체가 누구인지에 따라서 그리고 시대의 요구에 따라서 다르게 해석되기도 한다. 하지만 해석의 정당성은 사실에 근거한 해석인가에 달려 있다. 그렇다면 우리는 적어도 베자를 평가할 때 사실에 근거하여 평가하였는지 반성해야 한다. 지금까지 우리는 '역사적 사실'에 관심이 없었다. 단지 해석을 사실로 여기고 오해를 반복해 왔을 뿐이다. 그러니 이제부터 우리는 베자에게 덧붙여진 오해를 푸는 작업을 시작해야 한다.

길 위의 그리스도인

칼빈과 베자는 프로테스탄트 신앙을 위해서 자신의 고국 프랑스를 떠났다. 둘은 '길' 위의 삶을 선택한 망명자였다. 로마 가톨릭교회에 대항하여 올바른 신앙 체계를 다시 세우는 데 전 생애를 바친 그들은 종교개혁자로서 제네바에서 동역을 하였고, 하나님의 부름 앞에서 순종하며 주어진 길을 묵묵히 걸어갔다. 단지 베자는 귀족 계급에서 태어난 반면, 칼빈은 교회에서 회계를 담당하는 아버지(아버지의 집안은 어촌에서 술통을 제조하는 집안이었다.) 밑에서 태어났을 뿐이다. 하나님이 부르신 그 자리를 걸어간 동역자로서 칼빈은 개혁교회의 신학적 기반을 닦았고, 베자는 칼빈이 닦은 터 위에서 개혁교회를 단단히 만들어갔다.

베자에게 남겨진 임무는 크게 세 가지로 정리된다.

첫째, 참된 신앙으로 인해 고통받고 있는 프랑스 성도들을 위한 국제적인 노력이다. 칼빈은 프랑스에서 신앙 때문에 박해를 받고 있는 위그노 교도들을 위해 기도하고 책을 출판하며 그들을 위한 선교의 발판을 마련하였다. 반면 베자는 독일과 프랑스 등지에서 열리는 회의에 참여하여 프랑스의 위그노들을 실제적으로 돕기 위해 적극적으로 발로 뛴 인물이다. 외교적 역량이 돋보이는 임무를 통해서 그는 실천적 목회를 제네바뿐만 아니라 유럽 전역을 돌아다니며 수행하였다.

둘째, 베자는 볼섹이 칼빈의 예정론을 비판함으로써 시작된 예정론 논쟁에 뛰어들어 칼빈을 후원하였을 뿐만 아니라 루터주의자들과의 성찬론 논쟁 등을 주도하였다. 칼빈이 로마 가톨릭교회와 당시 이단으로 정죄된 급진적인 재세례파, 리베르틴파(자유당, Libertine)들과의 신학적 논쟁에 깊이 뛰어든 것처럼, 베자는 로마 가톨릭과의 논쟁을 주도하였을 뿐만 아니라, 프로테스탄트 안에서의 논쟁에 집중하여 루터파와의 경계를 분명히 하였다. 논쟁을 통해서 그는 개혁신학을 체계화하는 데 기여하였다. 이뿐만 아니라 아버지의 개종을 위하여 신앙고백서를 작성하였고, 수많은 설교문과 주석서를 남겼다.

셋째, 베자는 칼빈이 세운 제네바 아카데미의 초대 학장으로서 교육 체계와 커리큘럼을 만드는 데 깊이 관여하여 신학교의 교육체계를 만들었다. 이뿐만 아니라 제네바 목사회를 맡아서 제네바의 시민들이 하나님의 뜻 안에서 참된 그리스도인으로 성장할 수 있도록 돕는 목회자였다. 베자는 흑사병으로 제네바 아카데미가 문을 닫게 되었을 때도, 사부아의 공격으로 도시가 위험에 빠졌을 때도 제네바 시의 시민들과 함께 고난을 나누었고, 그들의 신앙이 바로 설 수 있도록 격려하였다. 그는 하나님의 부름을 받은 교육자이자 목회자였다.

이 책에서 우리는 교회의 정통을 세우고 성도들의 영혼을 돌보는 목회자로서 베자를 만나게 될 것이다. 흑사병의 위협 아래에서 고통당하는 시민들을 위로하며 고통의 신학적 의미를 되새기고, 묵묵하게 하나님이 부르신 소명의 길을 걸어간 한 목회자를 말이다. 우리는 또한 고향 프랑스에서 박해받는 신앙의 동지들을 위하여 수없이 길을 떠나는 외교가 베자의 모습도 보게 될 것이다. 또한 올바른 신학에 토대를 둔 개혁교회를 세우기 위해서 노력하는 신학자 베자와 이를 신앙의 후배들에게 전하기 위해 강단에 서 있는 교육자 베자를 만나게 될 것이다.

그리고 무엇보다 가장 참다운 그의 모습이라 할 수 있는 것으로, 하나님께서 주신 소명의 자리에서 맡겨진 짐을 지고 묵묵하게 걸어가는 그리스도인 베자를 만나게 될 것이다.

2

참된 신앙의 길목에서

앙리 2세 치하 개혁자들에 대한 화형

Chapter 02

참된 신앙의 길목에서

하나님의 말씀에 대한 지식을 찾게 한 것은
제가 당신의 손에서 받은 가장 위대한 은혜였습니다.

하나님의 선물

베자(Dieudonné de Bèze)의 어린 시절에 대해서는 그리 알려진 것이 많지 않다. 츠빙글리가 취리히에서 종교개혁의 출발을 알린 1519년, 그해 6월 24일 베자가 베즐레(Vézelay)에서 태어났다. 베자의 아버지(Pierre Bèze, 1485-1562)는 낮은 귀족 계급에 속해 있었고, 법대를 졸업하고 법관으로서 직무를 감당하였다. 그의 어머니도 광산업을 하는 지방 귀족 계급에 속해 있었다. 그의 삼촌 니콜라스(Nicholas de Bèze)는 파리 의회의 일원이었고, 또 다른 삼촌 클라우데(Claude)는 시토 수도원의 대수도원장이었다. 이처럼 베자의 집안은 전반적으로 귀족 계층에 속해 있었다.

어린 베자는 '하나님의 선물'이라는 뜻을 지닌 디외도네(Dieudonné)[4]란 세례명을 받았다. 그는 하나님의 선물로 가족의 기쁨이었지만, 육체적으로는 허약하여 잦은 병치레를 치렀다. 따라서 그의 아버지는 파리에 있는 니콜라스 삼촌 집으로 그를 보낼 수밖에 없었다. 베자의 건강이나 교육을 위해서 파리에 머무는 것이 더 나을 것이라고 생각한 것이다. 그때 베자의 나이는 세 살이었다. 어머니의 따뜻한 보살핌이 필요한 나이에 부모를 떠나 낯선 공간에 떨어진 것이다. 그리고 얼마 되지 않아 어머니의 부음을 듣게 된다. 베자는 어머니 없이 어린 시절을 보내게 된다. 그가 어떻게 어린 시절을 지냈는지에 대해서는 전해지지 않지만 어쨌든 그의 어린 시절은 길고 어두운 터널이었다. 베자는 자신의 어린 시절에 대해서 회상하기를 "나는 살고 있다기보다는 죽고 있었다"[5]라고 말한다. 이 한 구절에 스며든 어린 베자의 삶의 무게를 우리는 짐작할 수 있다.

사막의 오아시스처럼 하나님은 그를 위한 선물을 마련

---

4) 베자는 1539년 이후 자신의 세례명을 스스로 헬라어의 의미로 바꾸어 테오도레(Théodore)로 불렀다.

5) Beza Correspondance de Théodore de Bèze, ed. Henri Meylan and Alain Dufour (Geneva: Librairie Droz, 1963) letter to Melchior Wolmar 3.12, 3.44. 이 편지의 번역본은 Baird, *Theodore Beza*의 책, 355-367에서 찾을 수 있다.

해 놓으셨다. 삼촌 니콜라스는 베자를 교육시키기 위해서 오를레앙(Orléans)으로 보낸다. 왜 오를레앙이었을까? 베어드(Baird)에 따르면, 삼촌 니콜라스가 왕의 최고 협의체 구성원과 저녁식사를 하면서 왕의 보좌관이 오를레앙에 있는 볼마르를 높이 평가하는 소리를 듣게 되었다. 베자를 성공시키기 위해서는 볼마르에게 보내 인문주의를 공부하도록 해야 한다고 생각한 삼촌은 파리의 유명한 대학에 보내려는 가족의 반대를 무릅쓰고 오를레앙으로 베자를 보낸다.[6] 그는 어린 시절의 향수가 배어 있는 곳을 떠나 낯선 땅으로 여행을 하게 되었다. 낯선 곳으로의 여행은 공간적 단절과 감정적 단절의 경험을 전제한다. 어린 나이의 베자에게 이 경험이 주는 충격은 컸을 테지만, 그 안에 감추어진 하나님의 은밀한 계획은 우리를 놀라게 한다.

스승 볼마르

1528년 12월 9일. 어린 베자가 볼마르(Melchio Wolmar, 1497-1560)의 집으로 들어간 날이다. 베자는 이 날이 자신의

---

6) Henry Martyn Baird, *Theodore Beza*, (Eugene, Oregen: Wipf & Stock, 1899), 7-8.

삶에서 하나의 터닝 포인트였다고 고백하며 "이 날을 나의 제2탄생일로 축하하는 것은 당연하다"라고 말한다.[7] 볼마르는 당시 프랑스의 인문주의자 뷔데(William Budé)와 르페브르 데타플(Jacques Lefèvre d'Etaples)의 제자이자 루터의 신앙에 젖어 있던 헬라어 선생이었다. 그를 통해서 베자는 종교개혁의 선구자인 루터의 신학과 인문주의자의 학문적 소양을 배웠다. 훗날 베자는 볼마르를 참된 인간을 양성하기에 적합한 자질을 가진 천상 교육자로 기억한다.[8] 그는 어

볼마르

린 나이에 고향을 떠나 외로운 베자의 삶을 따뜻하게 감싸 안고 이끌어줄 만큼 자비의 성품을 가졌다. 그뿐만 아니라 뛰어난 고전어 능력에도 불구하고 자신을 드러내지 않는 겸손함을 지닌 선생이었다. 베자는 자신에게 학문의 기초를 가르

---

7) Shawn D. Wright, *Theodore Beza The Man and the Myth*, Christian Focus, 2015, 20. 박건택, "Theodore Beza(1519-1605) : 개혁과 정통신학의 선구자," 215.
8) Beza, 박건택 옮김, 『종교개혁 영웅들의 초상』 (용인: 크리스천 르네상스, 2017), 160. "이 사람[볼마르]은 인간을 완성시키기 위해 요구된 모든 은사를 완전히 갖춘 인물이었습니다. 특히 그는 야망과 멀리 떨어져 지내면서 가난한 자들에게 놀랍게 적선을 베풀었고, 그리스어와 라틴어를 자유자재로 구사했음에도 불구하고, 데메트리오스 칼코콘둘레스의 문법책 앞에 우아한 서문 외에는 아무것도 인쇄하지 않았습니다."

쳐준 선생 볼마르에 대하여 무한한 신뢰를 보냈고, 그 결과 6년이라는 긴 세월 동안 함께 공부하였다. 볼마르가 부르주(Bourges) 대학으로 옮겨가자 그 역시 그곳으로 옮겨가 학생으로서 배웠다는 사실만으로도 볼마르와 베자의 사제지간의 정이 얼마나 큰지 알 수 있다.

  이보다 더 중요한 것은 볼마르는 베자에게 프로테스탄트 신앙으로 들어가는 길을 열어준 선생이었다는 점이다. 그리고 그를 통해서 종교개혁자로서 신앙의 모범을 보인 선생이자 영적 아버지인 칼빈과의 만남이 이루어졌다는 사실이다. 프랑스에서 루터의 신앙을 따르는 자로 산다는 것은 모진 박해와 핍박을 감내해야 하는 이단자로서의 삶이다. 그렇기 때문에 베자는 볼마르를 통해서 프로테스탄트 신앙으로 입문하였지만, 외적으로 그 신앙을 드러내는 데 주저하였다. 하지만 분명한 것은 베자는 볼마르를 통해서 참된 경건에 대해 배우기 시작했다는 사실이다. 선생 볼마르에게 보낸 편지에서 그는 분명하게 이에 대한 감사의 인사를 드린다.

> "그렇지만 당신이 저를 참된 경건의 지식으로 가득 채우고, 가장 맑은 샘물에서처럼 하나님의 말씀에 대한 지식을 찾게 한 것은 제가 당신의 손에서 받은 가장 위대한

은혜였습니다. 제가 교사로서가 아니라 부모로서 당신을 소중히 여기지 않고 존경하지 않는다면, 저는 가장 배은망덕하고 무례한 사람이 되어야만 합니다."[9]

또한 베자는 1558년에 출판한 한 논문을 볼마르에게 헌정하면서 그와 함께 걸어간 길을 자축하였다. "볼마르와의 나날이 그의 생애에서 그가 앞날에 받게 될 그리고 미래의 삶에서 내가 받게 되길 기대한 모든 좋은 것들의 시작이었다."[10]

베자는 자신을 학문과 신앙의 세계로 인도한 볼마르가 1530년에 부르주 대학으로 옮겨갔을 때 그를 따라갔다. 부르주는 앙굴렘의 왕비 마르그리트(Marguerite d'Angoulême)의 보호 아래 있던 곳으로, 프랑스의 종교개혁을 위해 몇몇 학자들이 모였던 장소이다.[11] 앙굴렘의 왕비 마르그리트는 프랑스 종교개혁의 기틀을 마련한 왕비였다. 그녀가 쓴 〈죄 많은 영혼의 거울〉(1531)이란 시는 나중에 엘리자베스 여왕에 의해서 영어로 번역된다. 칼빈도 한때 프랑스의 종

---

9) Beza, 'Autobiographical Letter,' 360.
10) Theodore Beza, 'Autobiographical Letter of Beza to Wolmar,' trans. Baird, *Theodore Beza*, 359.
11) Shawn D. Wright, *Theodore Beza*, 20.

교개혁이 그녀를 통해서 이루어지길 소망했고, 칼빈이 파리에서 피신하여 숨은 곳도 왕비의 보호령인 앙굴렘이었다. 하지만 그녀는 결코 공적으로 프로테스탄트 신앙을 대변하는 지도자로 나서지는 않았다. 그렇기 때문에 칼빈은 그녀의 우유부단함과 그녀의 행보에 우려를 넘어서 분노를 표출하였다. "우리의 가장 큰 소망이 나바르의 여왕에게 있지만 우리는 그녀를 너무 의지해서는 안 된다."[12]

어쨌든 종교개혁과 인문주의에 옹호적인 왕비의 보호령에 있었던 이 대학은 학문적으로 자유의 상징이었고, 종교개혁자들은 왕비의 보호 아래에서 자유를 획득할 수 있었다. 파리와 보르도(Bordeaux)에서 이단으로 정죄된 종교개혁의 정신을 가진 복음주의자들이 이곳으로 피난을 와서 설교를 하였다. 이들은 안드레아 알치아티(Andrea Alciati, 1492-1550)의 영향으로 법학을 공부하기 위해 모인 학생들에게 영향을 끼쳤다.[13] 이곳에서 베자는 종교적으로뿐만 아니라 인문주의의 영향권 아래서 학문적 토대를 닦았다. 또한 그곳에서 베자는 종교개혁자들과 만남을 가지게 된

---

12) Bainton, *Women of the Reformation in France and England* (NP: Academic Renewal Press, 2001), 29.
13) J. S. Bray, *Theodore Beza's Doctrine of Predestination* (Nieuwkoop: De Graaf, 1975), 22-23.

것으로 추정된다. 왜냐하면 칼빈도 이곳에서 볼마르에게 헬라어를 배웠기 때문이다. 칼빈이 고린도후서 주석을 볼마르에게 헌정한 것으로 보아 볼마르가 칼빈에게 끼친 영향이 얼마나 큰지를 충분히 짐작할 수 있다.[14] 그러므로 어린 베자가 칼빈을 그곳에서 알게 되었을 가능성이 매우 높다.

1534년 팸플릿 사건(가톨릭교회의 개혁의 필요성에 대한 글이 적힌 플래카드가 곳곳에 게시된 사건)으로 인해 프로테스탄트 박해가 시작되자 볼마르는 더 이상 프랑스에 머물 수 없게 되었다. 1535년 볼마르는 박해를 피해 튀빙겐(Tübingen)으로 떠난다. 이때까지 베자는 볼마르의 옆에 머물렀다. 볼마르가 떠날 때 베자도 함께 동행하고 싶었으나, 그의 아버지는 그에게 오를레앙에서 법학공부를 하도록 권유했다. 존경하는 스승을 떠나보내는 베자의 심경이 어떠했을까? 1535년이면 그의 나이 열다섯 살이다. 스승을 따라서 떠나는 친구 메라(Mairat)를 보면서 그는 무슨 생각을 했을까? 아버지의 권유로 떠나지 못하는 자신을 한탄했을까? 어린 나이에 고향을 떠나 낯선 곳에서 길잡이가 되어준 선생이자 아버지를 떠나보내야만 했던 베자는 어떤 마음이었을까?

---

[14] 실제로 칼빈과 베자의 만남이 프랑스에서 이루어졌는지에 대한 자료는 없다. 하지만 볼마르를 통해서 칼빈에 대해 알고 있지 않았을까 추정한다.

베자는 어린 시절 어머니와의 육체적 이별을 경험하였으나 그 이별은 너무나 어린 시절이었기에 어떤 상흔을 남기지 않았을 수 있다. 하지만 영적 아버지와의 이별은 그에게 분명 충격이었으리라. 그 어떤 슬픔과도 비교되지 않을 만큼 그는 아파했다. 이때를 회상하며 그가 "이보다 더 큰 슬픔과 비애를 기억하지 않으며 기억하지 못할 것이다"라고 표현했으니 말이다.15) 후에 베자는 볼마르가 프랑스를 떠나게 된 일을 애석해하며 다음과 같이 평가하였다. "만일 하나님의 교회에 대해 요동치는 박해와, 그를 부를 정도로 뷔르템베르크의 울리히 공작이 그에 대해 품은 존경심이 1535년에 그를 튀빙겐으로 끌어가지 않았다면, 프랑스는 멜리오르의 근면의 열매를 훨씬 더 수확했을 것입니다."16) 볼마르가 끼친 영향이 베자뿐만 아니라 프랑스에 얼마나 컸는지 충분히 짐작할 수 있다.

하지만 하나님의 섭리는 놀랍다. 올바른 종교의 맛을 보게 포문을 열어준 볼마르가 떠난 그의 집에서 베자는 또 한 명의 영적 지도자를 만나게 된다. 바로 츠빙글리(Zwingli,

---

15) Beza to Wolmar, March 12, 1560, in *CB* 3, 45. Scott M. Manetsch, "Beza and the Crisis of Reformed Protestantism," 26. 박건택, "Theodore Beza(1519-1605): 개혁과 정통신학의 선구자," 215.
16) Beza, 『종교개혁 영웅들의 초상』, 159.

하인리히 불링거(1504~1574)

1484-1531)를 이어 취리히의 종교개혁을 이끈 불링거(Bullinger, 1504-1575)이다.

베자는 볼마르가 떠난 그해, 불링거의 논문 "거룩한 예배 의식 속에 자리잡은 오류의 기원"(De origine erroris in Divorum ac simulacrorum cultu, 1529)을 볼마르의 집에서 발견하여 읽게 되었다. 이 글은 로마 가톨릭의 잘못, 즉 성인에 대한 교리와 미사에서 벌어지는 오류를 지적한다. 이를 통해서 베자는 또 한 번의 영적 도약을 경험하였을 뿐만 아니라 로마 가톨릭교회에서 벗어나 참된 경건의 길에 들어서게 되었다.

"내가 그리스도를 알게 된 것은 대부분 1535년에 부르주의 볼마르 선생님 댁에서 읽은 당신의 책 덕분입니다. 그 책을 읽으면서, 특히 당신이 제롬의 거짓에 대해 말한 것을 읽으면서 주님은 내 눈을 열어 진리의 빛을 응시케 하셨습니다."[17]

---

17) 1568년 8월 18일 자 편지 CB, 9, 121.

"당신은 나로 하여금 가장 순수한 근원인 하나님의 말씀에서 나온 참된 경건을 깨닫게 해주었습니다."[18]

베자를 프로테스탄트 신앙으로 이끈 선생 볼마르가 떠난 그해, 하나님께서는 그에게 또 다른 영적 지도자를 만나게 하셨다. 이 어찌 하나님의 섭리가 아니라 할 수 있겠는가!

꿈을 찾는 시인

1535년 그는 진리를 맛보았음에도 불구하고 '기나긴 망설임'[19]의 시간을 갖는다. 그가 신앙의 자유를 찾아 떠나기까지 무려 13년이라는 시간이 필요했다. 그는 자신의 신앙을 공적으로 표현하지 못하고 망설이는 기나긴 어둠의 터널을 지나간다. 하나님께 맹세한 사명의 자리를 외면하고, 로마 가톨릭교회에 머물면서 세상이 주는 '공허한 반짝임과 허망한 유혹'[20] 속에 살아가게 된다. 육체적 쾌락과 문학

---

18) Beza to Wolmar, March 12, 1560, in *CB* 3, 45. Scott M. Manetsch, "Beza and the Crisis of Reformed Protestantism," 26.
19) Scott M. Manetsch, "Beza and the Crisis of Reformed Protestantism," 26.
20) Beza, *CB* 10, 89.

에 대한 열망 속에서 덧없이 살아간다.

볼마르가 튀빙겐으로 떠나고, 베자는 아버지의 권유대로 오를레앙에서 법학을 공부하기 시작했다. 이 당시의 법학은 오래된 법문을 읽고 배우고, 확신을 가지고 자신의 의견을 분명하게 쓰고 말하는 데 많은 시간을 보낸다. 이러한 베자의 법학 공부는 스승인 칼빈처럼 종교개혁자로서, 선생으로서 그리고 목회자로서의 역할을 잘 수행하도록 이끄는 발판이 되었다. 베자의 아버지는 1539년 베자가 법학을 마친 후 파리에서 변호사로서 일하길 원했다. 이런 삶은 베자의 정치적 미래에 중요한 발판을 놓을 것이었기 때문이다.[21]

하지만 베자의 관심은 삶의 안정을 가져다주는 법학이 아니라 시였다. 베자는 법학을 공부하는 4년 동안 장 드 당피에르(Jean de Dampierre)를 중심으로 한 라틴문인회(sodalitas)에 가입하여 시를 썼다. 이곳에서 그는 인문주의자들을 알게 되었을 뿐만 아니라 문인들과 함께 밤늦게까지 시를 읽었다. 베자는 사랑에 관련한 라틴시를 작성하는 매력에 빠져들고 있었다. 그는 자신이 시인의 왕자라고 존경하는 버질(Virgil)뿐만 아니라 오비드(Ovid)와 카툴루스

---

21) Shawn D. Wright, *Theodore Beza*, 21.

(Catullus), 티불루스(Tibullus)를 모방하였다.[22] 또한 당시의 인문주의자인 에라스무스(Erasmus), 볼마르, 뷔데를 찬양했고, 나중에 시편찬양을 번역한 클레망 마로(Clément Marot, 1495-1544)와 교제를 나누었다. 베자는 아버지가 원하는 대로 변호사 자격증을 취득했지만, 변호사로서의 삶은 그가 원하는 삶이 아니었다. 그보다 그는 문학을 하고 싶었다. 하지만 아버지의 반대가 너무나 명확해 보였기에 그는 주저했다. 그럼에도 불구하고 베자는 아버지께 허락을 구하기로 결심하였다. 그런데 놀랍게도 아버지가 이를 쉽게 허락하였다. 아마도 베자의 아버지는 그의 아들이 가까운 미래에 의회의 구성원이 될 것이라는 믿음이 있었기 때문에 잠시 동안의 외도로서 문학공부를 허락한 것이라 여겨진다.[23] 그리하여 그는 졸업 이후 자신의 마음이 가는 대로 시인의 길을 걸어가게 된다.

베자는 시를 쓰며 자유로운 생활을 영위하였다. 고전을 읽었고 히브리어와 수학을 공부하였으며, 파리에서 가장 전위적 성향을 지닌 젊은 지식인들과 교제를 나누었다. 그 삶이 무려 9년이나 지속되었다. 그가 이렇게 문학에 집중할

---

22) Scott M. Manetsch, "The Journey Toward Geneva: Theodore Beza's Conversion, 1535-1548," David Foxgrover (ed.), *Calvin, Beza and Later Calvinism* (Grand Rapids, Michigan: Calvin Studies Society, 2006), 48.
23) Shawn D. Wright, *Theodore Beza*, 21.

수 있었던 이유는 1542년 그의 형(Audebert)의 죽음으로 인해 생 엘루아(Saint-Eloi-lès-Lougjumeau)의 성직록까지 받아 경제적으로 여유를 찾았기 때문이다. 매년 700금화라는 상당한 액수의 돈을 받았기 때문에[24] 그는 자신이 원하는 문학을 즐길 수 있게 되었다. 이 시기 파리에서 베자의 삶은 상당히 행복했다. 파리의 모든 사람이 그를 존경하고 사랑할 뿐만 아니라 "성품과 부, 은혜의 선물을 받은 행복한 사람"이라고 친구가 소개했을 정도니 말이다.[25]

하지만 하나님께서는 서서히 공개적인 회심의 자리로 그의 등을 밀고 계셨다. 불링거의 글을 통해서 참된 경건에 눈을 뜬 그는 계속 헬라어 신약성경을 공부했고, 칼빈의 신학논문을 읽어내기 시작했다. 베자는 이때를 회상하면서 칼빈의 책과 편지들이 자신을 "참된 교회로 들어가도록 만들었다"라고 고백하였다.[26] 1543년에 칼빈은 여러 개의 팸플릿을 출판하는데, 이 글들을 베자가 읽었을 것이라고 추정된다.[27] 그리고 1544년에 칼빈이 3년 전 열린 보름스 회

---

24) David C. Steinmetz, *Reformers in the Wings*, 115.
25) Scott M. Manetsch, "Beza and the Crisis of Reformed Protestantism," 27.
26) Manetsch, "Journey toward Geneva," 50-53.
27) 베자가 읽었을 것이라고 추정되는 문헌은 『니고데모파에게 주는 변명』(Excuse a MM. les Nicodemites)이다. 당시 파리 사회에서 큰 반향을 불러일으킨 문헌으로, 베자는 이러한 칼빈의 문헌을 통해서 회심의 단계에 이른 것으로 보인다. 박건택, "베자의 서간문에 나타난 칼빈상," 「신학지남」 222(1989), 139.

담과 관련하여 적은 "승리의 노래"를 읽었을 것이다. 이 글은 콘라도 바디우스(Conrad Badius)가 프랑스어로 번역하였는데, 이것을 베자가 '노래'(Cantique)에서 읽었다고 밝히기 때문이다.[28]

이 당시 베자는 로마 가톨릭의 미사에 참여하는 문제로 양심이 괴로웠던 것으로 보인다. 베자가 나중에 기록한 『교회사』(Histoire Ecclésiastique, 1580)의 기록에 따르면, 이 당시에 칼빈이 니고데모주의자들(개혁에는 찬동하지만 실제로는 주저하는 자들)을 향해 적은 글들로 인해 파리의 지식인들 사이에 논쟁이 있었다. 칼빈의 니고데모주의자들에 대한 비판이 너무 엄격하고 가혹하다는 입장과, 하나님께 예배를 드리는 자들은 모든 오염으로부터 몸과 마음을 깨끗하게 하고 순수한 상태에서 나가야 한다는 입장으로 나뉘어 논쟁이 벌어졌다.[29] 베자는 이 논쟁에 대한 칼빈의 글을 통해서 프로테스탄트의 신앙으로 확고하게 서가기 시작했다. 그럼에도 불구하고 그는 여전히 공적인 그리스도인의 자리로 나아가지 못하였다.

공개적 신앙으로 나아가기를 주저하던 베자는 1544년인지, 아니면 그 다음 해인 1545년인지 정확하지는 않지만 비

---

28) *CB*, 1, 187.
29) Manetsch, Theodore Beza and the Quest for Peace in France, 139, 151.

밀리에 결혼을 단행한다.

> "나는 악한 욕망에 의해서 완파당하지 않기 위해 비밀리에 결혼했습니다. 단지 나와 깊은 교제를 나눈 두세 명의 친구에게만 이 사실을 알렸을 뿐입니다. 이는 스캔들을 피할 뿐만 아니라 내가 로마 가톨릭교회로부터 받은 저주받은 성직록을 잃지 않기 위함이었습니다. 그렇지만 나의 앞에 놓인 모든 장애물이 제거되자마자 하나님의 교회에서 나의 부인을 받아들이고 공개적으로 나의 결혼을 공증할 것이라고 형식적으로 약속을 했습니다. 그동안에 나는 가톨릭 신자의 어떤 성스런 의무도 하지 않을 것입니다."[30]

그가 결혼한 이유는 명확하다. 젊은 베자의 발목을 잡을지도 모를 정욕의 문제였다. 그래서 그는 두 친구 노르망디의 로랭(Laurent de Normandie)과 장 크레스팽(Jean Crespin)의 입회하에 귀족 가문의 시녀 출신인 클로딘 데노즈(Claudine Desnoz)와 비밀리에 결혼했다. 이는 고뇌하는 지성인으로서 베자의 작은 저항이자 양심의 항거였다. 참된 신앙에 눈

---

30) Geisendorf, *Thédore de Béze*, Genève, 26-27. Raitt, "Theodore Beza," 1519-1605, 90.

을 때 로마 가톨릭교회의 오류를 직시한 그는 적어도 로마 가톨릭교회의 예식에 따라서 결혼을 하고 싶지는 않았다. 게다가 당시 프랑스에는 아직 프로테스탄트 목사나 교회가 없었기 때문에 비밀결혼을 단행한 것이다.[31] 베자가 그의 결혼식 증인인 노르망디의 로랭과 장 크레스팽은 이미 칼빈과 관계를 맺고 있었고, 곧 제네바로 피난한 자들이었다는 사실에서 그의 작은 항거를 엿볼 수 있다.[32] 베자는 분명 로마 가톨릭교회의 우상 숭배에서 회심하였지만, 공개적으로 프로테스탄트 신앙으로 살아가지 못했다. 성직록 수령이라는 경제적 안정이 영적 유혹이 되어 그의 발목을 잡는 저주의 은총이 되었다.

베자는 왜 공적으로 신앙을 고백하는 자리에 나가지 못한 것일까? 우선 프랑스 내부에 확산된 종교적 박해가 큰 이유였다. 볼마르가 당시 일명 '팸플릿 사건'으로 인해 시작된 프로테스탄트 박해로 프랑스를 떠나야만 했던 것을 기억하라. 1534년 10월 17-18일 밤에 프로테스탄트들이 파리 시의 벽에, 심지어는 앙부아즈 성의 프랑수아 1세의 침실에까지 벽보를 붙이는 일이 일어났다. 아침에 일어난 프랑수아 1세가 얼마나 놀랐을지 상상해보라. 자신의 침실에까지

---

31) Manetsch, "Journey toward Geneva," 53.
32) Manetsch, "Journey toward Geneva," 52-54.

들어와 벽보를 붙이는 담대함과 무모함에 그가 얼마나 식겁했을지. 이로 인해 프랑수아 1세의 탄압이 본격적으로 시작되었다. 이 탄압은 1538년까지 조직화되고, 이후 1540년에 퐁텐블로 칙령(Edit de Fontainbleau, 1540)으로 공식화된다.

"우리의 왕국에서 자행되고 있는 잘못된 악행을 근절하고 몰아내야 한다. 우리의 성스러운 가톨릭 신앙에서 이탈한 루터와 그의 동조자들은 벌써 여러 차례 거짓으로 가득 찬 교리를 우리 왕국에 들여와 전파하려 했고, 이를 통해 우리 백성들의 성스러운 믿음과 그리스도교 교리를 교란시키고 있다. … 특히 모든 봉신들과 그의 수하들, 영주들과 법률종사자들에 대해서는 그들의 관할권과 지위를 박탈할 것이다. 관료들은 이단과 저주스러운 분파주의자들을 몰아내기 위해 조언과 협조, 정보 공유에 앞장서야 할 것이다. … 이들의 행위는 반역적 범죄이며 국가와 공공의 안녕에 대한 위협이다."[33]

---

33) "Edit de Fontainbleau (ler juin 1540)," François-André Isambert, et al, *Recueil général des anciennes lois françaises, depuis l'an 420 jusqu'à la Révolution de 1789*, Tome 12, Belin-Leprieur, 1828, 676-679. 박효근, "위그노의 꿈과 좌절," 『전쟁과 프랑스 사회의 변동』 (성남: 홍문각, 2017), 93 재인용.

프랑수아 1세

이 칙령은 국가의 운영을 담당하는 귀족과 영주, 법률가와 관료들을 대상으로 선포된 것으로, 이들이 프로테스탄트로 개종할 경우 그 지위를 박탈할 것이라고 경고하고 있다. 죽음을 앞에 둔 신앙의 결단을 요구하는 시기였다. 1543년 소르본 대학은 전 직원에게 '신앙조항'에 서명할 것을 강요했고 거절한 사람은 화형대로 끌려갔다. 그리고 위대한 인문학자이자 국왕의 친구인 에티엔 돌레가 플라톤의 번역서를 출판한 무신론자라는 이유로 처벌을 받았다. 이는 "정신활동 포기를 상징하는 가장 슬픈 사례였다."[34] 프랑수아 1세는 병상에 있었기 때문에 프로테스탄트 박해를 여러 차례 결재하지 않고 두었으나, 나중에 어쩔 수 없이 서명했다고 한다. 하지만 결과적으로 "1545년 고등법원은 카브리에르와 메랭돌 두 촌락을 이단으로 판결한 뒤 촌락을 파괴하고 주민을 화형 또는 추방하도록 명령"했고, 이 명령을 받은 프로방스 관부 부사령관 오페드 남작이

---

34) 앙드레 모르나, 신용석 옮김, 『프랑스사』 (서울: 김영사, 2016), 222-224.

24개 촌락에 불을 지르고 주민을 학살했다. 당시 300호의 가옥이 불에 타고 3,000명의 촌민이 희생당했다. 적어도 프랑수아 1세는 지나칠 정도로 참혹하게 박해한 것에 대한 책임을 묻도록 왕세자에게 당부하였으나 그럼에도 불구하고 죄인들은 처벌받지 않았다. 이들이 바로 발도파(Waldenses)이다.

베자가 공개적인 신앙고백을 주저한 또 다른 이유는 시에 대한 열정과 그로 인한 쾌락 때문으로 추정된다. 1548년 그의 나이 29세 때 그는 『포에마타』(*Poemata*)라는 시집을 출판한다. 이 시집은 사랑에 관한 라틴 시모음집으로, 그는 이 시를 볼마르에게 헌정하면서 세속적인 시와의 단절을 시도한다.[35]

"음탕한 시행과 추잡한 리듬을 즐기며
청년의 시절을 보낸 자가
여러분에게 사과하고자 하오.
그리고 지나간 시간 속의
시적 열정을 심판하려고 하오.
성령께서 그에게 노래하게 했소.

---

35) *CB* 1, 47.

훨씬 진실된 주제와 선한 자들을 즐겁게 할 것들을.
그러니 사랑에 관한 미친 탐구일랑 버려두시오.
그리고 이제는 이것을 들으러 오시오.
당신의 심령에 위로가 되지 못할 것은 아무것도
말하지 않으리다."[36]

   이후 성령에 의한 시의 노래는 늦은 나이에 시집으로 출판된다. 베자는 1569년과 1597년에도 동일한 제목으로 시집을 발간하는데, 젊은 나이에 출판된 시집과 구분하기 위해서 젊은 시절에 출판된 시집을 "젊은 시절의 시"(Poemata Juvenilia)라고 불렀다. 라틴 시모음집『유베닐리아』(*Juvenilia*, 1548)의 출판으로 베자는 당대 최고의 라틴시인 중 한 사람이라는 명성까지 누렸다. 애가, 묘비명, 짧은 풍자시를 포함한 이 짧은 문집으로 그는 제한적이지만 문학적 명성을 지닌 자들과 친분을 가질 수 있었다.[37] 또 친구들을 즐겁게 하기 위해서 그는 반어법과 재치 있는 조소도 사용하였다. 이런 문학적 기질과 그의 문학적 명성은 신앙의 걸림돌이 되었을 것임에 틀림없다. 하지만 그의 문학적 기질이 신앙

---

36) Beza, 박건택 옮김, "제사하는 아브라함," 박건택 편역,『종교개혁사상선집』(서울: 개혁주의신행협회, 2000), 491.
37) Geisendorf, *Theodore Beza*, 16-18.

인으로서의 자리를 사라지게 하지는 못하였다. 세상을 사랑했지만, 종교적 동기를 지닌 에라스무스의 삶과 같다고 할 수 있으리라.[38]

하나님께서는 그를 그대로 두지 않으셨다. 1548년 그의 시집이 출판된 그해 가을에 베자는 페스트로 추정되는 병으로 침대에 누워 있어야만 했다. 살을 찢는 듯한 고통은 베자로 하여금 육체적 고통을 넘어선 영원한 삶에 대한 소망을 갈구하도록 하였다. 병중에서 그는 자기 삶에 대한 하나님의 영원한 심판을 깨달았다. 그리고 하나님께서 주시는 은혜의 기적으로 살아났다.[39] 하나님의 은혜로 새 생명을 얻은 베자는 자신의 삶을 그리스도께 바치기로 결심했다. 베어드는 베자가 하늘의 뜻에 복종하기를 미루는 성격이 아니었기에 병에서 완치되기를 기다리지 않고 모든 세속적 이익을 포기하는 결단으로 이어졌다고 한다.[40] 그리하여 이제 베자는 그리스도의 나라를 위해 자신의 세속적 야심과 특권을 기꺼이 포기하는 헌신의 길로 들어서게 되었다.[41]

---

38) Bray, *Theodore Beza*, 24.
39) M. A. van den Berg, *Friends of Calvin*,(Grand Rapids, Mich: W.B. Eerdmans, 2009), 242-243.
40) Baird, *Theodore Beza*, 33.
41) Berg, *Friends of Calvin*, 242-243.

칼빈과의 만남

베자는 이제 신앙의 자유를 찾아서 그의 아내 클로딘과 함께 떠난다. 그리하여 1548년 10월 24일 제네바에 도착한다. 1547년 프랑수아 1세의 갑작스런 죽음으로 앙리 2세가 즉위하였다. 그는 프랑수아 1세의 병환 가운데 이루어진 참혹한 박해의 주범이었다. 그러한 앙리 2세가 황제로 등극했으니 앞으로 프랑스에서 펼쳐질 박해가 어느 정도일지는 가히 짐작할 수 있으리라. 실제로 앙리 2세는 프로테스탄트 박해를 위한 특별법정을 설치하여 그 우려를 현실화했다.[42]

하지만 더욱 놀라운 것은 극심한 박해 가운데 칼빈의 신학을 따르는 프로테스탄트(이들은 나중에 위그노라 불리게 된다.)가 급증하였다는 사실이다. 1541년 생트푸아와 1542년 오비니와 모에서 칼빈주의자들의 모임이 형성되면서 놀라운 성장을 이루었다. 이들의 성장은 나중에 로마 가톨릭을 위협할 정도였다. 나중에 서술하겠지만 핍박 가운데 신앙의

---

42) 앙리 2세 시대의 박멸 정책은 『칼빈주의 역사와 성격』 279 참조. 1551년 "샤토브리앙" 칙령을 통해 성경을 비롯한 제네바에서 발간된 일체의 책들을 금지하였고, 화형을 당하는 자들이 소리를 지르지 못하도록 혀를 끊고 사람들을 태워 죽이는 박해를 가하였다. John T. McNeill, 『칼빈주의 역사와 성격』 (서울: 크리스챤다이제스트, 1994).

앙리 2세 치하 개혁자들에 대한 화형

꽃은 더욱 아름답게 피는 법이라는 것을 교회의 역사가 생생하게 우리에게 가르친다. 앙리 2세의 박해로 전례 없는 다수의 프랑스 망명자들이 스위스로 피했는데, 그들 중 대다수가 제네바로 몰려갔다. 당시 칼빈의 지도를 받던 제네바 시는 이들을 기꺼이 맞아주었다. 이제 베자는 고국 프랑스에서는 '도망간 이단자'가 되었다. 1549년 4월 3일 파리 고등법원은 베자가 참석하지 않은 재판에서 베자를 이단자로 선고하였다. 파리 법정은 베자가 프랑스를 떠났다는 것만으로도 이단자임을 자백한 것과 마찬가지라고 판결을 내렸고, 베자의 형상을 만들어 파리에서 불태웠다.[43] 이때의 심경을 베자는 글로 남겼다.

---

[43] Berg, *Friends of Calvin*, 244. 프랑스 파리의 고등법원은 베자에 대한 판결 이유를 다음과 같이 발표하였다. "첫째, 베자는 이단자 루터의 사상을 받았들였다. 둘째, 자신의 성직록을 팔았다. 셋째, 제네바로 도망하였다." 1550년 3월 31일 파리 고등법원은 베자의 전 재산을 몰수하였다. 그리고 모베르 광장에서 화형에 처하라는 판결이 내려졌다. 1564년 4월 1일 샤를 9세의 사면령으로 그의 사형 판결과 재산 몰수가 취소된 다음에야 그는 프랑스로 돌아갈 수 있었다.

"약 2년 전 하나님께서는 나로 하여금 그의 거룩한 뜻에 따라 그를 섬기도록 박해받는 나라를 버릴 수 있는 은혜를 베풀어주셨습니다. … 나는 구약에서 우리에게 강조된 모든 사람 가운데 세 사람을 본보기로 주목하는 바, 하나님은 그들에게 자신의 가장 위대한 기적을 실현시키고 싶어하신 것 같았습니다. 그들은 아브라함, 모세, 다윗입니다. … 나는 이것을 시로 써서 다시 한 번 그것을 새길 뿐만 아니라 하나님을 내 능력이 미치는 모든 방식으로 찬양하고자 하는 소망에 사로잡혔습니다."⁴⁴⁾

베자는 종교의 자유를 찾아가는 그 길이 하나님께서 이끄시는 삶으로 가는 첫 단계이길 소망하였다. 구약의 아브라함과 모세와 다윗을 하나님께서 이끌어 그의 뜻을 이루신 것처럼 말이다. 그 첫 소망의 자리에서 그는 영적 아버지인 칼빈을 만난다.

칼빈은 우선 베자와 클로딘의 결혼식을 교회에서 거행하게 하여 사적으로 이루어진 관계를 공적으로 확증해주었다. 프랑스의 비밀 결혼식에 참여했던 베자의 친한 친구

---

44) Beza, "제사하는 아브라함," 491.

노르망디의 로랭이 그 자리에서 다시 증인이 되었다. 이로써 베자는 자신을 얽어매고 있던 모든 사슬에서 자유함을 얻게 되었다. 칼빈이 베자에게 다시 결혼식을 거행하게 한 것은 앞으로 걸어가게 될 종교개혁자

존 칼빈(1509~1564)

의 삶을 위한 매우 적절한 조치이자 마음의 배려였다.

  칼빈은 분명 종교개혁의 과정에서 베자를 어떻게 사용할지 고민했음에 틀림없다. 하지만 제네바에는 베자를 위한 적절한 자리가 없었다. 베자는 파리의 사적 결혼식에서 증인이 되어준 친구 크레스팽과 함께 출판사를 시작할 계획을 세웠다. 그리고 잠시 튀빙겐에 있는 그의 스승 볼마르를 만나기 위해서 길을 떠났다. 제네바로 돌아오는 길에는 로잔에서 사역하고 있는 피에르 비레(Pierre Viret, 1511-1571)를 만났다. 비레는 베자의 탁월한 능력을 간파하였고, 그에게 당시 공석이던 로잔 학교 헬라어 교수직을 제안하였다. 이렇게 베자는 로잔에서 종교개혁자로서 첫걸음을 시작하게 되었다.[45] 그의 등 뒤에서 하나님이 그를 종교개혁자로 준비시키고 계셨다.

비레는 베자가 가장 적임자라 여겨 당장 그를 교수로 들이고 싶었지만, 칼빈의 승인 없이 그렇게 할 수는 없다고 생각했다. 그런데 문제는 칼빈이 아니라 오히려 베자였다. 칼빈은 베자에게 비레의 제의를 받아들이라고 강권했지만, 베자는 선뜻 그 제안을 받아들이지 못한 것으로 보인다. 자신에게 매우 적합한 자리임에도 불구하고 베자가 주저한 이유는 아마도 자신의 문학적 재능이 신학을 가르치는 데는 맞지 않다고 여겼기 때문일 것이다. 그는 과거에 자신이 쓴 시들 중 일부가 감각적 본성에서 나온 것이기에 만약 자신이 교수가 되면 교회의 평판이 나빠질까봐 염려한 것 같다.[46] 하지만 이러한 의문은 오히려 로잔에서의 사역을 행하는 데 긍정적인 역할을 수행하였다. 후에 몇몇 적대자들이 베자가 젊은 시절에 쓴 시들이 어떤 종류였는지 알고 있는지 물으며 베자를 비판할 때, 베자는 자신의 경솔한 과거가 제네바에서는 이미 오래전부터 알려진 것이라고 확신을 가지

피에르 비레

---

45) Berg, *Friends of Calvin*, 243-244.
46) 임원택, "칼빈의 후계자, 베자," 74.

고 선언할 수 있었다. 이로써 그는 자신을 중상하려는 시도를 초기에 잘라낼 수 있었다.

1549년 11월부터 베자는 로잔 학교에서 가르치게 되었다. 칼빈은 기꺼이 베자에게 로잔에서 일할 것을 권유한다.

> "내가 벌써부터 베자를 그대들에게도 넘겨주려는 일에 얼마나 성실히 애써왔는지 노르망디의 로랭이 증명해줄 것입니다. 나는 베자 가까이에서 그가 귀찮아할 때까지 간청했습니다. 또 그에게 들르면 그를 고무하기를 그치지 않겠습니다. … 나는 나를 생각하지 않고 교회의 유익을 염두에 두렵니다."[47]

칼빈이 베자를 로잔으로 보낸 이유는 하나다. 교회의 유익을 위해서! 그의 관심은 언제나 개인적인 마음에 있는 것이 아니라 교회를 위한 공적 이익에 있었다. 베자는 제네바에서 칼빈과 함께 동역하기를 간절히 원했다. 그런 그를 끊임없이 교회를 위하여 로잔으로 갈 것을 권면한 것은 바로 칼빈이었다. 이렇게 하여 베자는 로잔에서 종교개혁자로서의 삶을 시작한다.

---

47) *CO* 13, 379.

3
로잔에서의 사역

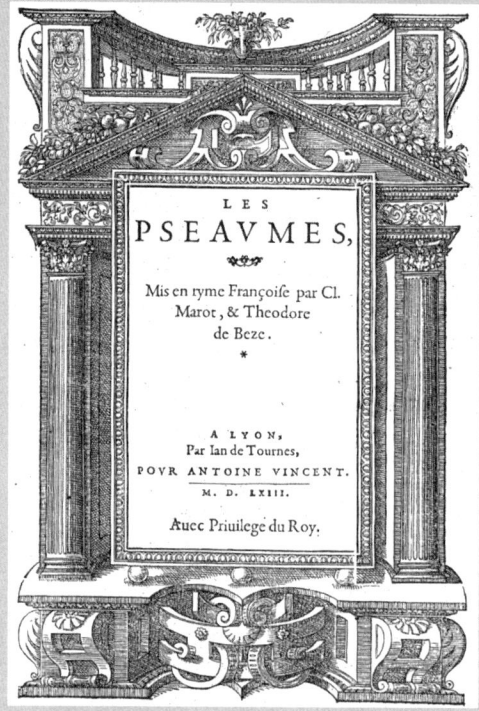

다윗의 시편찬송, 마로와 베자의 프랑스어 번역(1563년 판)

Chapter 03
로잔에서의 사역

오직 하나님과 그의 말씀의 진실성만을 생각해야 하고 하나님께만 순종해야 한다.

"이 해[1549]는 다른 어떤 때와 비교해서 볼 때 정말 행복하게 보낸 시간입니다. 저도 이 일을 생각할 때 다른 어떤 것에서보다 더 큰 기쁨을 느낍니다. 이 일은 로잔의 교회가 저에게 부여한 첫 번째 사역일 뿐만 아니라 칼빈의 권유를 받아들인 것이기 때문입니다."[48]
(Beza, *Life of Calvin*, 54-55.)

베자는 칼빈의 권유와 비레의 제안으로 로잔에서 사역을 시작한다. 하나님의 인도하심은 인간의 계획과 다른 방향

---
48) Beza, *Life of Calvin*, 54-55.

으로 진행된다. 하지만 하나님께서 준비한 자리는 그의 때에 따른 섭리의 결과였다. 그러하기에 그곳은 베자에게 가장 적절한 시간이자 장소였다. 베자는 이곳에서 '칼빈의 지식, 파렐의 격렬함, 비레의 웅변'[49]을 배우게 된다. 또한 그의 능력은 이곳에서의 사역을 통해 꽃을 피우게 된다.

비록 몸이 칼빈과 떨어져 있다 할지라도 베자는 그에게 정신적으로 많이 의존하고 있었다. 1549년 10월 21일에 로잔에 도착하고 난 6개월 후에 베자는 칼빈에게 편지를 보내기 시작한다. 그가 다시 제네바로 돌아오기까지 이들이 주고받은 편지는 현재 32통이 남아 있다. 이 중 네 통만이 칼빈의 편지인 것으로 보아 베자가 칼빈을 얼마나 의지하고 있었는지 알 수 있다. 칼빈은 베자에게 영적 아버지였다.

"그대의 편지를 베자에게 전달하니 그대의 사신이 내게 왔을 때 나는 새로운 두려움에 휩싸였고, 동시에 깊은 비애에 짓눌렸습니다. 사실 어제 누군가 내게 그

---

[49] 베자, 『종교개혁 영웅들의 초상』, 137. "칼빈은 다른 모든 이를 능가한 정확한 지식으로 프랑스 교회의 탄성을 받았으며, 파렐은 그를 꾸짖고 진정시키는 다른 목소리를 뛰어넘는 그의 심히도 우렁찬 목소리로 탄성을 받았소이다. 매료된 이 교회는 웅변적인 비레의 유창한 입에 묶여 있다오. 프랑스여, 이 증인들의 지식, 열정, 말이 너를 감동시켜 너를 하나님과 맺어준다면, 너는 구원을 받을 수 있도다. 그렇지 않다면, 이 3인의 확고한 증언이 있듯이 너의 파멸의 기한은 가깝도다."

가 페스트로 쓰러졌다고 알려주었습니다. 나는 그를 위협하는 막중한 위험에 단순히 안절부절못하는 정도만이 아니었습니다. 그를 특별히 사랑하는 나는 아연실색해서 그가 마치 죽기나 한 것처럼 애곡했습니다. 교회의 전반적인 염려를 제외하고는 사랑에서 오는 내 고통이 그토록 심한 것은 그를 위한 것 외에는 없었습니다. 나를 형제 이상으로 사랑하고 부친처럼 존경했던 그를 만일 내 편에서 사랑치 않는다면, 나는 확실히 비인간적인 인물일 것입니다. 하지만 만일 급작스런 죽음이 내가 가장 진지하게 기다리고 있는 이 인물을 이제 막 일을 시작할 시기에 우리에게서 빼앗아가는 것을 본다면, 나는 교회가 잃을 수 있는 상실 이상으로 고통 받을 것입니다. 나는 그의 생명이 우리의 기도에 일치되기를 바랍니다."[50]

하나님께서는 로잔에서 베자가 많은 프랑스 종교개혁자들과 친분을 쌓게 하신다. 그리고 법학자 오트망(François Hotman), 장 레이몬드(Jean-Raymond Merlin), 미술가 장 크레스팽(Jean Crespin)과도 교제를 나누었다.

---

50) *CO* 14, 143-144. "칼빈의 지식, 파렐의 격렬함, 비레의 웅변"

칼빈의 기독교강요, 장 크레스팽 출판

이들과의 친분으로 로잔에서 베자는 종교개혁자로서 성장하고 있었다. 문학가로서 예술 방면에뿐 아니라 프랑스에서 신앙으로 인해 핍박받는 발도파를 위하여 국제적 교류의 정치가이자 목회자로서, 영적 아버지인 칼빈의 신학 논쟁을 변호하는 변증가와 신학자로서 역할을 수행하게 된다. 그는 칼빈의 적극적인 신학적 지지자이자 동역자였다. 칼빈은 베자를 교회의 '진주'이자 '보물'이라고 칭찬하였을 뿐만 아니라 "아버지보다 나를 더 존경하고 형제보다 더 나를 사랑한 베자가 깊이 돌보아주지 않았다면, 나는 매우 냉담"했을 것이라고 쓴다.[51]

문인으로서 베자

베자는 알프스 산맥의 자연 경관을 아름다운 시로 표현

---

51) *CO* 14, 145.

하여 문학가로서 그의 재능을 마음껏 발휘하였다.

> "하나님 앞에서 너무나 미약한 나의 존재,
> 최선을 다해 하나님을 찬양하네.
> 푸른 초원, 제네바 호수, 일렁이는 강물이
> 하나님의 영광스러운 찬미를 노래하듯
> 차가운 산맥이 나의 거룩한 열정을 증거하네.
> 안개에 둘러싸인 구름보다 가장 높이 계신 하나님,
> 그 이름
> 알프스 산맥 정상에서 큰 소리로 메아리치네." 52)

베자는 이 땅에서의 모든 물질적 부를 포기하고 신앙을 지키기 위해서 고국을 떠났다. 이 땅의 안락한 삶 대신에 그는 하나님의 말씀에 순종하고 하나님께 경배하는 것을 선택했다. 베자는 자신의 삶으로 이를 증명해 내었을 뿐만 아니라, 그의 문학작품 『제사하는 아브라함』(Abraham sacrifiant)에서 고스란히 그의 고백으로 표현하였다. 그는 이 책을 통해 로마 가톨릭 신앙과 프로테스탄트 신앙을 대비시켜 성경이 전하는 핵심 메시지를 전달하였다. 이 책은

---

52) Scott M. Manetsch, 신호섭 옮김, 『칼빈의 제네바 목사회의 활동과 역사』 (서울: 부흥과개혁사, 2019), 204.

1550년에 제네바에서 출판되었는데, 독자들의 반응이 매우 호의적이었다. 이 글은 그리스의 비극적 요소와 중세적 신비가 서로 얽힌 형식으로 베자가 자신의 조국인 프랑스를 떠나 진리와 자유의 땅을 찾아오는 과정을 아브라함이 이삭을 바치는 제사에 비유하여 그리고 있다. 아브라함은 가톨릭교회의 우상 숭배에 저항하는, 즉 당시 복음을 위해서 가족과 부를 바치는 모든 사람을 대표한다. 아브라함의 길 떠남은 자신의 정신적 떠남과 같다. 그래서 베자는 이 책 서문에 아브라함의 떠남을 자신의 삶과 연결하여 "고전 시인들의 열정을 모방하기보다는 하나님께 어떻게 찬양을 드려야 하는지 아는 것이 훨씬 더 낫다"[53]라고 고백한다. 이 글이 목적하는 바는 분명하다. 아브라함이 떠나는 그 길을 로마 가톨릭교회가 가르치는 행위의 의에서 종교개혁의 참된 가르침인 이신칭의로 가는 길로 비유하여 프랑스에서 로마 가톨릭을 떠나지 못하고 고민하는 사람들에게 결단을 촉구하는 것이다.

베자의 문학적 소양은 『쓸데없는 편집증』(Zographie Cochleae, 1549)[54], 『파사반티우스의 편지』(Epistola Passavantii, 1553)[55]를 통해서 나타난다. 『쓸데없는 편집증』은 칼빈

---

53) Beza, "제사하는 아브라함," 491.

의 대적자 장 코클리(Jean Cochlée)를 풍자한 글이다. 이 글에 나타난 베자의 유머를 당시 제네바 시의회는 이해하지 못하여 출판을 금지하였다. 대신 이 책은 바젤에서 출판된다. 『파사반티우스의 편지』는 나쁜 평판을 가지고 있던 피에르 리제(Pierre Lizet)를 반대하는 풍자시인 파사반티우스(Passavantius)를 앞세워 자신의 감정을 표현하였다. 파리 의회의 이전 의장이자 화형재판소(fiery chamber, Chambre ardente)를 만든 장본인인 리제는 1551년 파리 근처의 성 빅토르 수도원 원장이면서 많은 논쟁적인 글을 저술하여 이단을 굴복시키는 명성을 얻으려고 혈안이 된 인물이었다. 베자는 그의 활동을 비판하기 위해 이 작품을 썼다.

베자의 문학적 소양은 시편찬송가 번역에서도 드러난다. 시편찬송가 번역은 처음부터 베자가 담당한 업무가 아니었다. 시편 번역작업은 칼빈이 1536년 제네바에 도착한 후 얼마 되지 않아 시작된 공예배를 위한 일이었다. 칼빈은 하나님께 영광을 돌리는 예배를 위해서 시편을 프랑스어로 번역해야 할 필요성을 직감하면서 이 일을 시작하였다. 모

---

54) Geisendorf, *Theodore Beza*, 46-47. John F. Southworth, "Theodore Beza, Covenantalism, and Resistance to Political Authority in the Sixteenth Century," (Ph.D., Westminster Theological Seminary, 2008), 159.
55) Geisendorf, *Theodore Beza*, 48-51.

클레망 마로

국어로 하나님께 찬양을 올리는 예배의 감격을 누리게 하고자 칼빈은 이 일을 베자가 파리에서 시인협회에 속하여 풍류를 즐길 때 알게 된 클레망 마로(Clément Marot, 1496-1544)에게 부탁한다. 마로는 당시 프랑스에서 널리 알려진 문학가로서 명성을 얻은 인물인데, 1542년 박해를 피해 제네바로 피신하였다. 그는 거기에서 처음 쓴 30개의 시편을 개정했으며, 칼빈의 작품 목록에 25개의 새로운 가사를 추가하였다. 1543년에 마로의 시편들이 『프랑스어로 마로가 번역한 50개의 시편』(Cinquante pseaumes en francois par Clem)에 실렸다. 칼빈은 마로와 그의 작품을 높이 평가하였다. 하지만 1544년 제네바 시가 마로의 봉급을 삭감하면서 그는 재정적으로 어려움에 처하게 되었다. 이후 마로는 제네바를 떠나서 이탈리아 피에몬트의 토리노에 갔는데, 그곳에서 갑작스런 죽음을 맞이하게 된다. 그때 마로는 50세가 채 되지 않은 나이였다. 마로가 제네바를 떠나면서 중단된 시편 찬송 번역작업을 칼빈이 베자에게 맡긴다.

베자는 이전에 마로가 한 시편 작업을 잊지 않고 높이 평가하였을 뿐만 아니라 마로가 이 작업으로 면류관을 쓰게 될 것이라고 찬사를 보냈다. "영원한 영광으로 당신[마로]에게 면류관을 씌우는 것은 거룩한 시편들에 대한 당신의 풍부한 시구들이라오."56) 마로가 미완성으로 남긴 시편찬송 번역을 베자는 1562년에 이르러서야 완성하게 된다. 그것이 바로 『위그노 시편찬송가』(The Psalms of David)이다.

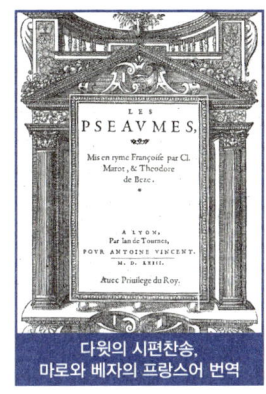

이 책은 처음부터 널리 팔렸을 뿐만 아니라 4년 만에 60판 이상 인쇄되었다. 베자는 시편 번역을 박해받는 교회와 그 교회를 보호하는 왕들에게 헌정하였다. 베자는 이 글을 헌정하면서 프랑스 시인들에게 세속적인 주제를 버리고 정신을 개혁하여 하나님을 위해 그들의 재능을 바치라고 호소한다.

---

56) 베자, 『종교개혁 영웅들의 초상』, 170. 마로의 마지막에 대한 평가는 극과 극이다. 한편에서는 프로테스탄트 신앙을 간직하고 있었다고 하는 반면, 베자는 그의 죽음에 대해서 부정적으로 평가한다. "남은 생을 거의 궁정의 방식대로 살았기 때문에, 그는 얼마 안 되는 기독교적인 삶을 개혁할 마음을 많이 갖지 못했으며, 마찬가지로 노년에도 익숙한 방식에 따라 자신을 관리하다가 60세에 토리노에서 죽었고, 왕의 대리인의 호의로 [시신이] 귀환되었습니다." 하지만 이는 지금까지 알려진 역사적 사실과는 다르다. 마로는 1544년에 50도 채 되지 않은 나이에 죽음을 맞이했다. 따라서 마로에 대한 베자의 평가는 잘못된 정보에 근거한 것으로 보인다.

"그러므로 자, 하늘에 기원을 둔 자들이여,
이제 그대들의 신적인 열정을 보이고
또 천한 백성이나 가장 높은 큰 자들도
거의 모방할 수 없는 이 은총을 보이라.
이제부터 이것(재능)들을 그대들에게 주신
하나님을 찬양하는 곳으로 그대들의
붓을 진력하여 휘두를지라.[57]

베자의 시편 번역작업은 로잔에서 시작되었지만, 제네바로 이어진 긴 여정의 열매였다. 이렇게 오랜 시간을 시편 번역에 매달릴 수 있었던 힘은 무엇일까? 시편이 지닌 운율 그 자체가 베자로 하여금 오랫동안 번역 작업에 매진하도록 하지 않았을까. 시편 운율의 미와 힘은 종교전쟁이라는 죽음 앞에서 프랑스 위그노들의 신앙 정체성을 지킬 수 있도록 만든 원동력이 되었던 사실도 이를 입증한다. 당시 시편찬송은 공예배의 주요 부분을 차지했을 뿐만 아니라 거리에서나 집에서도 불렸다. 그리고 순교자들이 교수대로 가는 순교의 자리에서 읊조린 곡이나, 심지어 위그노들이 전쟁에 나갈 때 전장에서 서로에게 힘을 북돋우어준 것도

---

57) *CB* I, 207.

바로 시편찬송이었다. 베자의 시편찬송 가운데 68장은 위그노 전쟁의 노래가 되기도 하였다. 이처럼 시편찬송은 고난의 시기를 견뎌내는 동력이 되었다.

볼섹과의 예정론 논쟁

베자는 정규 신학교육을 받지 않았다. 단지 볼마르에게서 배워 고전어에 능통했고, 인문주의자들과의 교류로 텍스트를 깊이 분석하는 능력을 가졌다.[58] 하지만 하나님은 그의 '기나긴 정체기'를 위대한 종교개혁자로 재도약하는 반전의 구름판으로 삼으셨다. 그 구름판을 통과한 베자는 로잔에서 칼빈의 신학논쟁의 주요 논쟁가로서 역할을 하면서 그 꽃을 피우게 된다. 로잔에서의 대표적인 논쟁은 우선 볼섹이 제기한 예정론 논쟁과, 세르베투스의 화형으로 제기된 이단에 대한 행정관리의 역할과 책임에 대한 논쟁이

---

58) 베자도 칼빈처럼 신학을 공부하지 않았다. 하지만 프랑스 인문주의 교육을 통해 고전어와 텍스트 분석에 능통했다. 칼빈은 적어도 신학 공부를 본격적으로 시작하기 전에 기초과정으로서 철학을 공부했지만, 베자는 그렇지도 않다는 점을 부각시켜 정통주의자로서의 신학적 특징이 그에게서 나타난다고 추정하기도 한다. 베자에게서 스콜라 철학의 논리적 방법론이 나타난 것이 종교개혁적 신학 교육을 받지 않았기 때문이라는 것이다. 그래서 성경적이지 않다는 비판을 받기도 한다.

다. 이 논쟁은 프랑스에서 일어난 일련의 종교전쟁을 경험하면서 강화되어 그 빛을 발하게 되었을 뿐만 아니라, 근대로 넘어가는 길목에서 종교적 관용논쟁의 포문을 열었다.

볼섹(Jérôme Bolsec)으로 인한 예정론 논쟁은 1551년 10월 16일, 장 드 생 안드레(Jean de Saint-André)의 개회설교에 볼섹이 반론을 제기하면서 시작된다. 볼섹의 인생 이야기는 드라마틱하다. 그는 프랑스의 카멜론 수도원의 수도사였다가 1545년에 프로테스탄트로 회심한다. 원래 의사이지만 부수적으로 신학자의 삶을 산 그는 칼빈의 신학을 칭찬했을 뿐만 아니라 그의 신학에 거의 동의하였다. 그런데 이중 예정만이 예외였는데, 이와 관련하여 그는 두 가지를 지적하였다. 이 두 주제는 이후 예정론 논쟁의 주요 논제가 되었다. 첫째, 하나님의 영원한 선택에서 인간의 구원이 결정되었다면, 우리는 이 땅에서 아무렇게나 살아도 된단 말인가? 여기서 그는 그리스도인의 행위의 문제를 제기하였다. 둘째, 볼섹은 예정 교리가 하나님을 폭군으로 만들고 죄의 제공자로 만든다고 비판했다. 하나님께서 어떤 사람은 구원을 받을 자리로, 어떤 자는 유기에 이르도록 작정하셨다면 이 땅에서의 죄는 하나님이 제공하신 것이 아닌가? 하나님께서 절대적 능력을 가지고 계신다면 이 땅의 죄 또한 그의 능력 아래에 있는 것이니 죄를 만드신 분도 하나님이 아니신가? 죄의 문제는 하나님의 신적 본질로서의 절대적 능력과 관련된 신학논의는 이후 정통주의 신학의 주된 주제가 되었다.

볼섹의 반론으로 논쟁에 불이 붙게 되자 제네바 시의회는 그를 제네바에서 추방하였다. 1551-1563년까지 베른에서 거주하던 그는 그곳에서도 추방되어 다시 프랑스로 돌아가 로마 가톨릭교회로 회귀하였다. 이후 볼섹의 행보는 칼빈에 대한 전기(1577)와 베자와 관련된 글(1582)에 나타나 있다. 근대 사회의 주요 시민정신으로 자리잡은 종교적 관용과 관련하여 칼빈에 대한 비판이 등장하는데 이를 넘어선 원색적 비난은 볼섹의 글에서부터 시작된다. 그는 제네바의 지도자 칼빈을 "이단자, 탐욕적인 사람, 위선자, 성적 방탕자"로 비난했다.[59] 그러다가 1584년에 그는 프랑스에서 죽음을 맞이한다.

볼섹에 의해서 시작된 예정론 논쟁을 살펴볼 때 칼빈의 이중예정은 당시의 종교개혁자들이 가진 일반적인 이해는 아니었다. 당시 스위스의 강력한 힘을 지닌 베른의 종교개혁자들은 칼빈의 이중예정에 동의하지 않았을 뿐만 아니라 볼섹을 추방하여 그를 가혹하게 다루었다고 칼빈을 비난하

---

59) 헤르만 셀더하위스, 김귀탁 옮김, 『칼빈의 핸드북』 (서울: 부흥과개혁사, 2013), 19.

였다. 또한 불링거는 "하나님은 모두를 구원하기를 원하시고 죄인의 죽음을 바라지 않으신다. 저주를 받는 자는 하나님이 원하셔서가 아니라 그들이 믿음이 없기 때문에 그렇게 되는 것이다"[60]라는 입장을 취하였다. 이들은 칼빈이 주장하는 이중예정이 하나님을 죄의 원인자 내지는 조성자로 만드는 것에 대한 두려움을 지니고 있었다. 왜냐하면 영원 전에 하나님께서 어떤 자는 구원받을 자로, 어떤 사람은 자신의 행위와 상관없이 지옥에 떨어질 자로 작정했기 때문이다.[61] 하지만 칼빈은 하나님의 선택에 인간을 구원하기 원하시는 하나님의 뜻이 반영되지 않았다는 것을 생각할 수 없었다. 누군가를 선택한다는 것은 선택에서 배제된 누군가가 있음을 내포한다. 그렇기 때문에 칼빈은 선택이라는 단어 자체에 내재된 선택되지 못한 무리에 대한 유기를 분리시켜 생각할 수 없었다. 그럼에도 불구하고 불링거는 저주받은 자에게는 무언가를 할 수 있는 여지가 전혀 없고, 하나님이 그렇게 작정하셨기 때문에 저주받는다는 주장은 여전히 해결해야 할 과제라고 지적하였다. 그리고 사

---

60) Gordon, 『칼빈』 (서울: IVP, 2018), 204. Venema, Heinrich Bullinger, 60. Peter Opitz, 'Bullinger's Decades, Instruction in Faith and Conduct', in Bruce Gordon and Emidio Campi (eds.), *Architect of Reformation: An Introduction to Heinrich Bullinger* (Grand Rapids, MI: Baker Academic, 2004), 101-116.
61) Gordon, 『칼빈』, 205-209.

도들이 이 문제를 아주 간단하게 다루었고, 경건한 자들이 마음이 상하지 않도록 주의를 기울였다는 점을 강조하였다.[62] 칼빈의 이중예정론으로 인해 스위스 종교개혁자들의 갈등은 깊어져 갔다.

볼섹으로 야기된 갈등은 그가 베른으로 추방되면서 더욱 심화되었다. 볼섹은 칼빈에 대항하여 반대의 목소리를 계속 냈을 뿐만 아니라 칼빈에 대한 증오심으로 똘똘 뭉친 수많은 동조자들을 모으는 일에 열심을 냈다.[63] 볼섹의 행위에 대해 베른 시의회가 어떤 조치도 취하지 않자 칼빈의 입장은 더욱 불리하게 되었다. 제네바는 베른과 동맹관계에 있었기 때문에 베른이 칼빈을 어떻게 바라보는지가 주요 관심사였다. 베른 시의회는 칼빈과 그의 동역자인 비레와 베자가 프랑스어를 사용하는 목회자들을 타락시키고 있고, 기존 교회의 치리와 신학에서 이탈시키고 있다며 두려워했다.[64] 베른 시의회가 칼빈뿐만 아니라 비레와 베자가 있던 로잔 아카데미를 이 논쟁으로 인한 갈등의 중심으로 인지하고 있었기 때문에 칼빈과 베자는 베른과의 관계를 개선하기 위해 노력해야만 했다.

---

62) Gordon, 『칼빈』, 372.
63) Gordon, 『칼빈』, 375.
64) Gordon, 『칼빈』, 209-211.

하지만 칼빈과 베른의 관계는 점점 더 힘겨워졌다. 심지어 베른은 칼빈의 영향력을 제한하기 위해 1554년에 칼빈의 책들을 금서로 지정하였다. 로잔 아카데미에서 『기독교 강요』를 강의한다는 소문을 듣고 자극을 받은 것이다. 베른의 견제는 여기서 더 나아가 칼빈의 가르침이 베른 교회의 가르침에 반대되는 것으로 판단되기 때문에 칼빈의 책을 모두 불태워야 한다는 칙령까지 내리게 되었다.[65] 당시 분서(焚書)는 이단에 대한 강력한 조치였다. 따라서 이는 종교개혁의 길을 걸어가는 칼빈에게 엄청나게 충격적인 일이자 상상조차 하기 힘든 최악의 사건이었다. 이런 와중에 베자는 볼섹당인 다비옹(Davion)을 '우리 교회의 파괴자'로 칼빈에게 고발한다.[66] 이런 상황에서 베자가 볼섹의 성경해석과 관련된 공격에 대답하지 않고 머무는 것은 성경교사로서 그의 권위가 떨어져 쓸모없이 되어버리기 때문이었다. 따라서 정치적 이유에서뿐만 아니라 신학적으로도 성경에 근거한 강력한 대응이 필요하였다. 이러한 맥락에서 베자의 『예정론 도식』(*Tabula praedestinationis*, 1555)이 출판되었다. 베자는 이후 예정론 논쟁에 중심에 들어선 카스텔리오에 대항하여 『예정론에 대해서: 카스텔리오에 대항하여』

---

65) Gordon, 『칼빈』, 211. 378.
66) *CB* 2, 210.

란 글을 1558년에 출판하기에 이른다. 이로써 베자는 신학자로서 칼빈과의 동역의 길에 들어선다.

정통주의 신학의 기초인 예정론 도식

베자의 『예정론 도식』은 '베자가 과연 칼빈의 신학을 계승한 후계자인가?'란 질문에 부정적 답변을 도출하는 주요 근거로 제시된 문헌이다.[67] 그러므로 이 질문은 정통주의 신학의 포문을 연 베자가 칼빈의 개혁신학을 계승하여 정통주의자들에게 '어떻게' 승계했는지를 판단하는 주요 논제이다. 이를 토대로 칼빈과 정통주의 신학의 연속성과 불연속성을 판단할 수 있기에 많은 학자들이 베자의 예정론을 연구주제로 삼아왔다.[68] 그러므로 베자의 『예정론 도식』

---

[67] 1980년대까지 베자의 신학에 대한 평가는 다음과 같다. 베자는 칼빈의 신학을 계승한 자가 아니라 아리스토텔레스의 철학적 방법론을 사용하여 칼빈의 신학을 체계화한 신학자라는 평가가 일반적이었다. 이런 주장은 비처와 키켈, 브레이가 지지한 반면, 멀러와 무라야마는 반론을 제기하였다.

[68] 칼빈과 베자의 연속성과 불연속성을 판단하는 주요 논제로 제기된 예정론에 대한 연구는 칼빈과 달리 베자가 『예정론 도식』에서 지나치게 성경 본문이나 신학적 논쟁을 언급하지 않고 간략하게 서술했다는 점을 들었다. 지금까지 베자의 예정론 이해와 관련하여 학자들의 평가는 상반된다. 멀러(Muller)는 그의 박사논문 "Christ and the decree: Christology and Predestination in Reformed Theology from Calvin to Perkins"에서 베자의 신학에서 칼빈의 "그리스도 안에서의 선택"에 대한

에 대한 신학적 설명과 그 방법론에 대한 이해가 요구된다. 단지 칼빈이 처한 정치적 상황에 대하여 변론하기 위한 목적으로만 이 책을 썼다고 보기 힘든 이유가 바로 여기에 있다. 베자가 이 책을 집필한 시기가 언제인지는 정확히 알 수 없지만 볼섹이 추방되기 전에 초안이 마련되었을 것이

신학을 엿볼 수 있음을 논증하였다. 하나님께서는 그리스도 안에서 백성들을 택하셨다. "그러므로 한편 그리스도는 성부, 성령과 함께 예정의 유효적 원인으로 이해되고 있으며, 다른 한편 종들이 긍휼에 따라서 그리스도 안에서 선택되기 때문에 예정의 첫 번째 결과로 이해된다." R. A. Muller, *Christi and the decree: Christology and Predestination in Reformed Theology from Calvin to Perkins* (The Labyrinth Press, 1986), 82. 이로써 그리스도는 "원인이 되는 체계의 중심이고 핵심"이시다. 여기서 멀러는 베자가 칼빈의 그리스도 안에서의 선택을 그대로 따르고 있다고 평가한다. 또한 멀러에 따르면, 베자의 신학에서 그리스도는 하나님의 작정에서뿐만 아니라 작정의 실행에서도 중심되는 자리를 차지하고 있다. 결론적으로 베자의 신학에서 작정과 실행은 중보자 그리스도로 관통된다는 것이 멀러의 주장이다. 그는 이런 베자의 이해가 칼빈과 큰 차이가 없다고 말하면서 칼빈의 예정론과 베자의 예정론 사이에는 '그리스도 안에서의 선택'으로 연속성이 있다고 주장한다. 그러나 진네마(D. Sinnema)는 멀러가 베자의 예정론에서 삼위일체의 제2위인 성자와 중보자 그리스도를 구별하지 않았다는 것을 지적한다. 베자의 예정론의 작정 영역에서 그리스도는 독생자로서 그리스도가 아니라 삼위일체의 제2위이신 성자로 이해해야 한다. 그러므로 베자의 작정과 작정의 실행의 두 영역은 그리스도로 관통되지 않는다. 따라서 진네마는 베자의 예정론을 그리스도 중심적으로 이해해서는 안 되고, "작정-실행 도식"(decretum-exsecutio Schema)으로 보아야 한다고 말한다. 베자의 예정론에는 연속적 인과론이 핵심을 이루지 않고, 독특한 나선구조가 있기 때문이다. D. Sinnema, "Calvin and Beza: The Role of the Decree-Excution Distinction in their Theologies,"*Calvinus Evangelii Propugnator: Calvin, Champion of the Gospel* (Papers Presented at the International Congress on Calvin Research, Seoul, 1988), (Grand Rapids, 1998), 208. 그는 에베소서 1장에서 말하는 '그리스도 안에서의 선택'은 베자에게는 작정이 아닌 작정 실행의 영역으로만 이해하고 있다고 지적한다. D. Sinnema, "Beza's View of predestination in Historical Perspective," Théodore de Bèze (1519-1605): Actes du Colloque de Geneve(septembre 2005), (Droz, 2007),

라 추정하기도 한다. 만약 그렇다면 이 책을 집필하게 된 신학적 의도가 분명하게 있다는 결론에 도달한다. 이외에도 베자가 이 작품을 완성하기 전에 스위스의 종교개혁자들, 버미글리(Peter Martyr Vermigli, 1499-1562)나 불링거, 칼빈의 도움을 요청하였을 것으로 추정된다.[69] 이런 추정을 받아들인다면, 베자는 칼빈이 시도한 예정론 설명에 만족하지 않고, 좀 더 적극적으로 연역적 방법론을 통해서 설득하고자 했던 것으로 추정할 수 있다.

칼빈은 볼섹의 비판에 대항하여 출판한 『하나님의 영원한 예정에 관하여』(*De aeterna praedestinatione*, 1552)에서 '그리스도 안에서의 선택'으로 예정을 설명한다. 즉 하나님의 은밀한 선택이 그리스도 안에서 이루어진다는 점을 강조하여 가르친다. 하나님은 그리스도 안에서 그의 부르심을 입은 자들을 양자로 삼아 그리스도의 몸에 접붙이심으로써 하늘나라의 상속자로 삼으신다. 그리스도 안에서 연합된 지체로서 부르심을 입은 그리스도인은 죄 사함과 양심에 따른 영생을 확신하고 두려움 없이 하나님을 아버지라고 부른다. 그러므로 그 시작은 "하나님이 창세전에 우리

---

69) Muller, "Use and Abuse of a Document," 37. 칼빈과 당시의 스위스 종교개혁자들에게 도움을 청했다고 한다면, 베자의 작품은 칼빈과의 연속성과 불연속성을 논하는 논제에서 연속성을 주장하는 주요 논거가 된다. 이 책은 칼빈의 예정론을 지지하기 위해서 집필된 것으로 추정된다.

에 대해서 결정하셨다는 사실로부터 이루어져서는 안 되고, 오히려 그리스도 안에서 부성애로 드러나는 것과 그리스도가 날마다 복음을 통해 우리에게 전파하시는 것에서 이루어져야 한다."[70] 이로 미루어 보건대, 그리스도와의 연합이라는 경험적 방법에 토대를 둔 칼빈의 귀납적 설명에서 베자 자신은 좀 더 연역적 관점에서의 논증이 필요하다고 판단한 것으로 추정된다.[71] 또한 이러한 베자의 연역적 관점에서의 예정론 설명에 칼빈도 동의하고 수용한 것으로 보인다. 칼빈이 그의 설교문에서 예정에 대한 자신의 교리적 설명을 반복하기보다는 독자들에게 베자의 『예정론 도식』을 읽도록 권면하기 때문이다. "나의 형제들이여, 이 작은 책에 담겨 있는 것들을 숙고하시길 바랍니다. 그러면 이 책에 전적으로 만족할 것입니다."[72]

---

70) 칼빈, 『하나님의 영원한 예정에 관하여』, 128~129. 물론 칼빈도 인간의 이성에서 출발하는 것이 아니라 '하나님이 자신을 우리의 기준에 맞추어 낮아지셨다는 사실을 인식하는 데서 시작한다고 주장하였다. 다시 말해서 인간의 머리에서 나오는 것으로부터 출발하여 하나님께 나아가는 것이 아니라 "하나님이 그 자신에게 돌리는 것"을 하나님 자신의 몫으로 남겨두어야 한다는 것이다. '하나님이 그 자신에게 돌리는 것'은 하나님이 세상의 창조자이시며 통치자이신 그의 존재에 관심을 기울이는 동시에 하나님의 존재하심의 발현을 의미하는 피조물들을 특별히 돌보신다는 것이다. 이 세상은 '믿음을 시험하는 훈련장'이기 때문에 인간의 손을 통하여 이루시는 하나님의 손을 식별해야 한다. 이를 위해서 '하나님이 하시는 일의 전반적인 정의가 발견되는 성경'에 귀를 기울여야 하는 것이다. 칼빈, 『하나님의 영원한 예정에 관하여』, 214.

71) Muller, "Use and Abuse of a Document," 38~39.

이 책의 제목은 본래 『그리스도인의 삶을 위한 총체』 (*Summa totius christianismi*)이다. 이 제목이 눈길을 끄는 것은 베자는 예정론에 대한 올바른 이해를 '그리스도인의 삶을 위한 총체'로 여겼다는 것을 알 수 있기 때문이다. 다시 말해서 예정론이 그리스도의 삶의 자리에서 주요한 출발점이자 목적이 된다는 뜻이다. 이는 그리스도인은 영원 전부터 죽음 이후의 영원의 삶을 바라보며 살아가는 존재이며, 그 영원한 삶을 소망하며 이 땅에서 살아가는 자임을 암시한다.[73] 그런데 우리는 이 책을 그리스도인의 실존과 삶의 방향성과 소망을 담은 제목보다 책의 내용을 요약한 『예정론 도식』이라고 왜 부르는 것일까? 멀러는 『그리스도인의 삶을 위한 총체』로 부를 경우, 아퀴나스의 『신학대전』(*Summa theologia*)이 가장 먼저 떠올라 베자의 책이 지닌 목적을 오해할 소지가 있기 때문이라고 설명한다.[74]

제목이 이미 알려주듯이 베자가 이 책을 쓴 목적은 명확하다. '구원'과 '유기'(遺棄, 내버려 둠)의 원인들의 순서가 어떻게 그리스도인의 삶을 성숙하도록 훈련시키는지, 어떻게

---

72) John Calvin, *Sermon on Election and Reprobation*, trans. John Field (London, 1579; repr., Audobon, NJ: Old Paths, 1996), 301-311. Sinnema, "Beza's View of Predestination," 220.
73) Bray, *Theodore Beza's Doctrine of Predestination*, 72.
74) Muller, "Use and Abuse of a Document," 33.

경건을 지지하는지 논증하는 것이다. 베자는 이 책을 통해서 예정 교리는 성경에서 기원하지 않고 오히려 복음을 왜곡했다는 볼섹의 말에 대항하여 하나님의 작정과 실행의 교리가 성경에 근원을 두고 있음을 논증하였다. 그뿐만 아니라 그 교리가 그리스도인에게 위로와 힘이 되는 원천임을 보여주었다.[75]

예정론 도식의 내용[76]

베자의 『예정론 도식』의 핵심은 바로 다음과 같은 도식으로 나타난다.

중심 내용인 하나님의 영원한 예정이 '구원'과 '유기'를 중심으로 펼쳐지고 있다. 이 책은 총 8장으로 구성되어 있는데, 첫 장은 "하나님의 영원한 예정은 어떤 호기심의 대상도 아니고 교회에 필요 없는 교리가 아니다"란 제목으로 시작한다. 베자는 초대교회의 교부인 아우구스티누스(Augustinus, 354-430)의 "견인의 유익에 대하여"(On the Gift of Perseverance)로부터 논제를 가져와 예정 교리에 대해서 무엇

---

75) Muller, "Use and Abuse of a Document," 35.
76) 베자의 『예정론 도식』을 요약 정리한다.

을 논하고자 하는지를 설명한다. 우선, 예정 교리가 하나님의 말씀의 설교를 방해했고 교회에 유익을 주지 못했다고 주장하는 자들에 대항하여 바울을 예로 삼아 논의를 이끌어간다. 베자는 바울이 오히려 예정을 가르칠 뿐만 아니라 설교를 멈추지 않았다는 점과 더욱이 하나님의 은혜를 입은 자들은 더 잘 권면하고 설교할 수 있다고 주장한다.

베자는 아우구스티누스의 말을 인용하면서 반문한다. "예정 교리가 모든 사람에게 선포되는데, 어떤 사람들에게는 귀로는 듣지만 내적 동의에까지 이르지 못하며, 어떤 사람들은 내적 동의에까지 이르게 된다." 이 종교적 현상 자체가 바로 선택의 결과로서의 경험적 증거를 말해 준다. 하지만 선택은 하나님의 일로서 인간의 제한된 이성으로는 알 수가 없다. 단지 하나님께서 그렇게 하신다고 인정하는 일만이 우리에게 주어질 뿐이다.[77] 그렇기 때문에 베자는 우리가 예정 교리를 가르칠 때, 오직 하나님과 그의 말씀의 진실성만을 생각해야 하고 하나님께만 순종해야 한다고 강조한다. 하나님의 피조물로서 지음을 받았기에 우리는 이

---

77) Theodore Beza, "The Sum of All Christianity, or the Description and Distribution of the Causes of Salvation of the Elect and the Destruction of the Reprobate," *Collected from the Sacred Writings, in The Potter and Clay: The Main Predestination Writings of Theodore Beza*, trans. Philip C. Holtrop (Grand Rapids: Calvin College, 1982), 26.

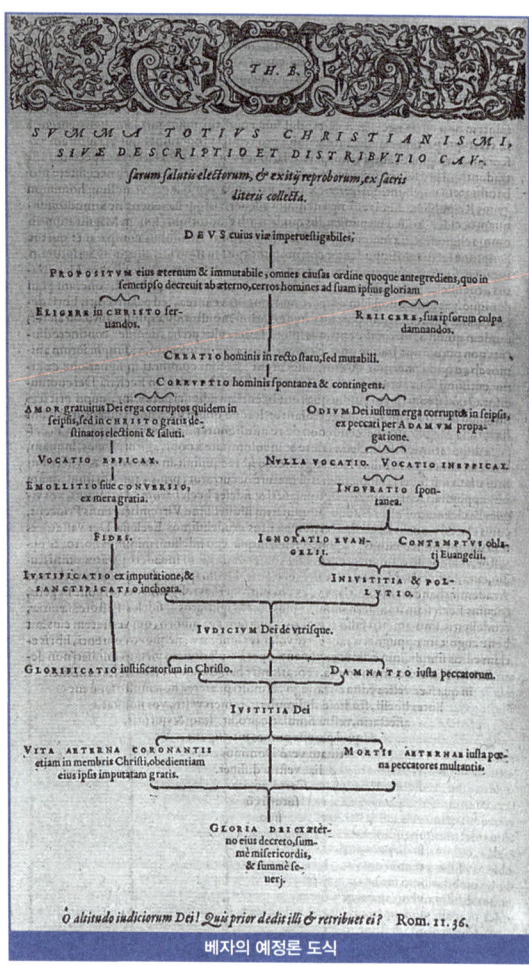

베자의 예정론 도식

교리를 선포해야 할 의무가 있다. 예정 교리는 피조물인 우리가 하나님께 어떤 자세를 취해야 하는지를 가르치고 하나님께 대한 우리의 신뢰를 증명하는 데 유익한 교리이다. 이 교리는 믿지 않는 자들에게도 적용되는 것이기에 그들도 그들 자신이 아니라 하나님께 영광을 돌려야 한다. 이를 위해서 베자는 두 가지 전제를 제안한다. 첫째, 예정에 대한 모든 논의는 '하나님의 말씀의 처방전'을 따라야 한다. 둘째, 이 논의가 '적절한 방법으로 그리고 교화를 위해서' 이루어져야만 한다.[78] 이로써 베자는 예정론을 하나님의 말씀에 근거하여 그 범주를 넘어서지 않는 한에서 성도의 삶을 위한 출발점으로 이해하고 있음을 알 수 있다.

이 출발점에서 우리는 베자가 당시의 논적자들의 논제들에 대하여 어떻게 대답했는지 정리해보고자 한다. 우선 볼섹이 반론으로 내세운 두 논제 중 첫 번째 질문인 '하나님은 악의 조성자인가'의 문제부터 살펴보자.

---

78) Beza, *Sum of All Christianity*, 27.

하나님은 악의 조성자인가

 베자는 하나님의 작정과 그 선택과 유기는 하나님의 의지의 결과라는 전제에서 출발한다. 이 작정은 세 가지 특징을 지니게 되는데, 첫째, 우리의 이성으로는 하나님의 선택과 그 방식을 이해할 수 없으며 판단할 수 없다. 둘째, 하나님께서 이 세상을 만드실 때 그 의지에 따라 지으셨다. 그래서 하나님은 악한 일도 결정하신다. 그렇지만 하나님은 결코 악의 조성자가 아니시다. 악은 사탄과 다른 악한 불순종의 아이들을 통해서 주어진다. 셋째, 하나님이 기뻐하시는 의지에 따라서 그의 자녀들을 선택하시고 유기하신다. 이것이 베자의 예정론 이해의 출발이다.[79] 하나님의 예정은 하나님의 의지 안에서 이루어지는 자기결정으로 하나님의 자녀들을 구원으로 이끄는 제일의 원천이며 주된 근원이다.

 하나님은 자신의 행위를 자신 밖에서 결정하실 수 없는 분이시다. 그리고 영원으로부터 자신이 원하는 것을 그가 택하신 시간에 행하신다. 하나님은 자신의 비밀스러운 의지에 따라서 어떤 사람들을 구원하고자 결정하셨다. 자신의 자비로 하나님 자신에게 영광을 돌릴 자리에 참여하도록 하

---

[79] 라이트(Wright)는 그의 글에서 이 지점이 베자의 예정론 이해에서 가장 근본적인 지점이라고 강조한다. 129.

기 위해서 구원의 자리로 인도하기로 결정하신 것이다. 이들이 바로 선택받은 자들이다. 그렇지만 다른 사람은 하나님의 진노의 그릇으로, 유기자로 만들기로 작정하셨다. 그러므로 하나님의 영원한 선택은 모든 사람들의 영원한 운명이며, 선택받은 자와 유기된 자로 인도하는 추동력이다.

  베자는 선택과 유기가 동일한 하나님의 행위임을 강조한다. 예정은 지혜로 선택한 자들의 구원에서 하나님의 은총에 대한 특별한 증거가 될 뿐만 아니라, 동시에 유기된 자들에 대하여 올바른 심판을 행하는 것이 된다. 이 목적을 위해서 선택받은 자와 유기된 자들은 모두 완고함과 죄 아래 있게 된다. 선택을 받은 자든 유기된 자든 모두가 죄인이며 하나님의 진노를 받을 만한 자이다. 여기에서 하나님께서 선택한 자들 모두에게는 하나님의 선물로서 믿음을 주시고, 하나님이 유기하고자 한 자들에게는 하나님의 신비를 아는 것도, 하나님을 믿는 것도 주어지지 않기에 유기의 정당한 이유가 그들 자신에게 있게 하신다.

  분명한 것은 베자는 하나님의 선택과 유기를 영원 전의 작정으로 돌린다. 그 목적은 하나님께 영광을 돌리게 하려는 데 있다. 이 목적을 이루기 위해서 하나님은 심지어 그 자신이 싫어하는 죄를 조금 놀랍고 이해할 수 없는 방식으로 정하셨다. 즉 모든 것이 하나님의 뜻에 따라서 일어난다. 그리고 인간의 파멸의 원인은 인간 자신에게 있다. 만약 이 책임을 하나님께 부당하게 부과한다면, 죄 때문에 그들과 대립하게 되는 하나님의 의에 맞서기를 준비해야만 한다. 베자는 죄에 대한 하나님의 섭리를 "하나님의 의지와 작정과 분리된, 어떤 벌거벗은 또는 중립적인 허용"[80]으로 간주하지 않는다. 하나님의 섭리와 죄를 중립적 허용으로 만들면, 잠정적으로 하나님의 전능성에 대한 불신과 사건의 결과를 우연에 맡기게 하기 때문이다.

> "이 타락은 아담의 자발적인 행위에서 나온다. 그렇지만 하나님의 의지와 상관없이 일어난 것은 아니다. … 〈중략〉… 그가 승인하지 않았다 할지라도 하나님의 의지에서 벗어나 일어나지 않는다. 이는 하나님 자신의 은혜의 그릇에 담길 그의 풍성한 영광을 보여주기 위해서 그리고 정당한 유기로 하나님의 영광을 드러내고자 하는 목적으로 만들어진 그릇에 그의 진노와 능력을 나타내기 위해서이다. 선택된 자들의 구원이나 유기된 자들의 파괴는 하나님의 궁극적인 계획의 결과이다. 하나님의 영광을 드러내기 위해 어떤 자들은 은혜로 구원을

---

[80] Calvin, 『기독교강요』, 3.23.8.

받고, 다른 어떤 자들은 정당한 심판으로 버림받게 되는 것이다."[81]

죄악으로 인한 인류 전체의 타락도 하나님의 섭리 아래에서 일어난다. 왜냐하면 하나님은 아주 작은 것에도 영향을 미치시기 때문이다. 하나님은 순결과 거룩함을 지닌 자신의 형상을 따라서 인간을 창조하셨다. 그래서 하나님은 죄가 아니라 선의 창조자이시다. 하나님의 기뻐하시는 의지에 따른 구원으로서의 선택이 이 땅에서 실행되는 과정에서 하나님께서는 모든 인류가 죄를 범할 것을 아셨다. 아담은 하나님에 대항하여 '즉흥적으로 그리고 자발적으로' 죄를 범한다. 인간의 필연적 본성에 굴복하여 나타난 결과이다. 이로 인해 모든 사람이 죄 아래 있게 되었고, 인간의 육과 영혼은 죽음에 이르는 벌을 받게 되었다. 그래서 유기된 자의 정죄에 대한 죄책감은 인간 자신에게 있게 된다. 그리고 선택받은 자의 구원에 대한 찬양은 전적으로 그의 은혜에 대한 답례가 된다. 하나님은 영원 전에 구원과 정죄를 작정하셨고, 모든 사람을 죄 아래 둠으로써 영광을 받으신다. 이로써 영원 전의 결정은 정당하고 완전하게 된다.[82]

---

81) Beza, *Sum of All Christianity*, 41.
82) Beza, *Sum of All Christianity*, 39-40.

베자는 선택된 자들의 구원도, 유기된 자들이 멸망에 처하게 되는 이유도 하나님의 불가해한 영원한 계획에서 찾는다. 선택과 유기의 원인은 하나님의 비밀로, 오직 하나님의 정당한 의지 이외에 알려진 것이 없다. 그렇기 때문에 그 누구도 그것을 이해할 수 없다. 그저 하나님의 선택과 유기의 이유를 동일하게 하나님의 의지로 이해할 뿐이다. 하지만 선택은 구원받을 만한 존재가 되지 못하는 우리에게 전적으로 하나님의 은혜에 의해서 이루어진 반면, 유기를 받기에 합당한 원인은 유기된 자 자신에게 있다는 점에서 차이가 있다. 유기의 원인으로서 타락, 부패, 불륜, 믿음의 결핍 등은 유기된 자의 자발적 행위에 근거하기 때문에 그들 자신이 책임을 져야 한다. 그래서 유기의 책임은 유기된 자 자신에게 있다. 하나님께서 왜 어떤 사람들 선택하시면서 또 어떤 사람들은 유기하시는지 그 목적은 우리에게 숨겨져 있다. 그렇기 때문에 하나님의 계획은 이해하기 어렵다.

그리스도 안에서의 선택

베자는 선택받은 자의 구원이 하나님의 영원한 작정에

서 출발한다는 전제 아래 논의를 시작한다. 하나님의 작정으로 말미암은 선택과 유기는 하나님의 영광을 목적한다. 그는 유기의 근거를 하나님께 돌리지 않기 위해서, 하나님께서 인간이 스스로 죄에 빠질 것을 미리 아셨다고 주장한다. 여기에서 그는 하나님의 인간 선택의 목적과 그 실행으로서 그리스도 안에서의 선택을 구분한다.[83] 하나님께서는 영원 전에 인간을 구원하기로 그 뜻을 세우셨다. 그리고 그 의지가 실행되는 과정에서 인간이 스스로 죄에 빠져 전적으로 부패할 것을 아셨다. 그렇기 때문에 구원받을 자를 선별해야 한다.

> "인간은 너무나 연약하여 하나님의 진노의 격정을 견디는 것을 제외하고, 전에 보지 못한 가장 비참한 맹목 속에서 즐거워한다. 인간은 하나님의 법이 인간에게 죽음을 벌로 준다는 점에서 전적으로 죄의 지배 아래에서 노예이다. 인간의 자유를 만족시키거나 하나님의 법을 만족시키는 것이 얼마나 불가능한 일인가."[84]

그러므로 오직 하나님의 은혜로만 구원이 가능하다. 인

---

83) Beza, *Sum of All Christianity*, 38.
84) Beza, *Sum of All Christianity*, 43.

간은 자신의 구원을 위한 어떤 행위도 가능하지 않으며, 하나님은 절대 자신의 의를 포기하지 않으신다. 그래서 약속된 어떤 중재자가 필요하다. 하나님은 선택받은 자들의 아버지로서 무한한 은혜로 의로움을 단련시키고, 정한 때에 그의 아들을 이 땅에 보내기로 하셨다.

그래서 예수 그리스도의 육화의 목적은 세 가지이다.[85]

첫째, 신성과 인성이 예수 그리스도 안에서 연합될 때, 인간의 전적 타락은 한 인간 안에서 전적으로 제거될 것이다.

둘째, 하나님의 의를 완성하기 위해서 하나님의 심판을 견디기에 충분한 능력을 지녔을 뿐만 아니라 하늘 아버지의 진노를 누그러뜨릴 제사장이 나타나야 한다. 그래서 그는 의로운 사람으로서 죽음을 맞이했고, 온전한 순종으로 아담의 장애물을 제거했으며, 우리 모두의 어깨에 놓여 있는 부당함을 속죄하셨다.

셋째, 그의 희생으로 선택된 모든 자들의 죄를 제거하고 그들을 거룩하게 한다. 하나님은 그의 아들 예수 그리스도를 중보자로서 영원한 구원을 예정한 자들에게 주고, 반대로 그들의 죄를 그의 아들에게 주도록 명하셨다.

하나님의 구원 계획을 이룬 예수 그리스도의 이야기와

---

85) Beza, *Sum of All Christianity*, 43.

그에 대한 예언들이 하나님이 선택한 자들에게 주어진다. 이 외적인 말씀 선포가 성령의 간섭으로 내적 확신에 이른다. 성령은 선택받은 자들을 인도하고, 가르치고, 그들의 눈을 열어 보게 하고, 귀와 마음을 열어 이해하게 하신다. 이것이 선택받은 자의 삶 속에서 나타나는 성령의 본질적인 첫 사역이다.[86] 성령은 복음이 선포되는 그 상황에서 믿음을 일으키는 동력이다. 믿음은 한편으로는 예수에 대한 사실들에 대한 진실성을 언급한다. 하지만 이것만으로는 구원하는 믿음이 되지 않는다. 이러한 믿음은 유기된 자들에게도 나타난다. 구원하는 믿음은 선택받은 자들에게 속한다. 그 믿음은 구원을 위하여 그리스도를 인격적으로 이해하는 것으로, 그리스도를 우리의 것으로 적용시켜 확신하게 한다. 이로써 하나님의 비밀 안에서 만세 전에 감추어졌던 것이 우리에게 계시된다. 이 구원하는 믿음은 두 가지로 구성되어 있다. 개인의 양심이 성령에 의해 설교를 통해서 가책을 받게 되고, 성령은 선택받은 자들이 자신의 자아를 없애고 주님의 것을 향하도록 방향을 설정하도록 바꾼다.

---

86) Beza, *Sum of All Christianity*, 52.

"부분적으로 하나님의 영을 통해서, 즉 외적 설교와 연결된 성령의 내적 증거에 의해서 드러난다. 부분적으로 선택받은 각 개인을 이끈 동일한 영은 그 능력과 효능으로 죄의 노예 상태에서 자유롭게 하고, 하나님을 기쁘시게 하는 일들을 원하고 행하도록 설득하고 인도한다. 오직 선택받은 자들에게 구원하는 믿음이 주어진다.[87]

예정 교리 설교 방법론

베자는 예정 교리를 반대하는 사람들의 유형을 둘로 나눈다. 첫 번째는 악의적으로 예정 교리를 무시하거나 정교하게 사고하지 못하는 자들이다. 이들을 이해시키고 그들의 오류를 교정하는 일은 하나님만이 하실 수 있기에 어떤 노력이 우리에게 요구되지 않는다. 다른 한 부류는 예정 교리가 어려워 이해하지 못한다고 생각하는 자들이다. 이는 가르치는 선생의 분별 부족에 그 원인이 있기 때문에 예정 교리를 자신에게 바르게 적용하지 못한다. 그러므로 이런 부류를 위해

---

[87] Beza, *Sum of All Christianity*, 54-55.

서는 그들의 무지를 깨우쳐 올바르게 가르쳐야 한다.

베자는 두 번째 부류에 속한 자들을 위해서 여섯 가지 방법론을 제시한다.

첫째, 베자는 사변적 사유를 피하라고 권한다. "하나님의 단순한 진리 대신 예정 교리가 헛되지 않고 복잡한 사변에 빠지지 않기 위해서 선생님들은 부지런히 보호해야 한다." 가르침의 내용은 성경의 단순한 진리만을 담고 있는 것으로 족하다. 하나님의 비밀스러운 계획을 인간의 책임에 어떻게 적용하는지 알아내려는 인간의 지성적 노력 때문에 오류에 빠지게 된다. 이런 노력으로 인해 오히려 예정 교리에 대한 관심을 '벌거벗고 무관심하게'(bare and indifferent) 만든다. 그래서 결국 하나님의 계획한 일을 행하는 과정에서 그들은 필연적으로 함의된 일들을 거부하도록 강요한다. 그리고 사변적 사유로 예정을 다루는 자들은 무용하고 모호한 다양한 구분들을 고안해내는데, 이 길은 엄청난 문제를 만들어낸다. "이런 구분에 깊이 들어갈수록 그들은 이 미로에서 벗어나기 전까지는 더욱 혼돈에 빠져들게 된다."[88] 그렇기 때문이 이것은 '하나의 수치'이다.

둘째, 베자는 사변적 사유 대신에 단순하게 성경의 언어

---

88) Beza, *Sum of All Christianity*, 75.

로 설명하라고 권한다. 성경에 어떤 생소한 언어를 덧붙여 설명하려고 하다가 하나님의 말씀에서 벗어나는 일이 없도록 주의하라는 것이다. 물론 '덜 교양적인 사람들'이 넘어지는 일이 없도록 하기 위해서 성경의 해석이 요구된다는 점을 부인하지 않는다. 이 해석과 가르치는 방식은 하나님의 말씀이 승인하는 범주 안에서 이루어져야 한다.[89]

셋째, 듣는 청자의 상황과 유형을 고려하며 가르치라고 권한다. 청자의 유형을 둘로 구분-악의 있는 사람과 미숙한 사람-한 것을 토대로 그들의 상태에 맞도록 가르쳐야 한다. 교양이 없는 사람들은 진리를 가르쳐 점차적으로 그 진리의 세계로 인도하는 일이 필요하다. 반대로 "우리가 연약한 사람에게 너무 관심을 기울인 나머지, 이해할 준비가 되어있는 사람이 무시되고 충분히 배우지 못하는 일이 없도록 주의를 기울여야 한다."[90]

넷째, 독특하게 바울이 로마서에 사용한 교육 방법론을 제안한다. 바울은 로마서 8장에서 하나님의 의, 인간의 타락과 반란, 교리적 내용을 가르친 후 9장에서 예정을 가르친다. 베자는 여기에서 바울이 왜 8장에서 예정을 언급하지 않았는지에 주목한다. 바울은 예정 교리를 가르치기 위

---

[89] Beza, *Sum of All Christianity*, 75.
[90] Beza, *Sum of All Christianity*, 75.

해서 교리적 기초를 먼저 가르쳤다. 이것이 중요하다. 교리를 가르치기 전에 먼저 예정을 가르치지 않도록 하여 견고한 확신 위에 예정 교리가 세워지도록 하는 것이다. 이처럼 베자는 단계적으로 올라가는 방식을 제안한다. 낮은 단계에서 높은 단계로 올라가는 방식, 율법에서 용서로 나아가는 단계가 신학에서 적용되는 방법이다.

> "그들로 하여금 그들이 주중에 다루고 있는 본문이나 문체에 가장 맞는 취지를 구체화시키도록 한다. 왜냐하면 갑자기 눈앞에 제시된 장엄한 하나님의 빛남은 눈을 흐리게 만들고 부시게 해서, 나중에 만약 그들이 그것이 오랫동안 지속하는 것에 익숙하지 않다면, 그들이 다른 것들을 보게 될 때 그것을 구분하지 못하게 되기 때문이다."[91]

다섯째, 양 극단에서 벗어나 중간 지점을 지키라고 권한다. 이는 당시 예정 교리에 대한 논쟁에서 나타난 극단적 해석을 고려한 것으로 보인다. 당시 젊은 신학자들이 예정 교리에 대해 제기한 논쟁점, 즉 하나님께서 죄의 조성자라는

---

91) Beza, *Sum of All Christianity*, 75.

명제와 유기에 대한 책임을 베자는 한 극단으로 여긴다. 그러므로 한쪽 극단에서 다른 극단으로 몰아가지 말고 그 중간 지점을 취하라고 권한다. 베자는 중간 지점을 이렇게 말한다. "하나님의 목적으로부터 구원으로 옮겨가야 한다. 더욱 구원으로부터 하나님의 목적으로, 또는 하나님의 목적으로부터 유기로 가야 한다. 다른 한편으로 하나님은 그의 손에 있는 정당한 심판의 원인들을 무시하실 수 있다."[92]

눈에 띄는 것은 예정된 구원을 가르치면서 두 방향에서 고려한다는 점이다. 하나님의 목적으로부터 구원으로, 그리고 구원으로부터 하나님의 목적으로, 양 방향에서의 예정에 대한 신학적 사유를 권한다. 하나님의 목적으로부터 시작하는 논리적 추론과 구원의 경험으로부터 시작하는 실존론적 인식에서부터 시작하여 하나님의 목적으로 나간다. 하지만 유기는 예정과 달리 하나님의 목적으로부터만 시작한다. 즉 유기로부터 하나님의 목적으로 가는 방식을 우리의 삶에 적용하지 않는다. 이는 명확하다. 유기의 판단은 우리의 몫이 아니다. 그러므로 함부로 다른 사람을 판단해서는 안 된다. 그렇지만 하나님의 영원한 선택에 의해서 유기된 자가 된 책임은 바로 자신에게 있다. 인간의 죄에 그 책

---

92) Beza, *Sum of All Christianity*, 75-76.

임이 있는 것이지, 하나님에게 책임의 원인을 찾을 수 없는 것이다. 따라서 베자는 이 문제는 다루지 않을 것을 권한다.

여섯째, 마지막으로 베자는 선지자가 어떤 특별계시를 하나님에게서 받아 경고하는 것을 제외하고는, 목사들은 절대로 이 교리를 특정 인물에게 적용하지 말라고 권면한다. 최후의 심판에서 이루어질 판결은 오직 하나님께만 속하기 때문이다. 그럼에도 목사들은 상반된 두 방법 가운데 하나의 방법을 선택하여 하나님의 선택을 유추하고 확신에 이른다. 성도들을 영원한 선택의 실재로 용기를 북돋아 양심을 바로 세우든지, 또는 불신자들에게 미래에 하나님의 심판이 있다는 것을 분명하게 가르침으로써 경고해야 한다.[93]

예정과 구원의 확신

베자는 구원의 확신을 마지막 논제로 삼는다. 하나님의 구원의 작정을 어떻게 확신하는지의 논제를 마지막 장인 8장에서 다룬다. 이를 위해서 베자는 하나님의 신적 본성에 근거한 전적 주권을 첫 번째 증거로 내세운다. 하나님께

---

93) Beza, *Sum of All Christianity*, 76.

서 우리의 구원을 이루기 위해 우리의 행위에 조금이라도 의존한다면, 하나님의 예정은 절대적인 하나님의 작정이 되지 못한다.

"우리는 견인의 선물을 확신하지 않으면서 왜 신앙을 가질까? 신앙의 견인이 구원에 필요하므로? 이 교리가 우리를 부주의하고 방종하게 행동하도록 만들 것이라고 두려워할 필요가 없다. 우리가 말하는 양심의 평화는 전적으로 어리석은 무관심과는 다르다. 하나님의 자녀인 우리는 하나님의 영에 의해서 움직이기 때문에 결코 하나님의 은혜를 고려할 때 게으름을 생각할 필요가 없다. 우리는 예정 교리에 의해서 보호를 받기 때문에 미래의 모든 사건에서 우리의 믿음을 강하게 독려하는 방법을 배운다. 우리의 구원의 주요 기본은 경건에 대한 주제를 공격하는 자들에 의해서 사라지는 것이 명확하다. 왜냐하면 그들은 그들 자신의 지력을 기준으로 하나님을 판단하기 때문이다."[94]

올바르게 이해되고 정확하게 가르쳐진 예정은 하나님의

---

94) Beza, *Sum of All Christianity*, 78.

절대적 작정이기에 그리스도인의 확신을 강화시키고 예수의 믿음 안에서 인내하도록 이끈다. 하나님의 어떤 것으로도 정복할 수 없는 주권을 확신하는 것보다 인생의 우여곡절 가운데서 인내할 수 있는 다른 어떤 것이 그리스도인에게는 없다.

둘째, 이 세상의 모든 일이 하나님의 작정에 의존한다면, 우리는 선택할 때 하나님께 의존할 수밖에 없다. 우리의 사고가 마음대로 움직이지 않도록 우리를 보호하기 위해서 우리는 하나님의 말씀을 보아야 한다. 우리의 전적 판단은 우리의 자연적 능력을 넘어서는 데서 원인과 기준을 찾아야 하기 때문에 하나님의 말씀에 주목해야 한다. "하나님의 말씀은 인간의 비교 밖 무한의 영역에 있기 때문에 인간의 추측보다 더 확실하다. 하나님의 말씀은 보다 더 확실하고 의심할 수 없는 심판으로 이끈다." 참된 동의를 얻기 위해서 우리는 성경으로 돌아가야 한다. 베자는 여기에서 로마서 8장 29-30절을 증거로 다음과 같이 설명한다.

"성경은 하나님께서 영원 전에 예수 그리스도 안에서 자신을 위해 하나님의 자녀로 선택한 자들이 누구든지 정해진 때에 부름을 받는다고 가르친다. 그래서 그들은 그들을 부르는 자의 소리를 듣고 안길 것이다.

그들은 믿음으로 그리스도 안에서 의롭다 함을 받고
성화되었기 때문에 확실하게 또한 영화될 것이다."[95]

생각이 깊은 사람들도 또한 이런 확신을 갖게 되기를
원한다. 어떻게 이런 확신에 이를 수 있을까에 대한 질문은
사탄의 모든 공격으로 그를 의심으로 이끌기 때문에 주의
해야 한다. 여기에 대한 대답은 성경의 가장 낮은 단계부터
가장 높은 단계까지 정돈된 질서를 따르는 것이어야 한다.

"높은 단계에서 시작하지 않도록 부지런하고 열
심히 해라. 그렇지 않으면 당신은 하나님의 깊은 빛을
견디지 못할 것이기 때문이다. 그러므로 가장 낮은 단
계에서 시작하라! 너의 귀와 마음에서 울리는, 그리고
너를 중재자인 그리스도께로 부르는 하나님의 음성을
들어라. 당신이 그리스도에 대한 믿음으로 의롭게 되고
성화되었는지 단계별로 고려하고 조심스럽게 물어라.
칭의와 성화는 신앙의 결과이자 효과이기 때문에, 그것
으로부터 믿음이 원인이라는 것을 이해하라."[96]

---

95) Beza, *Sum of All Christianity*, 80.
96) Beza, *Sum of All Christianity*, 80.

달리 말해서 하나님의 선택에 대해서 하나님의 마음을 읽으려 하지 말고, 대신 우리 자신의 삶을 살피라는 것이다. "나는 성화되었는가? 나는 그리스도에 대한 믿음을 가지고 있는가?" 이 질문에 대한 증거는 하나님께서 그리스도인으로 부르신 이 믿음의 결과들로부터 확신을 가질 수 있다.

셋째, 내가 구원의 자리에 있다는 가장 확실한 증거는 성령의 확증이다. 그리스도의 품에서 안전하다는 성령의 확증이 확실한 증거이다. 성령의 선택을 통해서 내적으로 '아바 아버지'라고 고백하게 하는 힘이 생기고 그 힘의 효과로 이 일이 이루어진다. 이 힘은 동일한 성령이 우리의 양심에 불어넣어줌으로써 생겨난다. 죄가 우리 안에 거한다 할지라도 죄가 우리를 다스리지 못한다는 것을 실제로 경험하고 또한 증명한다. 성령이 확신을 주는 세 번째 수단으로 우리 안에서 행하는 성령의 역할은 우리의 구원에 대한 가장 강력한 증거이다.

"성령은 우리로 하여금 멍에를 벗어버리지 않도록 하시고, 우리의 퇴폐적이고 부패한 욕망에 기꺼이 자유를 주지 않도록 하시는 분이시다. 우리의 눈은 그것[퇴폐적이고 부패한 욕망]에 익숙해져 있어서 이 세상의 왕을 맹목적으로 섬기게 하는데, 그렇지 않으면 우리가 냉담하고 나태할 때 누가 우리를 기도하도록 움직이시는가? 누가 말할 수 없는 탄식으로 우리를 북돋우시는가? 우리가 죄를 범했을 때 (그것도 때때로 기꺼이 그리고 의식적으로) 그 죄에 대한 미움을 우리 안에서 일으키시는 분은 누구인가? 내가 말하건대, 우리의 탄식이 들려지고, 그것을 우리에게 증거하시고, 우리가 그를 대항하여 죄를 범한 그때조차도 우리의 하나님 그리고 우리의 아버지를 날마다 부르도록 우리를 또한 움직이시는 분은 누구신가? 성령이 아니신가? 그분은 우리의 양자 됨의 견고하고 확실한 보증을 위하여 선물로 우리에게 값없이 주어진 분이시다. 그러므로 만일 우리가 이 결과들에 의해 우리가 믿음을 가졌다는 것을 얻을 수 있다면, 우리가 효과적으로 부름을 받고 이끌렸다는 사실이 뒤따라온다. 그리고 또한 이 소명에 의해서 그것은 하나님의 자녀들에게 속한다는 것을 우리에게 엄밀하게 선언했다. 즉 우리는 영원한 계획과 작정에 의해서 그의 아들 안에서 양자 됨으로 예정되었기 때문에, 그러므로 우리는 그에게 주어졌고, 이로부터 가장 변치 않는 하나님의 의지에 의하여 우리가 예정되어 있으므로, 어떤 사람도 아들의 손에서 우리를 빼앗을 수 없다는 결론이 따른다. 또한 믿음 안에서 지속하고 견인하는 것이 필수적인 것이므로, 우리의 견인의 소망이 확실하고, 결과적으로 우리의 구원도 그렇다는 것이 뒤따른다. 그러므로 그것을 더 이상 의심하는 것은 아주 사악한 것이다."[97]

성령의 확증은 그리스도인이 능동적으로 의를 추구하도록 만든다. 게다가 구원의 확신은 그리스도인으로 하여금 더욱 거룩함을 찾게 한다. "사도는 우리가 이 깊이를 알게 될 때, 우리 자신이 부주의하게 행동하는 것이 아니라 용감하게 견디는 것을 배우고, 예배하고 사랑하고 두려워하고, 그를 부르도록 돕는다고 말한다. 그래서 매일매일 더욱더, 베드로가 말한 것처럼, 우리를 부르신 것과 선택하신 것을 확신하게 만든다."[98] 선택의 확신은 그리스도인들을 죄가 아니라 하나님을 찾도록 하는 것이다. "어떻게 그가 안팎의 그렇게 많은 심각한 유혹과 그렇게 많은 운명(세상이 부르는 것처럼)의 공격에 대항해서 확고하고 변함없이 맞설 수 있겠는가? 즉 하나님께서는 그의 선하신 뜻에 따라, 그것들이 무엇이든지 간에 모든 일을 행하시고, 그가 선택한 자의

---

97) Beza, *Sum of All Christianity*, 81-82.
98) Beza, *Sum of All Christianity*, 82.

유익을 위하여, 도구와 수단이 무엇이든지 간에 역사 속에서 그것을 사용하신다. 그가 택자의 수에 속한다는 것을 이 위험과 고통 속에서 발견하게 된다.99)

우리는 유기의 교리를 버려서는 안 된다. 올바르고 겸손하게 이 교리를 다룰 필요가 있다. 우리는 하나님께서 말씀하신 것에 무언가를 덧붙일 권리가 없다. 하나님의 선택은 하나님의 유기를 생각하지 않으면 안 된다. 이 둘은 하나님의 말씀에 서로 연결되어 있다. 성경적 방법으로 유기를 다루는 방식은 그것에 조심스럽게 정당한 강조점을 가지고 다가가는 것이다. "하나님의 의의 깊이는 인간의 호기심으로 다룰 수 있는 조정이 아니다."100) 특별히 어떤 사람을 향해 당신이 그는 하나님으로부터 버림받은 자라고 저주해서는 안 된다. 이런 의미에서 선택받은 자들을 대하는 것과는 다르다.

넷째, 우리의 행위를 통해서 우리의 구원을 확증한다. 베자는 그의 독자들이 예정의 교리를 붙잡는 것이 그리스도인의 삶 속에서 더 많은 열매를 맺도록 이끌 것이라고 독려하며 네 가지 열매를 말한다. 첫째로 우리는 예정 교리를 통해 하나님의 위엄 앞에서 기꺼이 우리의 마음을 굽히

---

99) Beza, *Sum of All Christianity*, 82.
100) Beza, *Sum of All Christianity*, 86.

는 방법을 배우게 될 것이다. 그래서 우리는 하나님을 더욱 두려워하고 경배하고, 우리는 그리스도 안에서 선택되었다는 확신을 우리 안에 승인하면서 일할 것이다. 이것은 우리를 더 큰 확신으로 이끌 것이다. 둘째로 우리에게 행하시는 하나님의 놀라운 선으로 우리는 기뻐서 어쩔 줄 모르게 될 것이다. 이 기쁨은 우리가 선택과 유기의 차이를 부지런히 사려할 때 더욱 커진다. 모든 사람은 동일한 복수와 저주를 받는 자들이다. 하나님께서 그의 은혜를 무차별적으로 모든 사람에게 공통적인 것으로 만들지 않고, 당신이 죄인들에게 베푸는 특별한 선하심을 사유하도록 하셨기 때문이다.[101] 셋째로 그리스도인의 삶 속에서 더 높은 성장을 낳게 될 것이다. 하나님께서는 모든 사람이 구원받기를 원하시지 않는다. 그러므로 우리가 받은 믿음이 하나님의 특별한 은혜의 선물이라는 것을 알게 될 때, 더욱 기꺼이 믿음을 받아들이고 더 큰 믿음을 소유하기 위해서 열심히 살지 않겠는가![102] 넷째로 베자는 인류의 상당수가 하나님을 경멸하는 것을 볼 때, 이 땅에는 우연히 일어나는 일은 없으며 특별한 은혜를 받은 구원의 확증이 더욱 소중하게 느껴진다고 설명한다.[103] 그리스도인으로서 이 험한 세상에서

---

101) Beza, *Sum of All Christianity*, 87.
102) Beza, *Sum of All Christianity*, 87.

신앙을 위해 싸울 때, 하나님께서 주권적으로 그리스도인을 부르시고 하나님께로 가까이 오게 하신다는 것을 아는 것이 그리스도인의 궁극적인 소망이다.

그럼에도 불구하고 여전히 많은 사람들이 지속적으로 예정 교리를 반대한다는 사실로 독자들의 관심을 환기시킨다. 하나님께서는 그들의 양심을 마지막 심판 때에 정죄하실 것이다. 베자는 마지막으로 이 땅에서 하나님께서 베푸시는 특별한 은혜로 나타나는 구원의 확신에 대해 비관하는 자들을 보면서, 역으로 그리스도인들은 마지막 심판의 말을 기억하라고 권한다. "하나님의 선함에 의해서 확증된 우리의 마음은 그리스도의 날에 자유롭게 될 것이다."[104] 그러므로 우리에게 남겨진 것은 베자가 책 말미에서 "아버지와 성령과 함께 그에게 찬송, 영광, 그리고 경의가 영원토록 있을지어다. 아멘"[105]이라고 찬양을 드리며 마친 것처럼, 하나님을 찬양하는 일뿐이다.

베자의 예정론 이해는 우리에게 여전히 신학적 성찰을 던져준다. 하나님의 영원한 작정을 이해하고 신뢰하기 위한 대전제가 있다. 이 교리는 우리의 이해를 넘어서서 하나

---

103) Beza, *Sum of All Christianity*, 87-88.
104) Beza, *Sum of All Christianity*, 88.
105) Beza, *Sum of All Christianity*, 88.

님의 관점에서 이루어지는 일임을 인정해야 한다. 그리고 우리의 과거, 현재, 미래뿐만 아니라 우리가 사랑하며 살아야 할 이웃의 과거, 현재, 미래 또한 하나님의 손에 달려 있다는 고백에서 시작해야 한다. 그렇기 때문에 우리의 사고에서 출발하는 것이 아니라 하나님으로부터 사유가 시작되어야 한다. 이 방법을 실제로 우리의 삶 속에서 적용할 수 있도록 베자는 성경에서부터 우리의 사유를 시작하도록 권유한다. 하나님께서 말씀하시는 성경의 가르침에 따라서 우리는 우리 자신의 사고를 변화시켜야 한다.

우리는 예정 교리와 연관된 믿음의 확신에 대하여 씨름해야만 한다. 그리스도인은 이 땅에서 살아가는 동안 확신을 가지고 싸워가는 존재이다. 하나님의 주권에 대한 여러 관념이 우리를 불안하게 만들기 때문이다. 베자는 하나님의 전적인 주권이 우리 확신의 근거라고 생각했다. 이 확신은 우리의 구원자가 우리가 이 땅에서 살아가는 동안 넘어지거나 잘못된 길로 들어설 때 다시금 일으키고 다시 바른 길로 가도록 이끌 것이라는 사실에 근거한다. 그러므로 예정 교리는 고난의 풍파를 건너가는 그리스도인에게 위로이자 희망이다. 하지만 베자가 지적한 것처럼, 이중예정을 함부로 다른 사람을 판단하는 데 적용해서는 안 된다. 그리고 성경적이지 않은 말을 해서도 안 된다. 이 원칙을 염두에 두고, 우리는 예정을 교회의 교리로서 가르칠 때, 대상에 따른 방법론을 개발하여 적절한 교육방법론을 통해 가르쳐야 한다.

베자의 『예정론 도식』이 지닌 특징을 다음과 같이 말할 수 있다. 우선 신학의 중심 주제들을 다룬다. 예정과 유기라는 어려운 주제를 거리낌 없이 거론한다. 또한 이 책은 상당히 많은 성경 본문을 인용한다. 베자는 이 책이 성경에 근거하여 체계화된 교리적 설명이라는 것을 강조하고자 한 것으로 보인다. 그리고 베자는 이성적 논증을 과감하게 사용한다. 이 도식의 가장 두드러진 특징은 그의 목회적 관심이다. 베자는 예정 교리의 유용성을 드러내고자 하였다. 예정 교리는 믿지 않는 자들은 하나님의 진노에서 벗어나 도망해야 함을 알게 하고, 복음의 진리로 자연스럽게 겸손으로 이끈다. 그의 목회적 관심은 책의 구성에서도 나타난다. 그는 서론에 약 7%, 교리주석에 59%, 적용에 대략 33%를 할애한다. 아주 단순한 보기임에도 불구하고 그가 능숙한 신학자이자 교회의 목회자라는 사실을 분명하게 드러낸다.[106]

---

106) Wright, *Theodore Beza*, 126.

4

종교적 관용 논쟁: 세르베투스

샹펠에 세워진 세르베투스의 화형에 대한 속죄비

Chapter 04

종교적 관용 논쟁: 세르베투스

위정자들은 하나님과 자연의 법에 순종해야 할 뿐만 아니라
백성들의 권리와 자유를 보호하고 증진해야 한다.

세르베투스의 화형사건은 개혁교회 역사의 오점으로 역사가들이 지적하고 비판하는 사건이다.[107] 이 사건으로 인해 칼빈은 우리 시대에서 종교적 불관용의 대표자가 되었다. 칼빈에 대한 부정적 이미지는 예정론 논쟁을 제기한 볼섹에 의해서 이루어졌으나, 적어도 16-17세기에 칼빈의 행위

미카엘 세르베투스(1511~1553)

---

107) 프랑수아 방델, 김재성 옮김, 『칼빈: 그의 신학사상의 근원과 발전』 (고양: 크리스챤 다이제스트, 1999), 109-115. 박경수 옮김, 『스위스의 종교개혁』 (고양: 크리스챤 다이제스트, 2004) 16장에서 세르베투스의 삶과 재판과정을 자세하게 그리고 있다.

에 대한 시대적 평가는 옹호적이었다. 그런데 이런 분위기는 18세기 위대한 역사가 기번(Edward Gibbon, 1737~1794)에 의해서 반전을 겪게 된다. 기번은 "나는 스페인과 포르투갈에서 종교 재판을 받아 화형당한 희생자들보다도 세르베투스 한 사람의 처형에 대해 더 깊이 분개하고 있다"라고 말하였다.[108] 이러한 역사 해석은 19세기 츠바이크의 대중적 글인 『폭력에 맞선 양심: 칼빈에 맞선 카스텔리오』가 출간되면서 정점에 달하게 된다.[109] 하지만 이러한 칼빈의 부정적 이미지에 대항하여 20세기에 들어서 칼빈의 종교적 관용에 대한 연구가 본격적으로 이루어지고, 이를 통해서 칼빈을 변론하는 글들이 발표되었다.[110]

칼빈의 신학이 집약된 『기독교강요』를 허물고 다시 나름

---

108) 기번, 『로마제국 쇠망사』 54장에 나오는 각주.
109) Stefan Zweig, 안인희 옮김, 『폭력에 맞선 양심: 칼빈에 맞선 카스텔리오』 (서울: 자작나무, 1998).
110) 양신혜, "칼빈의 종교적 관용에 대한 이해", 『한국기독교신학논총』 85 (2013), 117-142. 칼빈의 종교적 관용에 대한 이해는 역사적 배경에서 이루어진 변론과 더불어 『기독교강요』 초판에 나타난 종교적 관용의 입장에 대한 이해에 집중하고 있다. 참조. 라은성, "칼빈과 세르베투스", 『칼빈2: 칼빈, 그 후 500년』 (서울: 두란노아카데미, 2009), 103-127. 박건택, "칼빈과 카스텔리옹에 있어서 양심의 자유," 『신학지남』 (1999 여름), 66-97, 박경수, "미카엘 세르베투스 사건에 대한 평가: 칼빈은 프로테스탄트 불관용의 대표자였는가?" 『교회의 신학자 칼빈』 (서울: 대한기독교서회, 2009), 191-212. C. Strohm, "Calvin und die religious Toleranz," M. E. Hirzel u. M Sallman, *1509-Johannes Calvin-2009 Sein Wirken in Kirche und Gesellschaft Essays zum 500. Geburtstag* (TVZ: Zürich, 2008), 219-236. 이를 토대

의 기독교를 재건하려는 세르베투스의 의도는 그의 책 『기독교의 회복』(*Christianismi Restitutio*)이라는 제목에서부터 나타난다. 세르베투스는 이 책을 발간하자마자 1553년 3월에 로마 가톨릭 당국에 의해 이단자로 비엔에서 체포되었다.[111] 그는 삼위일체의 하나님을 "머리가 셋 달린 케르베로스"라

로 칼빈의 종교적 관용의 입장을 그 당시의 역사적 배경에서 평가하는 것이 필요하다는 것을 강조한다. 그 당시의 시대적 맥락에서 볼 때 세르베투스는 어느 곳에서든지 사형선고를 받았을 것이라는 점이 쉽게 간과되고 있다는 것이다. 불링거와 할러는 단호하게 사형에 찬성하였고, 나중에 멜란히톤도 동의하였다. 둘째, 칼빈의 『기독교강요』 초판에서는 종교적 관용을 거부하지 않았다는 점이다. 『기독교강요』 2판에서부터 이 부분이 삭제되는데, 이는 그의 서술이 종말론적 관점에서 교회론적 관점으로 바뀌면서 나타났다. 이를 근거로 그의 관용의 유무를 판단할 수는 없다. 그의 관점이 교회론적으로 바뀌었다는 것은 그의 목적이 교리에 근거한 순수한 공동체를 형성하는 것이었기 때문에 그에게 교리적 순수성으로 담보하는 것은 다른 어떤 것보다 중요한 일이었다는 것을 뜻한다. 셋째, 칼빈의 목적은 한 걸음 더 나아가 교리의 순수성에 근거한 교회의 통일성이다. 이는 그가 개인의 자유보다 공동체의 이상을 더 중요하게 여긴다는 의미이다. (개인의 자유를 무시한다는 것은 절대 아니다.) 그래서 그는 정부로부터 독립하여 자체의 법률에 근거하여 권징을 할 수 있는 권리를 담보하고자 하였던 것이다. 이런 맥락에서 칼빈은 강력하게 제네바 공동체 내에서 구체적인 죄를 지은 사람들을 성찬에서 제외시키는 윤리적 징계를 요구하였다.

111) 세르베투스는 이전에도 전통적인 삼위일체론의 정의를 반박하는 두 권의 저서 『삼위일체 오류』(*De Trinitatis Erroribus*)와 『삼위일체에 대한 대화』(*Dialogorum de Trinitate*)를 하게나우(Haguenau)에서 출판함과 동시에 고대의 단일신론과 유사한 이론을 주장하고 나섰다. 두 편의 논문은 가장 격렬한 저항을 불러일으켰으며, 스트라스부르 시의회에서 판매 금지처분을 내렸다. 프랑수아 방델, 김재성 옮김, 『칼빈: 그의 신학사상의 근원과 발전』 (고양: 크리스찬 다이제스트, 1999), 109. 세르베투스가 책을 출판하고 난 뒤 비엔의 감옥을 탈출하고 제네바에서 다시 체포되는 과정은 불페르트 더 흐레이프, 황대우, 김미정 공역, 『칼빈의 생애와 저서들』 (서울: SFC, 2006), 269-277 참조.

고 불렀다.112) 기독교의 근본 교리인 삼위일체 교리를 거부하는 것은 당시에 이단자로 낙인찍히는 일이었다. 이뿐만 아니라 그는 유아세례를 악마적인 것으로 간주하여 거부하였다. 세상의 종말은 천사장 미카엘이 마지막 해방을 가져다줄 때 온다고 믿었는데, 그는 자기 스스로를 천사장 미카엘이라 칭하여 자신의 이름을 미카엘 세르베투스라고 했을 뿐만 아니라, 16세기 말 어느 때에 종말이 올 것이라고 주장했다.113) 따라서 칼빈은 이 책의 사본을 받자마자 "모든 시대의 불경건한 헛소리를 짜깁기해서 묶은 광상문"이라고 비판했다.114) 세르베투스는 1540년부터 자신의 이름을 숨기고 살았고, 이 책 또한 가명으로 출판했지만, 칼빈은 이 책의 저자가 세르베투스라는 것을 확신하였다. 세르베투스가 숨어서 지내야만 했던 이유는 그가 1531-1532년에 출판한 책으로 인해 이미 종교재판자들의 주목의 대상이 되었기 때문이다. 제네바 공판에서 그는 죽음이 두려워서 숨어 지냈다고 고백한다.115) 그리고 결국 1553년 10월 26일, 제네바 시의회로부터 화형을 선고받게 된다.

세르베투스의 화형을 시행하고 난 후 종교적 관용 논쟁

---

112) Calvin, 『기독교강요』.
113) Gordon, 『칼빈』, 391.
114) Gordon, 『칼빈』.
115) Gordon, 『칼빈』.

이 바젤을 중심으로 제기되었다. 그 중심에는 카스텔리오(Sebastin Castellio, 1515~1563)가 있었다. 이 논쟁에서 제기된 논쟁점을 본격적으로 다루기 전에 다음 사실들을 염두에 두고자 한다. 첫째로 우리는 종교적 이단자가 당시의 시대적 배경하에서는 국가의 근간을 흔드는 거대한 범죄를 저지른 자로 여겨졌다는 것을 이해해야 한다. 그래서 가톨릭 교회가 중심이던 유럽에서 이단자들은 종교문제만이 아니라 국가 기반을 흔드는 범죄자로 여겨져 주로 화형에 처해졌다. 세르베투스는 제네바에서 잡히기 전, 로마 가톨릭교회 아래에 있던 비엔에서 이미 이단자로 체포된 바 있었다. 그리고 만약 그가 감옥에서 도망쳐 탈출하지 않았다면 가톨릭 당국에 의해 당연히 화형에 처해졌을 것이다. 그가 도망친 이후 가톨릭 종교재판소는 그의 초상화를 재판석에 놓고 그를 사형에 언도하였고, 그의 책과 초상화를 불에 태웠다. 이런 것들만 보아도 정황은 분명하다.

둘째, 당시 제네바 시의회는 세르베투스의 사건을 편지로 스위스의 다른 도시, 즉 취리히, 베른, 바젤, 샤프하우젠의 교회에 발송하였다.[116] 각 도시의 교회들은 세르베투스의 가르침을 비난하면서 사형에 합당함에 동의하였고, 그

---

116) *CO* 8, 802-803.

에 대한 처벌은 제네바 시의회에 맡겼다.[117] 또한 종교개혁의 정신을 공유한 종교개혁자 멜란히톤이 세르베투스의 사형이 당연하고 정당하다고 평가했다는 사실에 주목할 필요가 있다. 그는 1554년 10월 14일에 보낸 편지에서 다음과 같은 의견을 보냈다.

> "귀하가 세르베투스의 혐오할 만한 불경스러움을 논박한 글을 읽었으며, 귀하의 투쟁의 중재자가 되신 하나님의 아들께 다시 한 번 감사를 드리게 되었습니다. 그뿐만 아니라 교회 역시 현재와 미래에서도 귀하께 감사의 빚을 지고 있습니다. 저는 귀하의 판단에 전적으로 찬성합니다. 정상적인 재판 후에 귀하의 시 당국이 그 이단자를 사형에 처한 것이 정당한 판결임을 인정합니다."[118]

칼빈과 예정론 논쟁을 벌인 볼섹도 세르베투스의 화형을 정당하게 평가했다는 점에 주목해야 한다. 칼빈의 부정적 이미지를 만드는 데 몰두한 그가 세르베투스 화형에 동의했을 뿐만 아니라 세르베투스에 대해 "나는 그런 괴물 같은

---

[117] *CO* 8, 808 (Zürich); *CO* 8, 809 (Schaffhausen); *CO* 8, 818 (Berne)
[118] *CO* 15, 268.

이단자의 죽음을 기쁘게 생각하며 이 글을 기록한다. 왜냐하면 그는 사악하며 사람 가운데 살 만한 가치가 없기 때문이다"라고 한 것을 통해 당시의 '지배적인 정서'를 엿볼 수 있다. 이러한 배경에서 세르베투스가 화형을 당하는 것은 당연한 결과였다. 오히려 칼빈은 화형보다는 덜 가혹한 참수형을 시의회에 탄원하였으나, 제네바 시의회는 이를 받아들이지 않았다.

세르베투스의 화형으로 일어난 종교적 관용 논쟁은 근대 사회의 윤리적 규범으로서의 종교적 관용의 관점에서 바라보아서는 안 된다. 당시의 역사적 배경에서 그들이 제기한 논쟁의 중심을 이해하려는 태도가 중요하다. 종교개혁 당시에 제기된 논쟁에서는 이단에 대한 개념과 그 이단을 구별하는 기준에 대한 이해가 주요 쟁점으로 등장한다. 하지만 카스텔리오의 주요 논제는 "이단자를 세속 관원인 위정자가 처벌할 수 있느냐"이다. 카스텔리오도 프랑스인이기 때문에 그는 프랑스의 위그노들을 염두에 두고 있었다. 통치자가 이단자를 처벌할 권리를 가지고 있는가의 문제는 당시 프랑스의 상황과 직결되어 있는 문제였다. 왕에게 보호를 요청한 프랑스 위그노들에게 즉각적인 영향을 끼칠 수 있는 주제였다. 프랑스에서 위그노를 이단자로 판정하게 되면, 그들의 운명은 왕의 손에 놀아나게 된다. 1552년에 로잔을 떠나 프랑스 리옹에 도착한 학생 5명은 도착한 직후 체포되었다. 이 사건은 칼빈뿐만 아니라 당시 종교개혁자 불링거, 비레에게도 큰 충격을 안겨주었다.[119] 프랑스의 상황은 순교를 이야기할 정도로 위그노 박해가 전역에 퍼지고 있었다. 이러한 상황에서 종교적 믿음을 세속 당국과 분리하는 문제가 논의의 주제로 등장한다. 종교개혁을 지지하는 지도자들의 동의하에 이루어진 판결임에도 불구하고 바젤을 중심으로 이루어진 종교적 관용의 흐름은 칼빈으로 하여금 자신의 입장을 변호하는 『세르베투스의 오류에 대항하는 정통 신앙의 변호』(1554.2)를 출판하도록 하였다. 뒤이어 카스텔리오도 『이단에 관하여, 그들을 박해해야만 하는가?』를 1554년 3월에 출간하였다.

카스텔리오의 논박은 다음과 같다.[120] 그는 이단을 정의하면서 행위와 교리를 구분한다. 인간의 행위를 판단할 수 있는 윤리적 지식은 이미 창조 때부터 인간에게 보편적으로 내재되어 있기 때문에 행위를 판단할 때 보편적 합의가 가능하다. 하지만 영적이고 교리적 진리에 대한 '지식'은 개인적 양심에 근거한 견해이기에 보편적 합의를 이끌어내는

---

119) Gordon, 『칼빈』, 352-356 참조.
120) 양신혜, "카스텔리오의 종교적 관용의 신학적 토대로서의 이성에 대한 이해," 「성경과신학」 74(2015) 참조.

것이 단순하지 않다. 그러므로 삼위일체와 같은 교리는 교회 역사에서 교리적 합의를 도출하지 못했기 때문에 삼위일체 교리를 거부한 세르베투스는 이단이 아니라 단지 오류를 범한 자이다.[121] 세르베투스는 하나의 의견 내지는 견해 가운데 하나로 해석상의 오류를 범한 것일 뿐이다.[122]

카스텔리오의 주장에 대항하여 반박해야 하는 임무가 베자에게 주어졌다. 베자는 1554년 9월에 『행정관리가 이단들을 벌해야 하는지에 대해』(*De haereticis a civile magistratu puniendis*)를 발표하였고, 이에 카스텔리오가 『이단자의 처벌에 대하여』(1555)를 출판함으로써 베자와 카스텔리오의 논쟁구도가 형성되었다.[123] 이 논쟁의 중심에 들어선 베자는 칼빈의 인정을 받았다. 칼빈은 베자에게 존경과 감사를 표했고, 이후 제네바의 후계자로 내정했다. 이것은 넓은 의

---

[121] 카스텔리오는 후에 출판한 『칼빈에 대한 고발』(*Contra libelium Calvini*)에서 기독교의 분파를 셋으로 구분한다. 첫째, 경건하고 신실하고 정의로운 사람들, 둘째, 하나님을 비난하고 모욕하는 사람들, 잘못된 선지자들, 기독교의 적들, 셋째, 이 두 그룹 사이에 하나님을 믿고 복음을 믿지만 전적으로 그 의미를 이해하지 못한 자들이다. 그의 분류 기준은 분명하게 도덕적 행위에 달려 있다는 것을 알 수 있다. 그의 구분에 따르면, 세르베투스는 여기에서 세 번째 부류에 속한다.
[122] 카스텔리오의 삼위일체에 대한 이해는 초대교회의 사벨리우스의 이해와 유사하다. 그는 하나님 안에 세 위격이 존재하지 않으며, 오히려 세 가지 '행동양식'이 존재한다고 믿었다. 그 결과 그리스도는 영원한 아들이거나 삼위일체의 제2위격일 수 없다. 카스텔리오가 이렇게 하나님의 세 위격을 이해하지 못한 것은 그가 태어나 자란 스페인에 널리 퍼진 유대인과 무어인의 영향일 것이라 추정된다.

미에서 1564년 칼빈의 죽음 이후 베자가 개혁파 정통주의의 지도자가 되는 발판이 되었다.[124]

1554년 9월 발행한 『벨리우스 반대』에서 베자는 카스텔

---

123) 카스텔리오에 대한 연구에서 눈여겨보아야 할 학자는 19세기에 카스텔리오의 전기를 저술한 보넷(Jules Bonnet)와 베인톤(Ronald H. Bainton)이다. 그의 신학에 대한 관심은 반삼위일체론적 관점(Trechsel), 반예정론적 입장(Alexander Schweizer), 관용의 입장에서 자유주의자로 그를 규정한 부손(Buisson)으로, 퀸(Johnnes Kühn)의 종교성의 관점에서 이루어진 관용과 계시가 다루어졌다. 20세기에 들어서 출판된 카스텔리오에 대한 전기는 구겐스베르크(Hans Guggensberg)의 *Sebastian Castellio 1515-1563 Humanist and Defender of Religious Toleration in a Confessional Age* (trans. Bruce Gordon, Ashgate, 2003)이 대표적이다. 최근에 발표된 논문들을 살펴보면 다음과 같으며, 이 논문들은 20세기에 들어서 새로 출판된 원문(*Marutinus Bellius, De arte dubitandi, Basilius Montfortius*)들이 참조되었다는 점이다. Lucas Bashera, "Glaube und Zweifel bei Sebastian Castellio und Johannes Calvin", *Hermeneutische Blätter* (2011), 178-190. Stefania Savladori, "Sebastian Castellio's Doctrine of Tolerance between Theological Dabtte and Modernity", 195-223. Edqin Curley, "Sebastian Castellio's Erasmian Liberalism", *Philosophical Topics* 31(2003), 47-73, Irena Backus, "The Issue of Reformation Scepticism Revisited: What Erasmus and Sebastian Castellio did or did not Know," and "Castellio and Pagan and Christian Antiquity", in *Historical Mehtod and Confessional Identity in the Era of the Reformation (1378-1615)*, (Leiden: Boston: Leiden, 2003), 118-129. Marian Hillar, "Sebastian Castellio and the Struggle for Freedom of Conscience," In *Essays in the Philosophy of Humanism*, edited by D. R. Inch and M. Hillar, vol. 10, 2002. 최근에 발표된 논문들은 다문화 사회에서 주요 과제로 등장한 관용에 대하여 답변하는 차원에서 이루어졌다. 종교와 국가의 영역 분화가 이루어지기 시작하는 시점에서 이루어진 관용 논쟁을 통해 현대사회의 특징을 구명하고 대안을 찾고자 하는 노력의 결과라 할 수 있다. 이러한 맥락에서 한국에서 최근에 발표된 논문들은 다음과 같으며, 카스텔리오의 생애에 대해서는 다음의 논문들을 참조하기 바란다. 박경수, "세바스티앙 카스텔리옹의 생애와 저작들: 16세기 관용 논쟁을 중심으로", 『한국교회사학회지』 31 (2012), 73-104. 강남수, "세바스티안 카스텔리오의 종교적 급진사상", 『건대사학』 7(1989), 153-179.

리오를 중심으로 종교적 관용을 주장하는 무리를 "아카데미 회원들"이라고 칭하였다. 여기서 아카데미 회원은 당시 회의주의를 양산한 플라톤 아카데미의 회원들을 지칭한다. 베자는 이들이 교회개혁을 배신한 세르베투스의 행적을 감추기 위해 관용이라는 가면을 썼다고 공격했다. 그러면서 그는 종교적 자유를 말하는 자들을 양 떼를 늑대에게 넘겨 잡아먹히게 하는 사악한 자들이라고 고발한다. 그리고 이단은 부모를 살해하는 것보다 천 배나 더 나쁜 범죄자라는 점을 분명히 한다. 베자는 세르베투스 처형의 정당성을 담보했을 뿐만 아니라 카스텔리오의 양심의 자유에 대해 명백하게 반대했다. 베자의 논리는 명확하다. 이단에 대해 관용한다면 삼위일체나 성찬, 칭의 등과 관련된 기독교의 구원의 진리는 무의미한 것이 된다. 그러면 기독교는 이단이나 무신론자들의 노리개로 전락하고 만다. 그러하기에 위정자들은 말씀의 교리가 충실하게 밝혀지도록 교회를 지원할 의무가 있으며, 교회의 평화와 질서를 어지럽히는 자들을 억압하고 처벌할 의무가 있다. 만약 교회가 이 의무를 충실히 따르지 않는다면, 그것은 하나님의 말씀에 반역하는 것이요 교회를 파괴하는 행위이다.

---

124) 카플란, 『유럽은 어떻게 관용사회가 되었는가』 (서울: 푸른 역사, 2015), 49.

베자는 "우리의 목표, 우리의 열망, 우리의 의도는 예루살렘의 잔해가 다시 건설되고, 이 영적 성전이 다시 일어나며, 살아 있는 돌들 위에 지어진 하나님의 집의 고결함이 재건되는 것"이라고 선언했다. 그는 하나님의 도움으로 개혁신앙이 모든 사람과 영토를 하나로 합쳐 이 땅에서 새롭게 통일된 그리스도와, 기독교 신자들의 몸을 뜻하는 새로운 그리스도의 몸을 이루어낼 수 있다고 생각했다.

위정자의 의무

베자는 위정자에 대한 이해에서 칼빈의 관점을 고수했다. 그에게 위정자는 하나님의 대표자로서 하나님의 위엄과 권세를 반영하기 위해 그리고 하나님의 법을 빌려 이 세상에 적용시키기 위해 하나님이 임명한 자들이었다. 베자는 시편 82편을 인용하여 위정자가 이런 면에서 이 세상의 신으로서 하나님의, 하나님에 의한, 하나님을 위한 권세를 갖는 자라고 했다. 그의 가장 주된 임무는 공공 범죄를 제한하고 처벌하는 시민법을 제정하고 시행하여 지역 공동체의 평화와 질서와 정의를 보호하는 것이다. 즉 위정자는 반드시 "그가 감독하는 공화국의 시민들이 가능한 한 가장 행복한 삶을 살도록 공적인 부분과 사적인 부분, 경건한 것과 세속적인 것까지도 보존해야" 할 의무가 있다.[125]

위정자에게 주어진 임무는 명확하다. 각 시민이 행복을 추구할 수 있도록 제도적으로 통치하는 일이다. 하지만 여기에서 행복은 개인이 스스로 정한 욕망과 야망을 뜻하지 않는다. 베자가 위정자의 임무로 정한 행복은 성경 시편에서 사용하는 용어로서 '영적 행복' 또는 '복을 받은 것'을 뜻한다. 시편 112편 1절에서 말하는 "여호와를 경외하며 그의 계명을 크게 즐거워하는 자"가 이에 해당한다. 그러므로 위정자는 지역교회와 교회 안의 각 개인이 이런 풍부한 성경적 의미의 행복을 추구하도록 도울 의무가 있다. 그러나 백성들이 평화롭게 조화를 이루며 살도록 돌보는 것은 평화와 조화 자체가 목적이 아니라 "하나님의 영광과 존귀에 기여하는 것"을 주된 목적으로 삼는다. 즉 위정자는 "모든 사람이 시민적 정직을 가지고 살아가는 것뿐만 아니라, 하나님에 대한 경건과 참된 예배로 살아가도록" 해야 한다. 그렇게 함으로써 "종교가 완전하고 거룩하도록 그리고 모든 교회가 하나님의 말씀에 의한 질서를 가지도록" 도와야 한다.[126] 그래서 베자는 위정자를 "십계명의 두 부분의 수호

---

125) *TT* 1:93-94.
126) *TT* 1:53-54.

자"라고 표현하였다.[127] 하나님께서는 위정자에게 이 세상의 무질서한 욕망을 제한하도록 통치권을 위임하셨다. 베자는 여기에서 어떤 통치체제를 취하든 하나님께서 체제를 설립하셨으며 통치권의 수장은 창조주의 뜻에 따라서 다스려야 함을 명확하게 하였다.

> "우리는 하나님이 무질서한 욕망을 제한하기 위해 위정자가 이 세상을 법으로 통치하기를 원하신다고 믿는다. 그리고 하나님은 세습에 의한 것이든 그렇지 않든 왕국과 공화국 및 모든 종류의 군주 국가와 정의로운 정부에 속하는 모든 것을 설립하셨다. 그리고 그것들의 창조주가 되시길 원함에 따라 십계명의 전반부와 후반부를 위반하는 범죄를 억압하기 위해 위정자들의 손에 검을 쥐어주었다."[128]

베자는 교회를 지지하는 위정자의 모델을 고대 이스라엘의 다윗, 솔로몬, 요시야 왕 그리고 기독교 로마제국의 황제였던 콘스탄티누스, 테오도시우스, 유스티니아누스에게서 찾았다. 이들처럼 위정자는 교회의 정치제도와 재산을

---
127) *TT* 1:94, 144.
128) *TT* 1:53-54.

지지하고 보호하며, 교회의 예배와 규율을 더욱 용이하게 하고 장려해야 할 소명을 가진다.[129] 베자는 위정자들의 실정법과 교회법이 서로 경쟁하는 것이 아니라 보완하는 것이라는 입장을 취하였다. 이런 맥락에서 베자는 초기에 위정자를 교회의 직분자로 간주했다. 1559년 신앙고백서에서는 위정자들을 하나님께서 "정당하고 거룩한 권력을 사용하도록 위임한 장로들과 직분자들"이라고 칭했다. 위정자는 오직 신앙의 외적 표현, 즉 더 넓은 범위의 기독교 공동체에 영향을 미치는 공적 또는 외적 표현만을 조절할 수 있었다. 따라서 신성모독적 발언, 우상 숭배적 표현, 이단적 행위, 명백한 안식일 위반, 십계명의 전반부를 공개적으로 위반하는 행위를 단속하고 처벌해야 했다. 하지만 1560년도 신앙고백서에서는 좀 더 완화된 표현을 사용하였다. 오래 지나지 않아 이런 관점이 교회의 자유를 위험하게 하기 때문에 그 관점을 버리게 된다.[130]

위정자들은 하나님과 자연의 법에 순종해야 할 뿐만 아니라, 백성들의 권리와 자유를 보호하고 증진해야 한다. 베자는 이 백성의 권위와 자유에서 종교의 자유와 권리를 가장 높게 평가하였다. 그래서 강제에 의한 개종이 아니라 설득

---

129) *TT* 1:53, 93-94.
130) *TT* 1:53-54. 이 과정은 뒤에 후술한 5장과 7장을 참조하라.

을 통해 개종하는 양심의 자유를 강조하였다. 즉 검으로 복음을 전파하는 것이 아니라 "오직 하나님의 영의 영향"과 "가르침과 확신과 권고"를 통해 복음이 전해져야 한다는 것이다. 하지만 이 권리와 자유는 근대적 국민주권으로서의 의미를 지니지는 않는다. 권력의 중심으로서 개인의 집합체인 백성이 권력의 중심에 있지 않다. 이와 마찬가지로 통치자로서 위정자도 그러한 권력을 소유하지 못한다는 것을 주장할 뿐이다. 1555년 아우구스부르크 평화회의를 통해서 이루어진 종교의 자유처럼 종교의 선택권은 왕권, 군주, 제후 등 위정자들에게 있기 때문에 위정자의 계급적 위계질서가 어떤 의미에서는 백성의 권력보다 우위를 점하고 있다.[131] 또한 베자는 통치자의 직위를 포함한 모든 국가질서는 인간으로서의 개인에 선행하며, 직위로서의 개인은 그것을 위해서 존재하고, 어떤 의미에서는 바로 그 질서에서 유래하는 것으로 이해한다. 베자가 '이주의 자유'를 언급하는 것도 이러한 맥락에서 이해될 수 있다.

베자는 종교의 자유와 권리를 위해서 이주할 수 있는 자유를 허락했다. 그렇기 때문에 정치적 권력의 검을 사용하여 개종을 강요하는 것은 좋은 방법이 아니다. 하나님 말씀

---

131) 크리스토프 융겐, 김형익, 이승미 공역, 『칼빈이 말하는 그리스도인의 사회참여』 (서울: 실로암, 1989), 178.

의 "가르침과 확신과 권고"로 새로운 신자를 안내하는 것이 가장 좋은 방법이다. 하지만 검을 사용해야 하는 경우가 있다. 베자는 모든 종교적 권리를 십계명의 전반부에서 제시한 한도 안에서 가능한 것으로 제한하였다. 우상을 숭배하거나 하나님의 이름을 더럽히는 종교적 행위를 하는 자에게는 종교적 자유가 허락되지 않는다. 그래서 유대인, 이슬람교도에게도 종교적 권리가 부여되지 않는다. 단지 참된 종교적 행위를 강제로 포기하도록 하고 잘못된 신앙을 강요하는 경우에만 정치 권력의 개입이 가능하다. 여기에서 차이점은 분명하다. 1554년 『이단자들의 처벌』에서는 교회가 이단자로 규정한 자를 국가가 처벌할 수 있을 뿐만 아니라 극단적인 경우에는 처형도 가능하다고 보았다. 그 실례가 바로 '성 바돌로매 축일의 대학살'이다. 이단자들이 공동체의 일치를 파괴하거나 손상을 입힐 때 처벌이 가능하다는 것이다. 이단자들이 물리적으로 훼손을 하거나 범죄를 행할 때 당연히 처벌할 수 있다.

양심의 자유와 이단

이단 논쟁에서 주요 논제로 등장한 양심의 자유에 대한

카스텔리오의 주장은 다음과 같이 정리할 수 있다.

"이단자들 역시 다른 이들과 똑같은 양심의 자유를 가진다. 이단자들이 믿지 않는 교리를 믿도록 그들에게 강요해서는 안 된다. 우리는 그리스도와 기독교 교리를 거부하는 많은 이들을 처벌하지 않는다. 개혁주의 그리스도인들은 유대인, 이슬람교도, 이교도 등을 처벌하지 않는다. 기독교 교리를 다르게 해석한다고 해서 왜 이단자들만 처벌해야 하는가? 왜 그들에게 기독교 신앙의 한 방법만 강요해야 하는가? 왜 그들의 관점을 인간의 법정에서 미리 판단하는가? 곡식과 가라지를 가르는 하나님의 마지막 심판을 기다리는 것이 낫지 않은가? 만약 이단자들을 반드시 판단하고 처벌해야 한다면, 왜 위정자의 형사처벌로 해야 하는가? 결국 이단이라는 것은 종교적 교리와 관계된 것이다. 종교적 교리는 교회의 범주 안에 있는 것이다. 그리고 교회는 그 정의에 따라 고문과 처형이 아닌 오직 훈계와 파문이라는 영적 제재만을 해야 한다. 그렇다면 왜 세르베투스와 같은 이단자를 제네바 시 당국이 화형에 처하는 것을 칼빈 등의 교회 지도자들이 장려한 것인가? 가톨릭 체제에서는 종교전쟁, 종교재판, 대학살 등을 통해 이런 잔혹한 행위가 이어져왔다. 그리고 그것이 바로 우리 개신교가 가톨릭교회를 떠난 이유이다. 정말 고문과 처형이 양심의 자유에 헌신한 개혁주의 개신교의 방법이란 말인가?"[132]

카스텔리오의 논점은 다음과 같은 논리적 삼단논법으로 주장되었다.

(대전제) 모든 사람에게 양심의 자유가 주어졌다.
(소전제) 모든 종교의 신앙인은 양심의 자유를 가진다.
(결론) 그러므로 모든 사람에게 종교적 교리를 강요할 수 없다.

따라서 양심의 자유의 관점에서 이단자가 되었든 이슬람이나 유대교를 선택하든 그것은 각 개인의 양심에 따른 결정이므로, 무력이나 강제로 종교의 개종을 요구해서는 안 된다. 즉 어떤 종교적 믿음을 강요해서는 안 된다.

베자는 이에 대항하여 이단자들은 그들의 양심이 참된 종교의 교리를 알려주었으나 자발적으로 거부한 자들이라고 말한다. 그들은 유대인이나 이슬람교도처럼 교회 밖에 있는 자들이 아니다. 교회 안에 머물면서 누룩이 빵을 부

---

132) John Jr. Witte, 정두메 옮김, 『권리와 자유의 역사: 칼뱅에서 애덤스까지 인권과 종교자유를 향한 진보』 (서울: Ivp, 2015), 160.

세바스찬 카스탈리오(1515~1563)

풀리듯이 끊임없이 악한 영향력을 끼치는 자들이다. 이단자는 교회와 기독교 공동체를 내부에서부터 파괴하기로 마음먹은 자들이다. 교회가 사적으로나 공적으로 그들의 오류에 대해 지속적으로 지적했지만, 그들은 관점을 철회하지 않고 교회를 떠나지 않은 자들이다. 이들은 "암과 같은 존재로서 교회의 생명력을 쉴 새 없이 갉아먹는 자들"이다.[133] 여기에서 주요한 구별은 참된 종교의 교리 수용이다. 참된 교회의 교리는 교회를 세우는 토대이다. 그리고 참된 교리는 하나님의 말씀에 근거하여 교회가 계승한 터이다. 그러므로 이 교리를 목숨 걸고 지켜야 한다. 암에 걸린 환자의 몸에서 암 덩어리를 잘라내지 않으면 그 환자의 목숨이 위험한 것과 같다. 교회를 위해서 이 고통을 우리가 감내해야 한다.[134]

정통과 이단을 나눌 말씀의 능력은 교회가 지닌다. 따라서 하나님의 말씀을 사적으로 해석하는 것을 배제한다. 어떤 영적인 가르침과 실천이 하나님의 말씀을 위반하는지를

---

133) *TT* 1, 128-167.
134) *TT* 1, 128-167.

결정할 수 있는 권능은 오직 교회에 있다. 국가는 교리와 이단에 대해 어떤 고유의 관할권을 가지지 않는다. 국가의 역할과 교회의 역할을 구분한다. 교회는 이단자의 교리를 살피고, 그 교리가 하나님의 말씀에서 벗어났는지를 성경 말씀에 근거하여 판단한다. 이 판단에 따라 이단자로 판결을 내리게 되면, 그때 국가가 어떤 조치를 취할 수 있다. 그 이전에는 국가가 어떤 조치도 취하지 못한다. 베자는 교회의 교리와 관련한 이단자 처벌에서 위정자는 교회의 판결에 따라서 행하는 것이라고 말한다. 따라서 만약 교회가 이단자로 판결을 내리지 않으면, 국가는 어떤 처벌도 판결할 수 없다. 위정자는 교회의 판단에 따라서 이단자를 처벌할 권한을 가진다. 그래서 베자는 "하나님의 권세는 모든 사람에게서 언제나 영원히 높이 들려야 하며, 하나님의 권세를 비웃는 자는 생명의 창조주를 비웃는 자로서 폭력에 의한 사형을 받아 마땅하다. 나는 하나님의 진리와 양심의 증거에 따라 이것을 분명히 선언하고 주장한다."[135]라고 말한다.

"기독교 교회는 현재의 형태이든 고대 이스라엘 민족의 형태이든 하나님에 의해 세 가지 면으로 구성된

---

135) *TT* 1, 155.

다. 교회의 머리는 그 누구와도 비교할 수 없는 유일한 군주[그리스도]로서 우리의 영원한 대제사장이며 모든 나라에 대한 주권을 가진다. 그는 하늘에 계시지만, 성령을 통해 그의 권위 아래 개체 교회와 함께하고 다스리신다. 그 다음은 가장 신성한 귀족 정치제도인 컨시스토리이다. 그리고 마지막으로 보편적인 신자의 무리가 있는데, 이것은 신성한 민주국가의 완벽한 예를 제공한다. 이것의 합의를 통해 귀족 정치적 컨시스토리가 구성된다. 이 무리의 수호자는 그가 어디에 있든 하나님이 세우셨으며, 전 세계에서 하나님을 대표하는 그리스도인 위정자들이다."[136]

양심의 확신으로서의 믿음

베자는 카스텔리오가 명확하게 믿음과 이성을 구분하고 있지는 않지만, "극소의 암시"[137]를 가지고 있다고 주장한다. 종교적 관용 논쟁에서 이미 베자는 그의 글을 통해 이러한 것을 지적하였고, 그 구분이 지닌 위험성을 간파하여

---

136) Beza, *Tractatus pius*, 113.

비판하였다.

"신앙(*fides*)은 지식이나 이해(*intelligentia*)와 구분되어야 한다는 것은 사실이다. 신앙을 가지고 있는 자마다 필연적으로 이해를 가지고 있다. 그 반대는 성립하지 않는다. 왜냐하면 신앙은 하나님의 말씀을 듣는 데서 나오고, 이러한 듣는 행위는 완전한 확실성을 주어 선택받은 자들 하나하나에게 주어진 교리가 적용되기 때문이다. 다른 한편으로 지성은 자연적인 것이 아님에도 불구하고[왜냐하면 호모 아니말리스(*homo animalis*)라고 해도 하나님께 속해 있다는 것을 뜻하지 않기 때문이다.] 하나님이 때때로 부여한 여러 선물 가운데 하나로, 심지어 불경건한 자들이나 특별한 이유로 유기된 자들에게도 주어진 것으로 여겨진다."[138]

---

137) 바쿠스가 이미 지적한 것처럼 카스텔리오는 믿음과 이성을 여기에서 명확하게 구분하고 있지 않다. 오히려 이후에 발표되는 글에서 이성과 믿음의 관계를 규명하는 데 집중하고 있다. 여기에서 베자는 단지 "극소의 암시"를 가지고 이성과 계시의 대립이 지닌 위험성을 논파하고 있다. 베자는 카스텔리오가 암묵적으로 신앙을 인식의 대상인 지식에 종속시키고, 이해는 불확실성에 토대를 둔 주관적인 행위로 만들어버렸다고 지적한다. 이러한 지적은 베자의 입장에서 부당하다고 할 수 없다. 카스텔리오의 이성과 믿음의 관계에서 부당한 것이라고 할 수 없다. "The Issus of Reformation Scepticism Revisited", 73.

138) Beza, *De haereticis*, 74.

베자는 믿음과 지성을 구분해야 한다는 것을 인정한다. 이 둘의 관계는 믿음에서 시작하여 지성을 통해 완성된다. 하나님을 믿는 자는 하나님의 말씀을 듣는 행위, 즉 지성적 이해를 통해서 더욱 온전한 신앙으로 성장하게 된다. 하지만 지식은 하나님으로부터 주어진 선물이 아니기 때문에 지식을 통해서 믿음으로 올라가는 것은 불가능하다. 그러므로 베자에게 교리는 믿음의 대상이며, 믿음에 근거하여 지성을 통해서 나타난 믿음의 객관적 대상이다. 그렇기 때문에 베자는 오히려 카스텔리오가 삼위일체를 비롯하여 교회의 믿음의 대상인 성찬론, 자유의지 등의 교리를 아디아포라(*adiaphora*, '대수롭지 않은 것'의 의미로 성경에서 명령하거나 또는 금지하지 않은 무관심의 것들, 즉 판단 이전의 중립적인 것을 말함.)의 문제로 만들었다고 비판하였다. 또한 교리의 문제를 이성적으로 논쟁할 수 있는 신념의 문제로 여기는 바젤의 학자들을 '아카데미안'이라고 비난하였다.[139]

베자는 이 구분이 지닌 문제를 명확하게 인지하였다. 그렇기 때문에 교리의 객관적 권위의 부재가 신앙의 부재를 낳을 수 있다는 사실을 분명하게 지적하였다. 물론 카스텔리오도 교리의 객관적 권위를 부정하지 않는다. 그는 '하

---

139) Beza, *De haereticis*, 112.

나님이 한 분이시다'라는 신앙적 고백은 절대적 교리로 불신앙을 결정하는 척도로서의 역할을 수행한다고 간주하였다. 하지만 세르베투스 화형의 근거인 반삼위일체와 관련해서는 그들의 입장이 다르다. 카스텔리오에게 삼위일체 교리는 교회의 역사에서 어떤 객관적 권위를 지니지 못한다. 왜냐하면 교회사에서 삼위일체 교리는 어떤 합의를 도출하지 못하고 다양한 해석이 존재하기 때문이다. 이와 달리 칼빈과 베자는 삼위일체 교리를 다른 어떤 교리보다 중요한 기독교의 중심교리로, 교회의 통일성을 이루는 기반으로 여겼다. 그들의 관심은 종교가 어떻게 여전히 존속할 수 있는가와 어떻게 참된 교회가 실현될 수 있는가에 집중되어 있었다. 그러므로 경건의 교리를 불안전하고 의심스러운 것으로 만드는 것은 기독교의 핵심인 그리스도조차 의심하게 되는 결과를 낳기 때문에 교리를 교회의 통일성의 기반으로 주요하게 여긴 것이다. 이런 맥락에서 베자가 구원의 절대적 진리인 그리스도의 사역이 카스텔리오의 보편적 합의에 근거한 근본진리에서 벗어나 구원을 위한 상대적 의미를 지닌다고 선포된다면, 기독교가 기독교인에게 어떤 의미가 있게 되는 것인가란 그의 비판에 주목할 필요가 있다.

"불경건한 사람들이 내뱉은 말을 참아야 할 필요가 있다고 한다면 기독교라는 종교에 온전하게 남는 것은 무엇인가? 그들의 눈에 삼위일체, 성찬, 세례, 칭의, 자유의지, 죽음 이후 영혼의 상태 등에 대한 그리스도의 선교와 관련한 가르침은 무의미하다. 이것들은 적어도 구원에 불필요한 것이 아니다. 유대인과 터키인도 심지어 하나님을 믿는다.…이런 텍스트의 행간에서 일단 성경의 권위가 박탈되면 우리는 더 이상 해야 할 것이 없으며 단지 바리새파의 일부가 된다. 우리는 로마 가톨릭과 터키인들의 노리개가 될 뿐이다."140)

세르베투스의 화형으로 촉발된 종교적 관용 논쟁의 중심에 이단에 대한 이해의 갈등이 있었다. 윤리적 행위와 교리를 구분하여 교리적 다양성을 허용한 카스텔리오에 대항하여 베자는 교리를 교회의 순수성과 일체성을 이루는 근간으로 삼았다. 그렇기 때문에 믿음의 한 요소로서의 지식을 주요 척도로 삼았다. 이는 진리의 문제이며 신앙고백의 토대 위에 세워진 교회의 신앙적 정체성과 관련되기 때문이다. 여기에 믿음과 불신의 이분법만이 존재한다. 이 둘 사

---

140) 불링거에게 보낸 편지, Buisson, vol. I, 359 재인용.

이에 존재하는 회색지대는 없다.

동포를 위한 국제 활동

프랑스에서 고통당하는 신앙인을 위한 베자의 노력은 실천가의 면모를 보여준다. 그는 프랑스의 종교적 박해를 피해 숨어서 신앙을 유지하고 있던 발도파 공동체를 돕기 위하여 독일 땅을 향해 떠난다. 베자는 파렐과 함께 베른, 취리히, 바젤, 스트라스부르, 바덴, 괴핑겐 등을 방문했다. 프랑스 발도파 신앙공동체는 16세기 종교개혁운동이 일어나자 초기 프로테스탄트 세력과 교류하고자 시도하였다. 발도파는 1526년 라우스(Laus) 대회에서 새롭게 일어나는 개혁운동을 조사하기 위해 여러 도시로 사절단을 파송하기로 하였고, 그 결과 1532년 개혁교회의 신앙에 동참하기로 결정하였다. 이에 따라 스위스와 프랑스의 개혁교회는 1532년 9월 12일 소집된 발도파의 샹포랑(Chanforan) 대회에 기욤 파렐(Guillaume Farel)과 앙투안 소니에(Antoine Saunier)를 파송하였다. 이 대회를 통해 발도파 신앙고백이 공식화되었고, 이후 그들은 은둔지에서 벗어나 프랑스 안에서 공개적으로 예배할 것을 결의하였다. 베자는 『종교개혁 영웅들의 초상』에서 발도파 신앙공동체로 "프랑스 왕의 신하이고, 사부아 공작의 신하들인 알프스 계곡 사람들"을 언급하면서 이들이 로마 가톨릭교회로부터 박해를 받았다는 것을 전한다.[141] 또한 베자는 발도파 신앙공동체가 "모든 사람이 사랑하고 인정한 책망 받을 것이 없는 삶"을 살고 있다고 극찬한다. 박해 속에서 당하는 빈곤 가운데서도 신앙을 지키고자 하는 그들의 삶을 높이 평가하여 종교개혁 시대의 영웅의 자리에 놓은 것으로 보인다.

발도파는 빈곤과 박해의 상황에도 불구하고 개혁교회의 역사에 깊은 족적을 남겼다. 이들은 파렐의 요청에 따라 칼빈의 사촌인 올리베탕(Pierre R. Olivétan)의 프랑스어 성경번역을 재정적으로 후원하기로 하였다. 올리베탕 성경은 1535년 6월 4일 뇌샤텔 부근 세히에흐(Serrières)에서 출판되었다. 이 책의 서문에서 올리베탕은 자신의 번역을 "내세울 것 없는 가난한 교인들"에게 헌정하고 있는데, 이는 발도파를 염두에 둔 표현으로 보인다. 올리베탕 성경은 1535년 9월 샹포랑에서 열린 발도파 대회에 제출되었다. 베자도 그의 『종교개혁 영웅들의 초상』에서 발도파의 헌신을 기억한다.

---

141) Beza, 『종교개혁 영웅들의 초상』, 193-194.

"가난함에도 불구하고, 또한 이 시기에 소요와 전쟁으로 사방에서 사탄의 공격을 당했음에도 불구하고, 1535년 그들은 자신의 비용으로 뇌샤텔 시에서 프랑스어로 된 최초의 성서를 출판하게 했습니다. 히브리어에 정통한 피에르 로베르 올리베탕이 칼빈의 조언을 얻어 이 언어로 번역을 했는데, 프랑스는 발도파 사람들을 통해서 오늘날 그들의 언어로 성서를 갖게 되었음을 인정해야 합니다."[142]

프랑스에서 발도파 박해는 1530년부터 시작되었다. 16세기 종교재판관 장(Jean de Roma)은 1530년 뤼베롱 지역의 발도파를 투옥, 고문하고 화형에 처했다. 1540년 세 명의 발도파(Louis Serre, Jacques, and Colin Pellence)가 공개적으로 처형을 당하자 메랭돌에서 대중봉기가 일어났다. 하지만 이에 대한 로마 가톨릭교회의 보복은 가혹했다. 열아홉 가정의 가장

독일 보름스의 루터 기념관 앞에 있는 페르투스 발데스의 동상

---

142) Beza, 『종교개혁 영웅들의 초상』, 194.

이 재판도 없이 산 채로 화형을 당했고, 가족은 모두 추방당했으며, 집과 농장은 파괴되고 재산은 몰수당했다. 1540년 11월 18일 발표된 메랭돌 칙령은 소위 "하나님과 인류에 대항하는 반역죄"에 대한 전형적인 판결이었다. 발도파에 대한 공격을 본격적으로 진행하기 위해서는 이 칙령에 대한 프랑스 왕의 재가가 필요했다. 이 당시 프랑수아 1세는 아프다는 명목으로 이에 대한 재가를 미루었다. 그 이면에는 프랑수아 1세가 유지하고자 하는 정치적 연대가 있었다. 프랑수아 1세는 왕위를 집권한 후 신성로마제국의 카를 5세와 이탈리아를 두고 전쟁을 했기 때문에, 신성로마제국과 스위스의 프로테스탄트 세력과의 연대를 깨고 싶지 않았다. 그리고 그에게는 언제나 자신의 누이이자 후원자로서 프로테스탄트에 우호적인 나바르의 여왕 마르그리트가 있었기 때문이다. 이런 이유로 프랑수아 1세는 4년 동안 승인을 미루었으나, 병중에 결국 이를 승인한다. 그리하여 1545년 고등법원은 메랭돌과 카브리에르, 두 촌락을 이단으로 판결한 뒤에 마을 주민을 모두 화형 또는 추방하도록 명령했다.

    1545년 4월 12일 새로운 칙령이 발표되었다. 프로테스탄트 박해의 범위가 메랭돌뿐만 아니라 그 주변 지역으로 확대되어 모든 발도파와 루터파를 박멸하라는 명령이 더해졌다. 이에 왕의 군대, 교황의 군대, 프로방스에서 징집된 군대가 연합하여 1만 5,000명에 이르는 군대가 꾸려졌다. 1545년 4월 16일 화요일에 왕실의 군대와 교황의 용병들이 페르튀이 (Pertuis, 메랭돌 동남쪽 30km 지점에 있는 마을)에 집결하였다. 그리고 일주일 동안

메랭돌 성의 폐허

인근 11개 마을에서 파괴와 학살이 자행되었다. 4월 17일 수요일 메랭돌로 가는 길목에 있는 마을들이 약탈당했고, 4월 18일 메랭돌의 학살로 이어졌다. 발도파는 필사적으로 저항하며 항전하였다. 1545년 5월 4일에 칼빈은 파렐에게 사건의 개요를 보고하였다. 시의회가 자신을 프랑스 교회에 보내어 발도파를 위해 할 수 있는 일이 있는지 알아보라고 결정을 내렸다고 전했다.[143] 스위스 종교개혁자들은 프랑스의 발도파를 돕기 위해서 신성로마제국의 프로테스탄트 제후들에게 도움을 요청하는 편지를 보내고, 중재를 부탁하기 위해서 험난한 길을 떠났다. 베자 역시 로잔에서 여전히 프랑스에서 박해를 당하고 있는 발도파를 위해 파렐과 함께 길을 떠났다. 그는 괴핑겐에서 루터파와 신학적 합의를 도출하고자 했다. 하지만 그들은 단지 루터파와 자신

들 사이에 놓인 깊은 골만을 확인하였을 뿐 어떤 합의도 도출하지 못하였다. 베자와 파렐은 성례에 대한 발도파의 이해와 그들의 이해를 정리하여 1557년 5월에 괴핑겐 신앙고백(Göppingen Confession)을 제출하였다. 하지만 베른과 취리히는 이를 강력하게 거부하였다.

프랑수아 1세의 뒤를 이어 앙리 2세가 왕위에 오르면서 프랑스에는 거센 박해의 움직임이 일어났다. 앙리 2세가 콩피에뉴(Compiègne) 칙령(1557년 7월 24일)을 발표한 것이다. 이번에는 파리의 생자크 거리에서 예배를 드리던 개혁파 교인들이 발각되면서 일어났다. 신속하게 종교재판이 이루

---

143) CO 12, 75-76. W. Greef, 황대우 옮김, 『칼빈의 생애와 저서들』 (서울: SFC, 2006), 93. 1548년 앙리 2세로부터 제네바 시의회는 편지 한 통을 받는다. 앙리 2세는 제네바 시가 하나가 되어 황제 카를 5세에 대한 경계를 게을리하지 말 것을 요청했다. 그리고 자신은 도시를 곤경에 빠지지 않도록 하겠다고 맹세했다. 1551년 9월 2일 프랑스에서 샤토브리앙 칙령이 공식적으로 선포되었다. 칼빈은 불링거에게 보낸 편지에서 그 칙령에 대해 다음과 같이 언급하고 있다. "독살범과 위조범 그리고 노상 강도에게도 항상 허락되었고 아직까지도 향유되고 있는 대법원 항소 권리를 기독교인들에게서 강탈해버렸습니다. 일반 판사들조차 이들을 끌어내어 단 한 번의 항소도 없이 바로 화형에 처할 수 있게 하는 규칙이 공포되었습니다. 그 불쌍한 형제들을 위해서 극한의 조치가 취해져야 한다고 생각합니다. 제네바 측은 3월 8일에 베른과의 동맹을 연장하였는데, 그들에게서 아무런 도움을 기대할 수 없다는 것은 너무나 유감스러운 일입니다. 우리를 죽이려는 칼이 날카로워지는 동안에 우리는 형제로서 서로 의논하기를 소홀히 하고 있습니다." 칼빈은 프랑스에서 박해를 받고 있는 신앙의 동료를 위해서 신성로마제국을 방문하기로 계획을 세운다. 1551년 10월 3일 작센의 신교 군주 마우리츠가 프랑스의 앙리 2세와 카를 5세에게 대항하는 동맹을 맺었기 때문이다. 『칼빈의 생애와 저서들』, 95.

어졌고 이들은 순교자의 길을 걷게 되었다. 이를 계기로 프랑스에는 대규모 군중시위가 일어났다. 프랑스에 일어난 박해로 인해 고통당하는 프랑스의 개혁파 교인들을 위해서 베자는 또다시 길을 떠났다. 1557년 가을, 베자는 파렐과 함께 파리에서 박해받는 형제들을 위해 신성로마제국으로 떠난다. 프로테스탄트 영주들의 중재를 바라는 목적으로 파렐과 함께 다시 스트라스부르를 경유하여 보름스까지 두 번째 여행을 하였다. 그때 보름스에 모인 멜란히톤과 다른 신학자들과 함께 베자는 모든 개신교 그리스도인들의 연합을 고려했으나, 이러한 제안은 취리히와 베른에 의해 결정적으로 거부되고 말았다. 설상가상으로 신성로마제국의 제후들은 프랑스에 어떤 사절단도 보내지 않기로 결정했다. 왜냐하면 프랑스에서 개혁교회에 대한 박해가 이미 끝났다고 거짓으로 보고되었기 때문이다. 베자는 여기서 포기할 수 없었다. 그는 파렐, 요한네스 부대우스, 카르메와 함께 프랑스 개신교 세력을 위해 스트라스부르와 프랑크푸르트까지 세 번째 여행을 했다. 그는 이 여행에서 파리로 사절단을 파견하기로 결정하였다. 베자는 이렇게 프랑스에서 박해받는 신앙의 동지들을 위해서 길을 떠난 실천가였다.

제네바의 종교개혁자 칼빈의 동역자로서 베자는 신학자로서뿐만 아니라 실천가로서 씨앗을 뿌렸다. 그리고 하늘을 향해 열매를 맺을 수 있는 굵은 기둥으로 성장하였다. 로잔에서의 베자의 사역은 앞으로 걸어갈 제네바의 사역을 위한 발판이 되었다. 로잔 대학은 평판도 좋아서 몇 년 동안 프랑스어를 사용하는 프로테스탄트 신자들의 유일한 고등교육 기관으로 자리를 잡았다. 그곳에서 베자는 헬라어 교수로서 신약성경의 언어를 분석한『헬라어 기초』(*Alphabetum Graecum*, 1554)를 완성하였고, 헬라어 신약성경을 라틴어로 번역한 책을 1556년에 출판하였다. 로잔에서의 9년은 베자를 인문주의 언어학자에서 칼빈주의 신학자로 변화시켰다.

이뿐만 아니라 베자는 칼빈의 동역자로서 확고하게 자리매김하였다. 로잔은 정치적으로 베른에 의존하고 있었지만, 신학적으로는 제네바의 영향을 받고 있었다. 이미 볼섹으로 인한 논쟁으로 베른과 칼빈의 갈등이 첨예화되면서 베른에게는 칼빈과 제네바 교회의 신학을 따르는 베자와 비레가 눈엣가시였다.[144] 그러던 중 베른과 로잔의 갈등이 교회 권징제도 도입을 두고 폭발하였다. 로잔의 교수들과 목사들, 그중에서도 특히 비레와 베자는 칼빈의 교회 권징제도에 완전히 공감하고 있었다. 1558년 3월 마침내 비레

---

144) Jill Raitt, "Theodore Beza, 1519-1605," 92.

는 다수의 목사와 교수들과 연합하여 장로 법원을 세우고, 특히 성찬과 관련하여 출교권을 행사할 수 있는 교회 권징 제도를 학교에 도입하려 했다. 하지만 베른 시 당국은 로잔에 칼빈주의적 교회정치가 들어오지 못하도록 철저히 막았다. 엄청난 폭풍이 일 것을 예견한 비레와 베자는 그해 9월 로잔을 떠나 제네바로 향했다.

테오도르 베자
교회를 위해 길 위에 서다

Dieudonné de Bèze

5
신앙고백서

베자의 신앙고백서

Chapter 05

신앙고백서

성경이야말로 참된 교리를 입증하기 위한
유일하고도 참된 시금석입니다.

종교개혁 시기는 신앙고백의 시대라고 칭할 정도로 수많은 신앙고백서가 등장한다. 도시를 중심으로 이루어진 스위스의 종교개혁자들도 신앙고백서를 작성하였다. 칼빈은 제네바 제1차 사역 때 신앙고백서를 작성하였고, 이후 다시 돌아와 제2차 사역을 시작할 때도 제일 먼저 '제네바 신앙교육서'를 작성하였다. 그런데 1559년에 베자가 새로운 신앙고백(Confession de la foy)를 작성한다.

이미 칼빈도 신앙고백서를 작성했는데, 왜 다시 신앙고백서를 출판한 것일까? 베자의 신앙고백서는 7장으로 구성되어 있다. 단순한 구조이지만 성경의 핵심 교리를 요약한다. 이 책이 출판되고 난 후 1595년까지 총 11쇄가 인쇄

되었다. 베자가 하나님의 부름을 받기 10년 전까지의 횟수로, 거의 매년 인쇄가 되었다. 이 신앙고백서는 1562년에 헝가리 개혁교회의 공식적인 신앙고백 문서 가운데 하나가 되기도 했다. 1563년, 1572년, 1585년에는 영어로 번역되어 런던에서 출판되었고, 독일어, 네덜란드어, 이탈리아어로도 번역되어 출판되었다. 이 신앙고백서가 그 당시 유럽 개혁교회에 상당히 폭넓은 영향을 미쳤다는 것을 알 수 있다.[145] 그럼 여기서 베자의 신앙고백서가 작성된 배경과 그의 신학을 살펴보자.

신앙고백서의 목적

수많은 고백서가 작성되었음에도 불구하고 베자가 신앙고백서를 기록한 이유는 무엇인가? 어떤 이유로 이 신앙고백서가 유럽 전역에서 널리 읽힌 것일까? 우선 베자가 이 신앙고백서를 작성한 목적은 독특하다. 베자는 당시 여전히 가톨릭 신앙에 머물고 있는 아버지를 위하여 이 책을 작성하였다. 베자의 아버지뿐만 아니라 친척들도 가톨릭 신

---

145) Wright, *Theodore Beza*, 69.

앙에 머물면서 오히려 베자가 이단 신앙에 물들어 있다고 생각하였다. 이런 가족들에게 베자는 자신의 신앙을 변호할 뿐만 아니라 개혁신앙에 대해서 알리고 싶었다. 그리고 특별히 아버지가 가톨릭 신앙의 잘못된 교리에서 벗어나 프로테스탄트로 개종하기를 원했다. 아버지에 대한 사랑이 이 책을 쓰게 된 직접적인 동기였다.

> "나는 프랑스어로 이 글을 씁니다. 나의 아버지가 신앙을 받아들일 수 있도록 하기 위해서 말입니다. 보다 더 긴 안목으로는, 가능하다면 늙은 아버지가 그리스도인으로 개종하도록 하기 위해서 말입니다. 어떤 사람들은 나의 아버지에게 내가 불경건하고 이단이라고 중상하여 나에게서 멀어지게 만들었습니다"[146]
>
> – 볼마르에게 보낸 편지 중

아버지의 개종을 목적으로 썼기 때문에 베자의 신앙고백서는 독특한 서술 방식을 지닌다. 베자는 아버지와 친척들에게 개혁신앙의 핵심을 알리고 싶었다. 로마 가톨릭교회를 통해서 하나님을 아는 신앙의 문턱을 넘었으나, 올바른

---

146) Theodore Beza, 'Autobiographical Letter of Beza to Wolmar,' trans. Baird, *Theodore Beza*, 366.

하나님을 만나지 못한 가족들에게 '올바른' 하나님에 대한 신앙을 전하고 싶었다. 그래서 베자는 당시 로마 가톨릭교회가 제기하는 질문들에 대하여 개혁 신학적 답변을 논리적으로 설명한다. 이 신앙고백서의 형식은 시대의 물음에 대한 교회의 응답으로 구성된 변증적 서술체계이다. 그러므로 베자는 어떻게 프로테스탄트로의 회심이 이루어지는지를 구체적으로 설명하고 있다. 신앙고백서의 7장 가운데 성령의 역할을 다루는 4장이 가장 긴 이유도 이 때문이다.

잘못된 신앙의 늪에 빠져 있는 자들에게 어떻게 개혁신앙을 설명할 것인지의 문제는 당시 개혁교회가 직면한 문제였다. 따라서 베자는 변증법에 근거하여 개혁신앙을 설명하는 고백서가 필요하다고 생각했다. 비록 아버지의 개종이라는 개인적 소망도 있지만, 베자는 이 책이 잘못된 신앙에 있는 성도들을 가르쳐야 하는 목사들에게 하나의 지침서가 되어주길 소망했다. 어떻게 성도들을 가르쳐야 하는지를 목사들에게 알려주어 성도들을 "당시의 잘못된 선지자와 이리 떼로부터 보호"하기를 원했던 것이다.[147] 그리고 한 걸음 더 나아가서 성도들이 스스로 하나님의 말씀을

---

147) Theodore Beza, *A Brief and Pithy Sum of Christian Faith*, in *Reformed Confessions of the 16th and 17th Centuries* in English Translation: Volume 2, 1552-1566, ed., James T. Dennison Jr.(Grand Rapids: Reformation Heritage, 2010), 239.

더 잘 이해할 수 있도록 울타리를 제공하고자 하는 마음에서 신앙고백서를 출판하였다. 칼빈이 신앙고백서를 작성한 것도 이러한 목적이었음을 베자는 정확히 알고 있었다. 그러하기에 베자는 자신의 신앙고백서 서문에서 "칼빈이 작성한 신앙교육서만큼 명확한 작품은 과거에나 지금에나 없으며, 그러하기에 나의 작품이 출판될 필요가 없다"라고 말한다. 하지만 자신이 기록한 신앙고백서가 전혀 유익이 없는 것은 아니라고 하면서 '오직 성경'의 원칙에 따라 저술했음을 밝힌다.

> "그것은 신앙고백서를 살아 있는 사람에게 규정하려는 것이 아니라, 우선적으로 내 하나님의 영광을 위해 나의 신앙고백을 듣고 싶어하는 모든 이에게 그것이 무엇인지를 선포하는 데 있습니다.…나는 또한 나와 비교할 수 없이 더 잘 제공할 수 있는 자들에게 보다 완성된 무언가를 주기를 바라며…그들의 판단을 거부하기는커녕 오히려 누군가가 그것을 보면 그도 부지런히 성경을 참고하기를 바랍니다. 성경이야말로 참된 교리를 입증하기 위한 유일하고도 참된 시금석입니다."[148]

---

148) *CB* 3, 262.

베자는 교리교육의 목적이 성경으로 돌아가는 데 있음을 명확하게 밝힌다. 즉 참된 교리의 기초가 성경이며, 그리스도인이 하나님께 영광을 돌리는 자리에 나아가도록 하는 것이 그 목적임을 분명하게 제시한다. 교리를 강제로 강요하는 것이 아니라 한 사람 한 사람이 교리교육을 통해서 성경으로 다시 돌아가 하나님의 말씀에 귀를 기울이고, 그 안에서 그리스도인의 삶의 목적인 하나님께 영광을 돌리는 삶을 깨닫게 하는 것이다. 신앙교육서의 목적은 가르침의 내용을 아는 것에만 있는 것이 아니라 그리스도인으로서 삶을 살아내는 데 있다.

또한 베자의 신앙고백서는 목회자들이 성도들을 가르치는 '최선의 순서'를 전달하는데 주목했다. 이 순서는 자신이 "신실한 성경 해석자들의 합의를 토대로 성경을 읽으면서 배운" 것이다.[149] 여기에는 자신의 회심의 체험과 경건의 훈련에서 체득한 과정을 통해 목회자들에게 도움을 주고자 하는 교회 사랑이 밑바탕에 깔려 있다. 그는 목회자가 성도들에게 생명의 말씀을 좀 더 성경적이고 경건한 방식으로 먹이도록 하기 위해서 신앙고백서를 출판하였다.[150] 따라서 그는 자신이 성경이 가르치는 참된 교리를 올바로 이해

---

149) Beza, *Brief and Pithy Sum*, 239.
150) Beza, *Brief and Pithy Sum*, 239.

한 논리적 과정을 성도들에게 전달하고자 했다. 칼빈이 성경에 기초한 기독교의 교리를 풍성하게 『기독교강요』에서 다루었고, '간단'하지만 '정확하게' 그의 교리교육서(1542)에서 가르쳤다. 그럼에도 불구하고 베자는 그 순서를 약간 조정하여 설명함으로써 성경을 읽는 기쁨을 누리도록 연회를 베풀었다고 고백한다.[151]

베자가 신앙교육서를 작성한 목적은 아버지에 대한 사랑에서 시작하였으나, 교회를 향한 사랑이 그 바탕에 있음을 알 수 있다. 참된 교리에서 멀어진 자들이 던지는 질문들에 대하여 성경에 근거한 답을 찾아서 논증하는 방식으로 이루어진 베자의 신앙교육서의 순서는 지금을 살아가는 우리에게도 또한 하나의 방식을 제시하기에 여전히 유용하다.

신앙고백서의 구조

베자의 신앙고백서는 서술방식과 그 표현에서 칼빈과는 사뭇 다르다. 칼빈의 시적이며 정교화된 서술과 달리, 베자는 단순하고 명확하게 개념적 정의를 시도하여 좀 더 실용

---

151) Beza, *Brief and Pithy Sum*, 241.

적이다.

총 7장으로 된 이 책의 구성을 살펴보면 다음과 같다. 1장 삼위일체, 2장 아버지로서의 하나님, 3장 하나님의 아들로서 예수 그리스도, 4장 성령, 5장 교회, 6장 마지막 심판, 7장 로마 가톨릭교회와 개혁교회의 차이이다. 베자는 삼위일체 하나님을 신학 체계의 기초로 삼았다. 그는 삼위일체의 본질에 대하여 초대교회의 전통과 성경에 기초하여 설명한다. 베자의 신앙고백서의 순서에 나타난 특징은, 우선 베자가 하나님의 영원한 작정과 창조사역과 섭리로서의 통치를 삼위일체로서 하나님의 본질에서부터 출발한다는 점이다. 하나님의 영원한 작정에서 출발하여 하나님의 아들 예수 그리스도의 구속 사건과 성령의 실제적 구원의 성취를 내포하는 삼위일체의 사역이 하나님의 본질에 근거하고 있음을 암시한다. 그리고 그 암시가 아버지로서 하나님-하나님의 아들로서 예수 그리스도-성령으로 이어지는 구조에서 분명하게 드러난다.

삼위일체로 시작하는 하나님에 대한 베자의 이해는 신앙고백서의 구조에 따라서 이루어지고 성취된다. 하나님께서는 앞으로 일어날 일을 정하신 분이시나, 그의 기뻐하시는 뜻에 따라서 반드시 일어나야 하는 일을 이룰 '척도' 내지는 '기준'(measures)을 정하신다.[152] 하나님의 작정은 이 세상에서 일어나는 사건들의 제2원인을 막지 않고 오히려 그것을 사용한다. 하나님은 자신에게 합당한 여러 수단을 통해서 역사의 한 시점에 사건이 일어나도록 영원 전에 작정하신다. 어떤 일이 일어나는 제2원인에서 악한 어떤 것이 있을 때조차 하나님의 영원한 작정에는 악이 존재하지 않는다.[153]

하나님께서는 앞으로 행할 일의 목적을 바꾸지 않으신다. 그 목적은 바로 하나님의 공의와 자비이다. 이 목적을 이루기 위해서 인간을 창조하셨고, 그 목적에 따라서 일을 이루신다.

> "어떤 자들은 구원을 받고 어떤 자들은 유기된다. 모든 일이 성경 전체가 선언하는 것처럼 하나님의 영광을 위한 일이다. 운명이나 우연으로 일어나는 일은 아무것도 없다. 하나님은 결코 자신의 목적이나 마음을 바꾸지 않으신다. 하나님은 예견하실 뿐만 아니라 영원 전에 인간을 널리 퍼지게 하기 위해서 창조하셨고 그의 영광을 드러내셨다. 하나님은 자신의 판단으로 그의 기뻐하시는 뜻에 따른 자들을 구원하시고(하나님이 되셔야만 하는 그의 공의를 널리 퍼지게 하는 것을 잊지 않으신다.), 나머지

---

152) Beza, *Brief and Pithy Sum*, 244.
153) Beza, *Brief and Pithy Sum*, 244.

지를 버리신다."[154]

하나님께서 원하시는 목적은 무엇일까? 그 목적은 바로 죄인인 인간의 구원이다. 구원받을 자와 유기된 자에 속한 죄인들과의 관계에서 그의 성품이 드러난다. 하나님의 구원 사역은 하나님께서 기뻐하시는 뜻에 따라 선택받은 자들을 위해 이 땅에 보내어진 하나님의 아들 예수 그리스도를 통해서 이루어진다.[155] "하나님께서는 그의 작정에 순종하신다. 그는 결코 실수하지 않으실 뿐만 아니라 작정하신 일을 실행하는 것을 막지 않으신다. 인간 세상에서 일어나는 모든 것은 영원 전에 하나님이 작정하신 것으로 우리가 하나님의 섭리라고 말하는 것에 해당한다."[156] 베자는 하나님의 목적으로서의 공의와 자비를 드러내는 영원의 작정은 선택받은 자들을 위한 것임을 분명하게 드러낸다. 예수 그리스도가 인간이 되셨다는 사실은 하나님의 심판 앞에 서게 될 죄인인 인간을 위한 자비의 결과이다(3.7-15). 이는 아버지로서의 섭리에 대한 이해보다는 삼위일체 하나님의 절대적 전능에 근거한 작정과 통치의 섭리를 가르친다.

---

154) Beza, *Brief and Pithy Sum*, 244.
155) Beza, *Brief and Pithy Sum*, 244.
156) Beza, *Brief and Pithy Sum*, 244.

베자의 신앙고백서는 창조로부터 시작(2장)하여 하나님의 마지막 심판(7장)을 향해 있는 시간의 흐름을 특징으로 한다. 이는 하나님의 창조사역과 그의 섭리는 마지막 때를 향해 가는 그리스도인의 역사적 시간의 범주를 총괄하고 있음을 가르친다. 그렇기 때문에 이 땅에서 이루어진 어떤 것도 우연히 이루어진 것은 없다. 하지만 하나님은 악의 조성자가 결코 아니다. 이 지점에서 베자는 하나님과 인간의 절대적 간격에 대해서 설명한다. 하나님의 능력과 선하심은 우리가 결코 이해할 수 없다. 그러므로 이 땅에서 하나님이 어떤 일을 행하실 때 악한 자를 사용하시는 하나님의 선하신 뜻을 우리가 이해하거나 설명할 수 없다. 하지만 우리는 하나님께서 선하신 그 뜻에 따라서 그들을 정당하게 벌하실 것이라는 것을 믿는다. 하나님께서는 그가 원하시는 그 뜻을 이루지 못하신 적이 없으며 그 뜻을 올바르게 행하신다(1.3). 마치 시계의 큰 톱니바퀴가 다른 여러 작은 톱니바퀴를 돌게 하는 것과 같다. 어떤 작은 톱니바퀴는 큰 톱니바퀴와 같이 오른쪽으로 돌아가지만, 다른 것들은 반대 방향으로 돈다. 큰 톱니바퀴는 전능하신 하나님이며, 작은 톱니바퀴는 하나님의 섭리에 따라 움직이는 세상의 피조물들이다. 이렇게 베자는 하나님의 섭리를 비유로 설명한다.[157]

이 책의 분량 면에서 볼 때, 베자의 관심이 성령에 집중되어 있다는 것을 알 수 있다. 이는 베자가 하나님께서 선택한 자들을 어떻게 구원의 길로 들어서게 하는지에 집중하고 있다는 것을 나타낸다. 베자의 구원론과 관련된 성령의 사역에 대한 이해는 독특하다. 구원론의 위치가 삼위일체로부터 시작하여 영원 전에 작정한 하나님의 뜻의 성취로서 예수 그리스도 뒤에 위치한다. 그래서 하나님께서 그리스도 안에서 선택한 구원이 어떻게 이 땅에서 적용되는지에 집중하고 있음을 보여준다. 이후에 베자는 교회론을 다루는데, 교회의 목적과 존재 이유도 하나님께서 선택하신 자들의 구원과 밀접하게 연관되어 있다.

> "하나님의 선하심에 의해서 세워지고 완성된 것이라고 말하는 모든 것은, 만약 그 열매의 풍성함을 맛보고 느끼는 사람이 없다면 허망하다. 그러나 예수 그리스도는 영원한 왕국을 가지기 때문에 그는 백성들 없이 존재할 수 없다. 그래서 세상의 시초부터 하나님께서 기뻐하시는 하나님의 은혜로 선택된 교회 또는 모임과 집회가 있었다는 것은 적절하다. 모임의 구성원들은 하나

---

157) Olivier Faito, 14. 박건택, "개혁파 정통신학의 선구자," 224 참조.

님의 뜻에 따라서 오직 믿음으로 획득한 예수 그리스도의 도움으로 참된 하나님을 인식하고 봉사해왔다. 이에 대해서는 지금까지 상세하게 선포되어 왔다. 그리고 우리는 동일한 방식으로 그의 교회와 집회가 지속될 것이며, 지옥에 있는 모든 사탄이 그들에 대항하여 모이거나 준비하고 있다는 것을 고백해야만 한다. 마지막으로 예수 그리스도가 없이는 구원이 없다는 것을 필연적으로 고백해야만 한다. 이 모임과 회집의 구성원이 아닌 누군가가 죽는다면, 예수 그리스도로부터 그리고 구원으로부터 제외되고 그에게 더 이상 다가가지 못할 것이다. 예수 그리스도 안에 있는 구원의 능력은 오직 하나님과 구원자를 인정하는 자에게만 적용된다."[158]

베자는 하나님께서 기뻐하시는 하나님의 은혜로 선택된 교회가 존재해 왔으며, 교회의 목적은 교회의 지체로서 구성원들이 하나님의 뜻에 따라 하나님을 알고 고백하도록 하는 데 있음을 분명하게 가르친다. 그러므로 그는 참된 목회자와 잘못된 목회자 구분에 집중적인 관심을 둔다. 하나님의 뜻에 올바른 성취가 바로 목회자의 임무에 달려 있

---

158) Beza, *Brief and Pithy Sum*, 298-299.

기 때문이다. 어떻게 참과 거짓을 구분하는가? 그 구분은 "교회의 머리로서 예수 그리스도'를' 바라보는 교회와 교회의 머리로서 예수 그리스도'처럼' 보이는 교회"의 구분에 있다. 목적어로서 교회와 전치사로서 '~처럼'의 교회를 구분하는 일이다. 목적어로서의 참된 교회는 교회가 바라보아야 할 대상과 방향을 명확하게 아는 교회이다. 반대로 잘못된 교회는 교회가 바라보아야 할 대상으로서의 예수 그리스도를 가장하여 예수 그리스도처럼 행하는 교회이다.

하지만 문제는 어떻게 이 두 교회를 구별하는가이다. 이를 구분하는 표지로서 베자는 세 가지를 제시한다. 그 첫 번째가 살아 있는 하나님의 아들에 대한 말씀의 선포이다. 두 번째는 적절한 때에 이루어지는 성례의 실행이다. 하나님의 순수하고 거룩한 교리에 기초하여 이루어진 교회의 교육 내지는 훈련에 따라서 성례가 적절하게 실행되어야 한다. 세 번째 표지는 교회의 지체로서의 구성원이다. 참된 교회의 구성원이 참된 그리스도인의 삶을 구현하고 있는가가 참된 교회의 표지이다. 세 번째 표지를 통해서 참된 교회를 인지한다는 것은 거의 힘들다. 이는 그리스도인이라는 자아 인식이 교회 공동체의 참과 거짓을 판단하는 표지로서 확장되고 있는데, 그 간격을 인지한다는 것 자체가 쉽지 않다는 것을 반증한다. 개인과 공동체의 윤리적 판단과 행위로의 이행 사이에 놓인 수많은 관계를 통한 간격 메움을 어떻게 설명할 수 있는가? 여기에서 분명한 것은 베자는 믿음에 근거한 참된 교회의 표지를 말씀과 성례를 통한 인식을 넘어서 삶으로 확장하고 있음을 알 수 있다. 결론적으로 믿음에 근거한 참된 교회의 표지는 인식론적 의미를 넘어선다. 이 표지는 인식론적 차원을 넘어서 죄를 멀리하고 의를 따르는 삶으로 드러나야 한다. 이로써 베자의 교회론도 하나님의 영원한 작정이라는 시간에서 시작하여 마지막을 향해 가는 길목에서 우리의 구원을 위해 일하고 있다는 것을 설명한다.

성령이 주는 믿음

베자의 신앙고백서는 로마 가톨릭교회에 대항하여 프로테스탄트가 된다는 것이 무슨 의미인지를 논증하고 있다. 이 논증의 첫걸음에서 그는 믿음의 한 요소로서 지식을 강조한다. 구원의 체험이 있기 위해서는 구원의 진리를 알아야 하기 때문이다. 이는 믿음의 시작은 교회의 권위에 의지해야 한다는 당시 로마 가톨릭교회의 가르침에 대한 대답이다. 교회가 가르치기 때문에 진리가 되지 않으며, 그 자체가 참된 구원을 보증하지 않는다. 참된 구원의 시작은 구원에 대한 지식이다. 그렇기 때문에 지식의 출처이자 하나님의 말씀의 기원인 성경의 권위가 교회의 권위보다 높다는 것을 논증한다. 그러고 난 후 베자는 어떻게 구원의 지식을 신뢰하게 되는지에 주목한다. 이 모든 내용을 베자는 신앙고백서 4장에서 51개항으로 가장 길게 서술한다. 여기서 성령의 본질에 대한 설명보다는 성령이 어떻게 하나님께서 택한 자들에게 적용되는지를 정교하게 가르친다. 어떤 방식으로 믿음의 자녀에게 적용되어 참된 믿음을 소유하게 되는지 그리고 그 믿음의 결과로서 어떻게 행동으로 이어지며, 그것이 하나님의 뜻에 적절한 행위인지를 어떻게 알 수 있는지를 다룬다. 우선 예수 그리스도의 사역을 성령이 어떻게 우리에게 적용하는지 그리고 그 목적이 무엇인지를 설명한다.

> "이 신앙고백서에서는 성령을 원칙적으로 우리를 양자로 부르신 하나님의 은혜의 시작인 그 효과의 측면에서 다룬다.…간단하게 그들이 단계적으로 올바른 목적에 도달하도록 그리고 세상이 만들어지기 전에 예정된 그들이 도달하게 된 그 목적에 대한 증표를 주기 위해서이다."[159]

성령은 하나님께서 창조 전에 세우신 구원의 작정을 우리에게 적용시키는 매개체이다. 하나님과 우리를 잇는 끈으로서 성령은 우리를 이끌어 하나님께서 세운 구원의 정점으로서 목적에 이르게 한다. 그 과정에서 성령은 우리에게 증표를 주어 잘못된 길로 들어서지 않고 올바르게 그 목적지를 향해 가도록 이끈다. 바로 구원을 위한 도구로서 믿음을 주시는 것이다. 성령이 우리에게 주어지고 우리가 믿음을 받을 그릇이 될 때, 우리는 믿음으로 예수 그리스도를 붙잡을 수 있게 된다. 베자는 성령이 믿음을 일으키는 두 가지 수단으로 말씀과 성례(4.4)를 제시한다. 그리고 구원을 위한 도구로서 성령이 주는 믿음을 다음과 같이 정의한다.

"지금 우리가 말하는 믿음은 단지 하나님이 신적이고 그의 말씀의 내용이 모두 진실이라는 것을 믿는 것이 아니다(이런 믿음은 사탄도 가지고 있으며 그것으로 떨지 않기 때문이다). 믿음은 성령이 오직 그의 은혜와 선함으로 하나님께서 선택한 우리의 마음에 새기고, 선택받은 우리 각자는 그것을 마음에 확신하는 확실한 지식이다. 그 지식으로 우리는 예수 그리스도를 통한 구원의 약속을

---

159) Beza, *Brief and Pithy Sum*, 252.

스스로에게 적용하여 전유한다. 이것은 예수 그리스도가 죽고 부활하셨다는 것을 믿을 뿐만 아니라, 예수 그리스도를 끌어안아서 오직 그를 신뢰하고 구원을 의심하지 않고 확신하는 데까지 나아가는 것을 말한다."[160]

베자는 확실한 지식으로서 믿음의 특징을 강조한다. 이 믿음의 지식은 그리스도인의 경험에서 명백하게 드러나기 때문에 그 경험을 가진 자는 구원을 확신하고 더 이상 그것을 의심하지 않게 된다. 믿음은 우리에게 그리스도를 알고 받아들이게 하는 도구이다. 믿음의 중심에 예수 그리스도가 있으며, 오직 그의 의로 말미암아 우리가 하나님 앞에서 의롭다 칭함을 받을 것을 가르치고 확신하게 한다. 이러한 믿음은 다음에 나오는 여러 가지 유혹을 물리친다.

첫 번째 유혹은 "연약한 내가 무엇을 할 수 있을까?"[161]이다. 성령이 주는 믿음으로 우리는 구원을 얻는 지식과 확신을 얻게 된다. 하지만 지금을 살아가는 우리는 언제나 사탄의 유혹에 흔들린다. 우선 사탄은 하나님의 온전함과 우리의 죄성 사이의 절대적 간격을 상기시킨다. 이 간격 사이에서 우리가 무엇을 할 수 있단 말인가? 중세 시대에는

---

160) Beza, *Brief and Pithy Sum*, 252-253.
161) Beza, *Brief and Pithy Sum*, 257-259.

이 간격을 건너가기 위한 중재자로서 성인 숭배가 만연하였다. 하나님 앞에서 죄를 지은 인간의 부정으로 인해 하나님과 인간 사이에 놓인 절대적 간격을 인식하는 데서 참된 믿음이 시작한다. 이 믿음은 하나님과 우리 사이의 절대적 간격을 뛰어넘게 할 중재가가 필요하다는 인식을 요구한다. 그 중재자가 바로 예수 그리스도이다. 우리의 죄성 앞에서 더욱 빛나는 예수 그리스도의 순종에 눈을 돌려야 한다. 예수는 이 땅에서 하나님의 율법에 따라 온전한 순종을 완성하셨다. 그 외에 다른 어떤 누구도 우리와 하나님 사이를 연결할 수 없다. 믿음으로 우리는 그리스도의 완전한 의의 옷을 입게 되었다. 그리스도는 믿음으로 우리에게 적합한 자가 되셨다. 하나님은 우리의 타락한 본성으로 인해 그의 명예가 손상당했기 때문에 믿음을 매개로 하여 예수 그리스도께서 이 땅에서 이룬 구원의 성취를 우리 자신의 것으로 만들어주신다. 이로써 우리에게 부분적으로 남아 있던 타락한 본성이 예수 그리스도의 거룩함으로 덮인다. 그리스도는 하나님 앞에서 우리를 깨끗하게 하시고 바른 길을 걸어가게 하신다.

두 번째 유혹은 "나는 정말 믿음을 가진 자인가?"[162]이

---

162) Beza, *Brief and Pithy Sum*, 260-261.

다. 사탄은 우리가 참된 믿음을 가졌는지 의심하게 만든다. 이 세상을 살아가면서 우리는 마음 깊숙한 곳에서부터 올라오는 이 유혹에 흔들린다. 나약한 육신을 지녔기에 이 유혹은 이 땅에서 그리스도인으로 살아가는 과정에서 수없이 던져진다. 베자는 이 유혹을 극복하기 위해서 예수 그리스도를 아는 것에서 만족하는 것이 아니라 그리스도가 우리의 것이라는 사실을 확실하게 아는 것이 중요하다고 권면한다. 그리스도와 연합된 존재로서 나의 실존을 인식한 자는 예수 그리스도를 진실하게 붙잡는다. 이렇게 그리스도와 연합을 경험한 자는 성령이 우리에게 주는 두 가지 효과를 누린다. 첫째로 성령이 우리가 하나님의 자녀임을 확증한다. 둘째로 우리의 삶을 실제로 변화시켜서 새로운 피조물로 만든다. 옛 사람의 죽음과 새 생명의 힘과 능력이 우리의 삶을 점차적으로 변화시킨다.

그리스도와의 연합의 결과가 낳은 하나님의 자녀로서의 실존적 변화는 윤리적 행위의 성화로 나아간다. 이를 토대로 베자는 당시 종교개혁자의 믿음을 통한 하나님의 선물로서 의의 교리가 윤리적 타락을 낳았다는 비판에 대해서 답을 시도한다. 그는 우선 우리가 올바른 행동을 하고 있는지, 아니면 잘못된 행동을 하는지를 판단하는 기준은 우리의 이성이 아니라 하나님의 말씀이 판단의 척도라는 명제에서 시작한다(4.15). 성경의 주체이신 하나님께서 우리에게 요구하시는 것은 '기도와 이웃 사랑'이다. 첫째로 기도는 예수 그리스도를 통하여 하나님의 이름을 부르는 것이기에 다른 어떤 행동보다도 하나님을 기쁘시게 하는 일이다. 그러므로 성경이 가르치는 대로 예수 그리스도께서 우리의 중보자이기 때문에 하나님께서 대답하실 것이라는 기대를 가지고 기도해야 한다. 그리고 우리의 요구가 우리의 욕망에 따른 것이 아니라 오직 예수 그리스도의 뛰어남과 위엄에 근거한 것이라는 사실을 기억해야 한다. 기도는 하나님이 누구인지 그리고 그의 빛 안에 있는 우리가 누구인지를 깨닫게 하기 때문에 하나님을 기쁘시게 한다. 두 번째로 하나님께서는 우리에게 이웃을 사랑하라고 요구하신다. 이웃을 향한 사랑의 행위는 예수 그리스도께서 우리를 구원했다는 사실에 대한 인식의 완성이다. 그 행위는 다양하지만, 믿음에서 흘러나온다면 하나님을 기쁘시게 할 것이다. 우리 안에 거하는 예수 그리스도로부터 선한 행위가 나온다는 사실 때문이다.

세 번째 유혹은 "그리스도인으로서 나는 왜 죄의 길에 빠지는가?"[163]이다. 여기서 베자는 선한 행위가 우리의 구원

---

163) Beza, *Brief and Pithy Sum*, 267-269.

에 어떤 도움도 되지 못한다는 것을 분명하게 한다. 우리의 구원은 오직 하나님께만 속한 일이다. 하나님의 구원 사역과 우리의 행위의 관계에서 경계지점을 분명하게 아는 일이 필요하다. 베자는 당시 종교개혁자의 가르침과 같이 우리의 구원을 위해 우리의 어떤 행위도 필요하지 않다는 입장을 고수한다. 하지만 선한 행위를 할 필요가 없다는 뜻이 아니라는 점을 분명하게 강조한다. 그리스도인의 행위는 여러 유익을 낳는다. 우선 그리스도인의 선한 행위는 비그리스도인들에게 하나의 본을 제시한다. 그리스도인이 이웃을 위해 봉사하는 올바른 삶은 비그리스도인들에게 하나님께 영광을 돌리는 삶이 어떤 것인지를 생각하도록 독려한다. 그리스도인의 삶이 비그리스도인에게 기독교로 들어가는 통로가 된다. 여기에서 선교의 지평이 열린다. 그리고 하나님의 구원을 경험한 그리스도인들은 자신의 행위를 통해서 자신의 구원을 더욱더 확신한다. 삶의 변화에 대한 확증을 행위를 통해서 얻는다. 물론 우리의 행위는 온전하지 못하다. 우리의 죄성으로 인해 우리는 여전히 넘어지며, 우리의 행위가 죄의 통로가 되는 과정을 보면서 쓰러진다. 하지만 분명한 것은 우리의 행위는 우리의 욕망에서 출발한 결과로서의 행위가 아니라는 점이다. 그리스도인의 행위와 관련하여 베자는 하나님의 바라보심의 전환을 통한 행위를 강조한다. 다시 말해서, 우리의 사랑하는 하나님 아버지는 칭의로 인한 우리의 죄 없음으로 인한 행위를 바라보시는 것이 아니라, 예수 그리스도를 통한 행위를 보신다. 하나님께서는 그의 시야를 우리의 죄 없음에서 그리스도의 순결함으로 방향을 돌리신다. 이 방향의 전환이 그리스도인의 행위에 대한 수많은 질문과 비판에 대한 결정적인 답이다. 하나님은 은혜의 열매로서 그리스도의 행위와 관련하여 그리스도 안에 있는 자녀로서 우리를 바라보신다. 그렇기 때문에 우리의 행위를 인간의 육체적 유한함에서 오는 오염된 행위로 여기지 않으시고, 오히려 하나님께로부터 온 것으로 간주하신다. 마지막으로 우리의 선한 행위를 하나님께로부터 온 것으로 여기신다는 것은 우리가 하나님의 선택을 받은 자라는 것을 증거한다. 우리가 그리스도인이 되었다는 사실은 하나님의 선택의 결과로서 필연성을 담보하기 때문이다. 하나님의 선택은 필연적으로 우리에게 신앙으로 이어지고, 신앙은 영원한 생명을 우리에게 확신시킨다. 그러므로 그리스도인의 행위는 믿음의 확실한 결과이기 때문에 이 땅에서 그리스도인으로서 우리가 참된 열매를 맺으며 그 길을 걸어가고 있는지를 살펴야 한다. 그리고 하나님께서 우리의 연약과 유한성을 보지 않으시고 믿음으로 우리에게 거하는 예수 그리스도를 통해 우리의 행위를 보신다는 점을 결코 잊어서는 안 될 것이다.

네 번째 유혹은 "나는 정말로 선택받았는가?"[164]의 물음이다. 사실 우리에게 주어진 가장 위험한 유혹은 우리가 정말로 선택을 받았는지를 끊임없이 의심하게 하는 사탄의 속삭임이다. 이 유혹은 자신 스스로 온전한 거룩을 지녔다고 자부하는 자들을 쉽게 웅덩이에 빠지게 한다. 인간은 유한한 존재임을 잊고 아담이 에덴 동산에서 범한 하나님과 동등하게 되려는 죄에 빠진다. 그래서 올바른 행위를 하지 못한 자신을 자책하고 슬퍼하고 한탄한다. 그리고 그 행위를 비하하는 자리까지 간다. '나'의 온전함에 대한 자신감과 능력에 대한 자만은 쉽게 사탄의 유혹에 빠져들게 한다. 베자는 이 질문과 관련하여 20조항으로 설명한다. 첫째, 선한 행위의 효과와 양심의 확증은 우리를 단단하게 붙드는 성령이 준 항구의 정박지이다. 즉 우리의 행위와 양심의 확증은 성령이 준 믿음의 결과이다. 베자는 이 전제에서부터 시작한다. 둘째, 우리는 믿음의 두 증표가 현재 나타는지를 점검하여 우리가 그리스도를 통해 구원받았다는 것을 인지할 필요가 있다.

---

164) Beza, *Brief and Pithy Sum*, 269-272.

"이 믿음의 두 효과와 작동이 매우 미미하고 약하다 할지라도 아직 낙담할 필요는 없다. 우리에게는 전적으로 완벽하게 믿는 것이 아니라 작은 불꽃과 같은 그런 방식으로 믿음으로써 우리 안에서 일어나는 아주 작은 행위가 요구된다(그것은 신앙의 참된 뿌리에서 오는 것이기에 진실하고 꾸밈이 없기 때문이다). 이것만으로 우리의 구원을 확신하는 데 충분하다. 우리의 구원은 우리의 신앙에서 일으켜지는 것이 아니라 우리가 믿음으로 이해한 그분, 예수 그리스도에게 있다. 그리고 신앙은 하나님의 약속에 따라서 작은 불꽃으로 예수 그리스도를 온전하고 완벽하게 이해할 수 있는 특성을 지닌다."

우리가 그리스도인으로 부름을 받았다고 고백하지만 부족한 행위로 인해 좌절할 때, 우리는 우리보다 먼저 믿음의 길을 투쟁하며 걸어간 선배들을 본보기로 삼아야 한다. 교회사에는 박해의 시기, 고난의 시기를 묵묵하게 인내하며 걸어간 선배들의 이야기로 점철되어 있다. 그 이야기에서 지금 우리가 걸어가야 할 믿음의 길을 바라보며 용기를 가져야만 한다. 마지막으로 베자는 '더 확실하고 완벽한 치료책'을 제시한다. 그것은 우리의 선택이 하나님의 영원한 목적으로 가는 과정에서 이루어진 결과임을 인식하는 일이다. 하나님은 결코 자신의 목적을 바꾸시는 분이 아니다. 그분은 자신이 세운 목적을 반드시 이루시는 분이다. 어떤 방해가 있다 할지라도 하나님께서는 그 방해를 견딜 수 있는 인내를 선물로 주신다는 것을 우리는 기억해야만 한다.

믿음의 매개인 하나님의 말씀

그러면 하나님의 영원한 작정과 유한한 세계에 거하는 끈인 믿음은 어떻게 생겨나는가?(4.21) 여기서 이것을 아는 것이 중요하다. 성령은 우리에게 말씀과 성례를 통해서 믿음의 길을 열어주신다. 바로 이 지점에서 사람을 변화시키는 수단으로서 하나님의 말씀을 성령과 연결시켜 설명하는 구원론적 특징이 두드러진다. 이 특징은 당시 칼빈의 『제네바 신앙교육서』(1542)와 프랑스 개혁교회의 『프랑스의 신앙고백서』(1559)와 비교할 때 더욱 분명하다. 베자는 성령의 매개체로서 하나님의 말씀의 특징을 다음과 같이 설명한다(4.22-30).

율법과 복음의 관계로서의 성경

성경은 예수 그리스도의 구원 사역을 전하는 복음을 전

하기 때문에 우리에게 절대적으로 필요하고 중요하다. 우리의 구원을 위한 복음을 사도와 선지자가 하나님의 부르심의 도구가 되어 기록한 것이 성경이다. 그러므로 어느 누구도 하나님의 기록된 말씀 이외에 어떤 것을 덧붙여서는 안 된다. 그리고 성도들이 복음에 접근하여 스스로 복음을 이해할 수 있도록 성경은 자국어로 번역되어야 한다. 베자는 구원의 자리로 성도가 부름을 받기 위해서 설교자의 복음 선포를 앞세운다. 성도가 복음을 접하는 첫 번째 매개가 목회자의 설교이다. 하지만 베자는 성도가 목회자의 선포의 내용인 성경을 읽으면서 스스로 구원을 확신해야 함을 강조한다.[165]

선포의 내용으로서 복음은 오직 구원을 위한 수단으로, 하나님이 세상을 창조할 때부터 선택한 자들을 구원하기 위한 기쁨의 소식이다. 복음은 하나님의 은혜로 '태초에' '하나님의 교회'에 선포한 기쁜 소식이다. 그러므로 복음은 하나님의 계시인 구약을 포함한다. 하나님은 율법에서 자신의 위엄과 이웃과의 관계에서의 복종, 완전한 의를 계시하신다. 이와 달리 복음에서는 하나님의 하나뿐인 아들 예수 그리스도의 구원을 선포하셨다. 예수 그리스도는 우리

---

165) Beza, *Brief and Pithy Sum*, 279-280.

를 위해 십자가에 달려 돌아가셨고 부활 승천하여 우리의 구원을 이루신다는 것이 구원의 핵심이다. 그래서 우리는 신앙으로 예수 그리스도를 감싸 안고, 그를 우리의 유일한 지혜, 의, 성화 그리고 구원으로 받아들인다(4.22-30).[166] 이렇게 베자는 복음이 하나님께서 믿음의 공동체인 교회를 위하여 태초에 선포했다는 사실을 율법으로서의 구약과 복음의 연속성을 위한 단초로 삼았다. 영원 전에 하나님께서 작정하여 선택한 믿음의 무리를 향한 구원 계획이 율법과 복음의 연속성을 담보한다.

하지만 율법과 복음은 역사 속에서 불연속성을 지닌다. 이를 베자는 네 가지로 설명한다. 첫째, 율법과 복음의 본성 차이다. 율법은 인간의 이해 범주 안에서 이루어지는 자연적 규칙인 반면, 복음은 초자연적 교리를 담고 있다. 우리의 본성의 변화는 하나님의 특별한 은혜와 선물 없이는 결코 가능하지 않을 뿐만 아니라 획득될 수 없기 때문에 복음은 인간의 이해의 범주를 넘어서는 외적 능력의 개입을 통해서 우리의 양심에 확증을 불러일으킨다. 둘째, 율법은 우리가 어떤 행동을 하든지 하나님의 진노를 불러일으킬 뿐이지만, 복음은 우리를 평화롭게 진정시킨다. 셋째, 율법

---

[166] Beza, *Brief and Pithy Sum*, 273.

은 우리에게 스스로 구원할 수 있다고 말하지만, 복음은 구원을 위해서 그리스도를 보내주셨다. 넷째, 율법은 우리를 구원할 능력이 없지만, 복음은 율법의 저주에 대항할 수 있는 치료책이자 약이다. 복음은 즉시 중생케 하는 성령이 주시는 양심의 확증으로서 윤리적 덕과 그것을 실행할 수 있는 능력으로 우리를 다시 태어나게 한다. 약사가 병에 적절한 약을 처방하듯이 복음은 성령을 통해서 우리에게 적절한 수단과 도구를 만들어낸다. 율법은 우리에게 우리의 죄를 알게 하며 우리가 죄책감을 느끼도록 이끌어 주님께 죄를 고백하게 한다. 그러나 결코 율법은 죄인을 구원할 수 없다.[167] 하지만 성경은 하나님께서 성령을 통해서 인간을 변화시키는 주요 수단이다.

> "성령은 파이프나 전도관처럼 영의 매우 깊은 곳으로 들어가 꿰뚫는 외적인 설교를 사용한다. 마치 사도가 말한 것처럼, 하나님의 은혜와 선으로 하나님의 자녀들이 예수 그리스도를 통한 구원의 높은 신비를 이해하고 인식하기에 적합하도록 만든다. 게다가 성령은 우리의 판단을 새롭게 개혁하기 위해서 그것[설교]을 사용한다.

---

[167] Beza, *Brief and Pithy Sum*, 274-275.

그것은 우리의 감각과 이성을 무익하게 만들어 그것 자체가 하나님의 지혜임을 인정하게 한다. 게다가 성령은 성경을 통해서 사람들의 의지를 교정하고 바꾸어 열정적으로 하나님의 말씀으로 자신을 교정하는 자들을 위한 치료책을 찾아서 적용한다. 그 치료책은 동일하지 않지만, 그들은 거꾸로 율법의 설교를 통해서 빠지게 되는 절망에 대항하여 예수 그리스도가 [어떤 분인지] 설명하고, [그분 자신이] 그들에게 주어진다.[168]

그리스도인이 변화된 후에 성령은 율법을 '쉽고 가볍게' 만든다. 그래서 우리를 두려워하게 만들기보다는 우리를 위로한다.[169]

구원의 수단으로서의 성례

성례는 하나님께서 우리를 돕기 위해서 사용하시는 두 번째 수단이다. 성례의 기원은 우리를 향한 하나님의 자비이다. 하나님의 무한한 자비와 선이 그 출발점이다. 하나님께서는 성례를 매개체로 하나님의 자비와 선이 우리에게 흘러넘치게 하기 위해서 우리가 행해야 할 성례를 덧붙

---

168) Beza, *Brief and Pithy Sum*, 280-281.
169) Beza, *Brief and Pithy Sum*, 280-281.

이신 것이다. 성례는 우리와 하나님을 연결하는 매개체로서, 구약에서는 할례와 제사가 이에 해당한다. 하나님께서는 이스라엘 민족에게 자신의 자비를 보여주고 소망을 심기 위해서 할례와 제사를 제정하셨다. 그러므로 이스라엘 민족은 하나님께 할례와 제사를 올려드렸다.[170] 이 할례와 제사가 하나님의 자비와 이스라엘 민족을 연결하는 매개체였던 것처럼, 하나님께서는 예수 그리스도께서 구원을 성취하심으로써 하나님의 말씀에 자기 자신을 외적으로 덧붙여 결합시킨 성례를 주신 것이다.

성례는 여기서 한 걸음 더 나아가 우리의 이웃을 위한 책무를 기억나게 한다. 성례는 믿음과 직접적으로 연결되어 있어서 결코 선포된 하나님의 말씀과 분리된 채 받아들일 수 없기 때문이다(4.32). 선포된 말씀을 받아들일 때처럼, 우리는 성례를 받을 때 믿음으로 받아야만 한다(4.33). 요약하면, 성례는 말씀보다 우리의 의미를 더 잘 드러내기 때문에 유용하다. "선포된 말씀은 단지 한 감각을 움직이지만 성례는 더 많은 감각(시각이나 외적인 물리적 감각)을 건드리기 때문이다."[171]

이런 이유로 성례의 세례와 성찬은 살아 있는 하나님의

---

170) Beza, *Brief and Pithy Sum*, 283.
171) Beza, *Brief and Pithy Sum*, 287.

말씀 가운데 효과적으로 선포된 가장 위대하고 뛰어난 '표징'이다. 성례는 그 본체가 변하지 않는다. 이것은 오직 성령의 능력에 따른 것이다. 이 능력은 하나님의 선한 의지에 따른 것으로, 우리는 하나님의 약속을 그 약속과 연합된 포도주, 물과 빵을 통해서 증언한다. 예수 그리스도는 희생의 표징으로 그의 선함과 보배를 나타내는데, 우리는 오직 신앙으로 그 실재를 받고 성령은 말씀과 성례를 통해서 무언가를 불러일으킨다. 예수 그리스도의 실재는 표징과 연합되고, 이는 비밀스러운 육화가 아닌 오직 성령에 의해서 이루어진다. 성령은 표징의 실재를 우리에게 전달하나 우리는 그 실재를 믿음으로 받아들인다. 그러므로 우리는 "성례가 하나님께 감사의 제물(제사와 합당한 제물로 칭해진다.)로 드려지도록 규정되었을 뿐만 아니라 하늘과 땅보다 더 귀중한 그의 은혜와 자유함(신앙의 확증)을 받아들여야만 한다. 그리고 더욱 밀접하게 예수 그리스도와 연합되고 영원한 생명으로 참여해야만 한다."[172]

---

172) Beza, *Brief and Pithy Sum*, 294-298.

6
진리를 위한 영적 싸움

제네바 아카데미의 전경, 19세기 작품

Chapter 06

진리를 위한 영적 싸움

세상을 향한, 아니 세상을 변혁시키는 대학

"우리의 참된 아버지와 구주가 되시는 하나님, 오늘 당신의 신실한 백성의 목사로 선택한 자들과, 구원받을 영혼과 거룩한 복음 사역의 시행을 위해 당신이 선택한 목사들을 위하여 기도합니다. 저들이 하나님의 영광의 신실하고 충성스러운 목회자로 구별되게 하옵소서. 항상 이것을 목적할 수 있도록 저들을 성령으로 인도하여 주옵소서. 방황하는 모든 무리를 모이게 하시고 그들을 우리의 목자장이 되시며 감독자가 되시는 주 예수 그리스도에게 인도하게 하옵소서. 매일매일 하나님의 양 무리가 그리스도 안에서 모든 의와 경건으로 유익을 얻고 성숙하게 하옵소서. 또한 당신의 모든 교회를 굶주린

늘대의 입에서 구출하여 주시고, 하나님 당신의 거룩한 이름을 높이지 않으며 당신의 양 떼들의 구원을 원하지 않고 그저 자신의 야망과 경건을 이익의 재료로 사용하는 자들로부터 지켜주시옵소서."

– '목회기도문' 중에서

베자는 로잔을 뒤로하고 신앙의 아버지가 있는 제네바에 도착하였다. 로잔에서 그는 어느 곳을 바라보며 신앙의 길을 걸어가고 있는 것이 얼마나 중요한지 뼈저리게 경험하였다. 교회 권징을 도입하려 한 비레와 베자는 로잔에서 추방되는 아픔을 경험하였다. 로잔은 츠빙글리의 사상을 따르는 베른의 영향권 아래에 있었기 때문에 제네바가 추진하는 컨시스토리를 통한 권징을 반대하였다. 하지만 하나님은 그들을 위한 자리를 예비해 두셨다. 제네바는 시의회와의 정치적 갈등이 해소되어 안정권에 들어가면서 제네바 아카데미를 세웠고, 종교개혁에 박차를 가할 교수인력을 필요로 하였다. 하나님의 섭리는 인간의 기대와 사유를 넘어선다. 아픔과 고통이 있는 그곳에서 하나님은 인간이 생각지도 못한 반전으로 뜻을 이루신다. 베자는 제네바 아카데미의 학장으로 취임하면서 칼빈과 동역의 자리에 들어간다.

제네바 아카데미[173]

베자는 1559년 6월 5일 학장 취임식에서 하나님의 영광을 위해 자신의 사명을 감당할 군병을 양성하는 것을 학교의 목적으로 하였다.

> "여러분은 헛된 레슬링 게임을 구경하려고 체육관으로 몰려가는 고대 그리스인들처럼 시시한 게임에 참여하려고 여기에 모인 것이 아닙니다. 참된 경건에 대한 지식과 과학으로 잘 준비되어서 하나님의 영광을 최고로 높이고, 여러분의 조국을 영광스럽게 하며, 여러분의 가족을 부양하기 위해 이곳에 모였습니다. 여러분은 위대한 지휘관의 거룩한 군병으로 소집되었다는 것을 결코 잊어서는 안 됩니다."[174]

---

173) 제네바 대학의 정관은 스트라스부르의 고등학교(Haute Ecole)와 1547년에 세워진 로잔 아카데미의 영향을 반영한다. 정관은 대학의 교수를 히브리어 교수, 그리스어 교수, 일반과목 교수의 3인으로 정하고 있다. 히브리어 교수는 문법과 구약을 강의하고, 그리스어 교수는 아리스토텔레스, 플라톤, 플루타크, 또는 기독교 철학자의 책을 통해 철학을 강의할 뿐만 아니라 그리스 시인이나 웅변가 등을 강의하며, 일반과목 교수는 물리학 또는 수사학을 가르친다. Pierre Fraenkel, "De l'Ecriture l à Dispute: Le cas de l'Académie de Genève sous Théodore de Bèze," *Revue de Théologie et de Philosophie*, Lausanne, 1977. 9, 12.

174) Oratio Bezae CO 17: 542-547. *Discours du Recteur Th. de Bèze prononcé à l'inauguration de l'académie dans le temple de Saint Pierre à Genève le 5 juin 1559.*

베자는 하나님의 영광을 높이는 참된 그리스도인을 양성하는 것을 교육의 목적으로 삼았다. 지적 호기심을 채워주는 것도, 문화적으로 세련된 사람을 양육하는 것도 아니다. 그리스도인의 삶의 자리인 교회와 국가, 가정에서 올바른 그리스도인의 삶을 살아내게 하는 것이 목적이다. 이를 위해서 학생들은 '참된 경건에 대한 지식과 과학'을 배워야 한다. 그렇다면 베자가 말하는 '참된 경건에 대한 지식과 과학'은 무엇일까? 베자는 분명하게 교회를 위한 지도자와 국가를 위한 지도자 양성을 교육의 목적으로 하였기 때문에 인문학과 교양을 강조하였다. 초등교육 기관에서부터 라틴어와 프랑스어, 그리스어를 배우고, 성경의 본문뿐만 아니라 베르길리우스(Vergilius), 키케로(Cicero), 오비디우스(Ovidius), 이소크라테스(Isocrates), 리비우스(Livius), 크세노폰(Xenophon), 폴리비우스(Polybius), 호메로스(Homeros), 데모스테네스(Demosthenes)와 같은 작품들을 읽었다. 고등교육 기관에서는 수사학과 자연과학에 대한 교양과목이 크게 강조되었다. 이는 이성을 배제한 신앙이 아니라 특별계시뿐만 아니라 일반계시를 통하여 하나님께서 자신을 드러내고 계시다는 것을 암시한다.[175]

---

175) 권태경, "칼빈의 교육사상에 대한 연구: 제네바 아카데미를 중심으로," 「총신대논총」 24(2004), 339-350 참조.

베자가 인문학과 교양에 집중한 이유는 성경에 기록된 하나님의 말씀을 바르게 이해하도록 하기 위해서이다. 오직 성

제네바 아카데미의 자취가 있는 현 건물

경만이 신앙의 원리와 규범이 된다. 성경에 나타난 하나님의 진리는 성령에 의해 조명될 때에만 올바르게 깨달을 수 있다. 하나님의 성령이 사람의 마음을 만져주실 때에 비로소 인간은 신앙을 가지게 되며 모든 것을 '영원의 관점에서' 바라보게 되는 것이다.[176]

교육 과정 및 훈련

성경 주해

베자는 제네바 아카데미의 교육 목적인 그리스도의 병사를 길러내기 위해서 지적 소양뿐만 아니라 생활 훈련까지 담당하였다. 학교는 바로 정통과 이단의 갈등이 고조되는

---

[176] W. Stanford Reid, "Calvin and the Founding of the Academy of Geneva," *The Westminster Theological Journal* 18(1955), 20.

장소이다. 하나님의 학교이자 진리를 배우는 장소이기에 영적 싸움이 치열한 곳이다. 사탄은 학교에서 학생들을 진리로 양육하는 책무를 방해하고자 '설탕을 가장 쓰고 치명적인 독'으로 만든다. 그런데 이를 뿌리칠 수 있는 방법은 단 하나, 성경을 읽고 해명하는 일뿐이다. 사변적 사유체계를 세우려는 욕망으로 인한 혼돈과 지적 호기심이 부르는 허영, 부조리하고 경건하지 못한 행위로부터 돌아서는 길은 이것밖에 없다는 것을 베자는 확신하였다. 이미 로잔에서 사탄이 던진 달콤한 설탕으로 인해 제네바가 이단과의 혼돈으로 들어간 것을 경험하지 않았던가! 그리고 이에 대항하여 베자가 칼빈을 변호하는 문헌을 남기지 않았던가.

그래서 베자는 성경을 주석하면서 신학의 일반 주제들을 다루었다. 예를 들어 히브리서 3장 13-16절을 통해서 그는 말씀과 성례를 교리적으로 접근한다. 성경에 근거하여 그리스도의 실제적 임재와 효과에 대한 강조, 선택받은 자들의 견인을 주제로 가르친다. 이렇게 그는 성경과 교리를 접목하여 진리를 향한 영적 전쟁의 병사로 학생들을 교육하고자 하였다. 그리고 칼빈과 마찬가지로 베자도 성경을 로마서, 히브리서, 고린도전서 순으로 연이어 강해했다. 1565년부터 1567년 사이에 나오는 신학 논문 46편 가운데 25편이 로마서를, 16편이 히브리서를 본문으로 삼고 있다.

베자의 논문 발표는 그 자신의 강의와 무관하지 않다.[177] 이 논문들을 통해서 그는 성경 주해의 결과들이 교리와 연관되어 있음을 보여주었다. 또한 성경 주석에 따른 교리가 칼빈이 『기독교강요』에서 세운 틀을 벗어나지 않음을 보여주었다.[178]

베자는 효과적인 학습을 위하여 칼빈의 신앙교육서를 그리스어로 번역하였다(1564년 겨울). 이는 성경의 주요 언어인 헬라어 공부와 함께 교리 교육을 하기 위한 시도의 결과이다. 학생들의 필요에 따라서 이것은 교재로 발간되었고, 1574년에는 외국 학생들의 요구에 따라 성찬에 대해 두 번의 강의를 하고 책을 출판하기도 했다. 베자는 확고한 주석적 기초 위에서 기독교 신앙을 세운 칼빈의 수사학적 방법을 성경 주석에 적용하였을 뿐만 아니라, 스콜라적 방법에 토대로 둔 신학 논쟁에서 주석에서 얻어지는 것들을 조심스레 사용하기도 하였다.

세계관으로서의 역사 이해

베자의 구속사관은 교회에 제한되지 않는다. 영적 싸움은 마른 땅에서 불길이 번져나가듯이 세상으로 빠르게 확

---

177) 박건택, "T. Beza: 개혁과 정통신학의 선구자," 225.
178) 박건택, "T. Beza: 개혁과 정통신학의 선구자," 225.

산된다. 세상은 마귀의 조정으로 흘러가고, 하나님과 진리에 대항하는 구조를 지닌다. 베자는 교회와 세상의 역사를 지닌 종교개혁자이다. 기독교 역사에 기록된 논쟁에서의 명제는 당대 및 고대의 이단들을 경계하여 참된 교리를 수호하는 데 그 목적이 있다. 이는 베자의 역사관을 반영하는데, 그의 구속사관에 따르면 구원의 진리는 고대에서부터 지금까지 이어지는 역사에서 반복되어 전달되는 것이다. 기독교 역사에서 이단은 끊임없이 나타나기 때문에 이단 논박은 참 교리를 수호하기 위한 이 자리의 요구를 충족한다. 따라서 그는 진리를 위해 목숨을 바친 순교자들의 생애를 엮었다. 순교자들이 이룬 삶의 업적을 통해서 사람들이 하나님을 경외하는 자리에 나아가길 원했다. 특히 당시 프랑스에서 전쟁 가운데 하나님의 영광을 선택한 순교자의 삶을 알리고자 했으리라. 이를 통해 그는 영적 전쟁에서 그리스도인들이 인내하도록 돕기를 바랬다.

세상의 역사는 어떻게 읽어야 하는가? 베자는 역사를 읽는 방식을 제안한다. 모든 사건 뒤에 있는 하나님의 섭리의 손으로 읽는 것이다. 다른 하나는 사건의 사실에 근거한 해석이다. 이는 근대 역사해석의 토대를 제공한다. 하지만 베자는 사건의 목적을 서술하는 역사관의 가장 큰 오류는 유약하고 덧없는 삶의 경계를 바라보게 하는 것이라고 말한다. 이것이 바로 역사의 부수적 영역이다. 역사의 주요 영역은 하나님의 영적 다스림의 자리이다. 하나님께서는 신적 주권으로 인간의 삶에 개입하여 각자의 삶을 독특하게 이끄신다. 하나님께서는 하나님의 섭리를 응시하고 숙고하도록 우리를 창조하셨다.[179]

논리학의 필요성 –교의학으로의 전이

제네바 아카데미는 학생들이 논리적 추론과 시대의 저항에 신앙을 변증하는 훈련을 목적으로 삼았다. 따라서 신학생들에 대한 규정은 다음과 같이 말하고 있다. "학생들은 토요일 2시에서 3시까지 목회자 중 한 사람 앞에서 어떤 성경 구절을 취급하고, 그 목회자의 비판을 들어야 한다.…학생들은 매달 자신의 신학적 입장을 써서 신학 교수에게 제출하고, 반대론을 주장할 자들에게 공적으로 자신의 입장을 주장해야 한다.…그러나 토론자들은 이편이건 저편이건 교리의 주제를 거룩하고 경건하게 취급해야 하며, 토론의 사회자인 신학 교수는 모두를 신중하게 이끌어야 한다."[180] 이 목적은 제네바 아카데미 교과과정에도 그대로 반영

---

179) Theodore Beza, *Histoire ecclésiastique des églises réformées au royaume de France*, ed. G. Baum and E. Cunitz (Paris: 1883; reprint, Nieuwkoop: B. de Graaf, 1974), 1:i.

된다. 제네바 아카데미 정관에 따르면, 대학 2학년 때 변증법을,[181] 1학년 때 논리학과 수사학을 배운다.[182] 논리학의 교재로는 콘라드 네오바(Conrad Néobar)의 작품과 슈투름(Johannes Sturm), 멜란히톤의 입문서가 사용되었다.

베자는 제네바의 논리학 교재로 칼빈이 만든 정관에 가장 가까운 네오바의 작품을 사용했을 것으로 여겨진다.[183] 네오바는 논리학자로서 슈투름(Sturm)이 세운 학교에서 논리학과 수사학을 통합시키기 위해 아리스토텔레스와 키케로의 가르침을 병합시켰고, 이는 베자의 교육목적과 맞물렸기 때문이다. 베자가 피에르 라무스(Pierre Ramus, 1515-1572)를 임용하는 것을 막은 것도 변증법에 대한 그의 교육목표와 직결된다. 베자는 1569년 8월 라무스에게 쓴 편지에서 제네바 대학의 변증법을 옹호하였다.[184] 그러자 라무스는 그해 8월 28일자 편지에서 자신의 입장을 변명했다.[185] 베자는 1572년 7월 1일 요하임 카메라리우스(Joachim Camerarius)에게 쓴 편지에서 라무스를 '가짜 변증론자'

---

180) *CO* Xa, 87.
181) *CO* Xa, 79.
182) *CO* Xa, 79.
183) compendiosa... artis dialecticae ratio 와 de inveniendi arguementi disciplina libellus. 둘 다 1536년 스트라스부르에서 나왔다.
184) 이 편지는 분실하였다.
185) *CB* 10, 173.

(Pseudo dialecticus)라고 부르면서 비판하였다. 그는 논리적 추론과 변증법이 개혁신학의 체제를 세우는 뼈대가 된다고 보았다. 그렇기 때문에 "방법과 구조에 대한 관심이 개혁자들의 신학적 접근 사이를 구분"하는 단초라고 보았다. 칼빈과는 달리 초기 정통시대는 "교리의 응집력 있는 방법과 정돈뿐만 아니라 그 정확한 정의를 추구"했기 때문이다.[186] 베자는 개혁신학에 토대를 놓는, 교회를 위한 신학 체계를 만들고자 하였다. 그래서 1620년대에 더 이상 주해를 하지 않는 교수를 별도로 받아들였다. 이로써 수사학이 변증법에서 분리되었다. 이 분리로 신학 주제(loci)를 총체적 요약(summae)으로 대체하게 되었고, 교의학은 버미글리(Vermigli)의 신학 주제에서 튜레틴(Francois Turretin)의 문답법(Elenchus)으로 넘어가게 되었다.[187]

---

[186] Richard Muller, *Post-Reformation Reformed Dogmatics*, vol. 1: Prolegomena to Theology (Baker, 1987), 30-31.
[187] 1565-1566년대에만 20명이 넘는 목사를 파송했다. 이 부분에 대해선 Robert M. Kingdon의 두 책을 참고할 것: *Geneva and the Coming of the Wars of Religion in France* (1555-1563), Genève, 1956; *Geneva and the Consolidation of the French Movement* (1564-1572), Genève, 1967.

세상을 변혁시키는 대학

베자는 제네바 아카데미가 세상을 위한, 하지만 세상에 편입되는 것이 아니라 하나님의 뜻에서 벗어난 세상에 대항하여 하나님의 뜻을 실행하는 통로로 사용되길 소망했다. 그리하여 그 첫 단계로 법학과를 신설하고, 1566년에 법학교수 2명, 다음 해에 의학교수 1명을 채용한다. 이로써 제네바 아카데미는 법학과와 의과를 갖춘 대학교로 체제 변화를 시도한다. 베자는 이 일을 칼빈이 죽은 후에 시행하는데, 그는 법학과 신설을 주저했기 때문이다. 칼빈은 제네바 아카데미가 신학 연구와 목회자 양성을 목표로 하는 신학교로 그 소임을 다하는 통로가 되길 원했다. 이는 그가

제네바 대학교

제네바에서 교회의 치리권을 담보하기 위해 시의회와 투쟁하면서 세상의 욕망이 교회를 어떻게 유혹하는지를 너무도 잘 알았기 때문이리라. 초창기부터 아카데미의 목적을 두고 행정관들과 목회자들 사이에 갈등이 있었다. 제네바의 목회자들은 제네바 아카데미가 미래의 개혁교회 목회자들을 양성하는 곳이 되기를 원했고, 행정관들은 아카데미의 교과목이 확장되어 제네바 밖의 많은 학생들이 관심을 갖기를 원했다. 다시 말해서 목회자들은 신학을 강조하였고, 행정관들은 시민법이나 의학과 같은 과목에 강조점을 두고자 하였다. 이로써 유럽 교육계에서 제네바의 평판을 높이고 부유한 집안이나 귀족 가문의 학생들을 아카데미에 유치하고자 하였다.[188] 하지만 시의회의 관원들을 신뢰하지 않았다.

칼빈은 1562년 하이델베르크의 교수인 카스파르 올레비아누스(Caspar Olevianus)에게 편지를 보내 이렇게 말했다. "만일 당신이 법학자들과 관계해야 한다면, 거의 모든 곳에서 그 사람들은 그리스도의 목회자들에게 반대한다는 사실을 알아야만 합니다. 왜냐하면 그들은 교회의 권위가 굳게 확립된 곳에서는 자신들의 지위를 유지하기 어렵다는 것을 잘 알고 있기 때문입니다."[189] 이것으로 보아 그의 불신이

---

[188] Karin Maag, *Seminary or University?: the Genevan Academy and reformed higher education, 1560-1620* (Brookfield: Scolar Press, 1996), 3, 24.

얼마나 컸는지를 쉽게 짐작할 수 있다. 하지만 베자가 제네바에 온 것은 1558년이다. 물론 칼빈과 주고받은 편지와 소문을 통해서 칼빈이 제네바에 돌아온 1541년부터 1555년까지 그가 어떤 어려움을 겪었는지 베자는 잘 알고 있었다. 로잔에서 그가 칼빈의 적극적인 동역자로서 신학 논쟁에 뛰어들었던 것을 기억하라! 그러나 베자는 칼빈과 달리 행정 관료들의 신뢰 속에서 목사회를 이끌 수 있었고, 행정 관료들을 적대자로 보기보다는 동지로 여겼다. 그리고 로마 가톨릭과의 논쟁이나 신앙을 지키기 위해 무력을 사용하게 되는 종교전쟁을 지켜보면서 그는 국가 유지를 위한 인재 양성의 필요성을 절실하게 실감했다. 행정 관료와의 관계 변화와 기독교 대학이라는 큰 틀에서 국가를 위한 인재를 양성해야 한다는 사명감이 칼빈 사후에 행정 관료의 뜻을 합하여 법학과 의학 교수직을 쉽게 마련하게 하였다.

베자는 세상을 향한, 아니 세상을 변혁시키는 대학으로 만들기 위해 당시 가장 저명한 교수들을 초빙하였다.

그중에는 프랑수아 오트망(François Hotman), 쥘르 파키우스(Jules Pacius), 더니 고드프루와(Denys Godefroy)가 있었고, 이들은 서로 번갈아가며 강의를 했다. 그뿐만 아니라 베자

---

189) Charles Borgeaud, *Historie de l'université de Genève: L'Académis de Calvin 1559-1798*, 89. Karin Maag, *Seminary or University?*, 24 재인용.

는 개혁교회의 정통신학 체계를 마련하기 위해 아리스토텔레스의 철학을 적극적으로 도입하였다. 로마 가톨릭과 이단들과의 신학논쟁은 개혁교회의 교리를 논리적으로 설명하려는 방법의 필요성을 요구하였다. 또한 개혁교회의 교리적 설명이 초대교회가 남긴 교리적 전통의 계승임을 보여야 하는 책임도 갖게 되었다. 이러한 노력은 17세기 합리주의 태동으로 등장한 이성이 우위를 점함으로써 철학과의 경계, 믿음과 이성의 경계가 혼돈으로 빠져든 개혁교회를 위한 바탕이 되었다. 이 과정에서 하나님의 말씀으로서 성경의 신적 권위가 교리로 자리잡게 되고, 믿음과 이성을 분리하여 이성의 우위를 주장하는 계몽주의에 대항하여 믿음의 체계를 마련하였다. 그러던 중 제네바 시의회가 교수들을 해임하려는 일이 1586년에 일어났다. 이때 제네바의 목회자들은 시의회 앞에 나아가서 이렇게 주장하였다. "제네바 아카데미의 고등교육 과정은 세계적으로 높은 평판을 유지하고 있습니다.…만일 해임이 이루어진다면, 제네바는 세상에서 잊히게 될 것이고 우리의 적들은 기뻐할 것입니다."[190] 이들은 제네바 대학의 사명을 올바로 인지하였을 뿐만 아니라 그 사명이 미래의 개혁교회를 위한 대안이라는 확신이 있었다.

---

190) Charles Borgeaud, *Historie*, 192-193. Karin Maag, *Seminary or University?*, 1에서 재인용.

테오도르 베자
교회를 위해 길 위에 서다
Dieudonné de Bèze

7

목회자로서의 베자

베자의 초상화

Chapter 07

목회자로서의 베자

완고한 자에게는 율법의 말씀을,
절망하는 자에게는 은혜의 복음을

공부하는 목회자

베자는 목회자의 소명을 감당하기 위해 밤늦게까지 개인적 연구를 했다. 그렇지만 그는 학문이 교회를 섬기기 위한 것임을 잊지 않았다. 그래서 능동적인 목회 생활과 개인 연구가 적절한 균형을 잡을 수 있도록 지침을 제공하였다. 목회자의 사명은 하나님의 백성의 영적 안위를 돌보는 일이다. 즉 맡겨진 하나님의 백성들이 구원받기를 소망하며, 그들을 훈육하고 위로하기 위해 그들에게 하나님의 말씀을 공급하는 일이다. 그렇기 때문에 목회자는 하나님의 말씀을 전할 성경 지식과 교리를 지니고 있어야 한다. 어떤 주제에 대해 자기 스스로도 이해하지 못한다면 어떻게 가르칠 수 있겠는가? 그런데 또 반대로 너무 지나친 연구로 인해 목자가 양 떼로부터 멀어지는 일이 절대로 발생해서는 안 된다.[191] 이에 대해 베자는 이렇게 말했다. "그의 양 무리를 잘 먹일 수 있도록 공부할 때 부지런하고 세심해야 함은 설교자에게 매우 거룩하고 필요한 열망이다. 하지만 만일 설교자가 너무 깊이 그 일에 몰두해서 그가 공부하는 그 시간에 사탄이 그의 양 무리 가운데 하나를 삼켜버린다면 그는 진정한 목사로 불릴 수 없다. 진정한 목사는 성경을 읽는 일에 헌신해야 할 뿐 아니라…그의 양 무리를 보호해야 한다."[192]

목회자 선출을 두고 베자는 스코틀랜드 출신 예수회 수도사 존 헤이(John Hay)와 논쟁이 있었다. 헤이는 1580년에 출간된 소책자에서 조국 스코틀랜드의 개혁교회를 향해 166가지의 신학적 질문을 던졌다. 헤이 외에도 다른 이들의 작품들이 있었는데, 어떤 로마 가톨릭 작가는 개신교회의 목회적 소명의 합법성에 대해 도전하면서 많은 목사들이 어리고 빈약한 교육을 받았다며 스코틀랜드의 개혁주의 목사들의 변변찮은 경력을 조롱했다. 많은 이들이 행상인, 재단사, 허리띠 제조업자, 제빵사 출신인 것을 비난한 것이

---

191) Manetsch, 『칼빈의 제네바 목사회의 활동과 역사』, 253.
192) Beza, *Sermons sur le Cantique des Cantiques*, 48-49.

다.[193] 이에 대해 베자는『존 헤이의 다섯 가지 주요 질문에 대한 답변』(*Response to the Five Principal Questions of John Hay*)을 통해 응답했다.

"베자는 개혁주의자들이 교회 내에 팽배한 영적 무식과 도덕적 타락을 근절하는 일에 헌신해 왔다고 주장했다. 그러나 매우 자주 신학과 인문학 교육을 가장 잘 받은 사람들이 도리어 성경에 정통한 것은 아니었고, 하나님을 섬기는 열정을 최고로 나타낸 것도 아니었다고 한다. 실제로 하나님께서는 종종 강한 자를 부끄럽게 하시고, 교만한 자를 낮추시기 위해 단순하고 평범한 사람들을 영적 지도자로 부르셔서 그들에게 예외적인 은사들을 부여해 주심으로 구원 역사를 이루어가셨고, 베자는 이 사실에 주목했다. 물론 이상적인 목회자 후보생들은 기독교의 경건과 열정을 나타내야 할 뿐 아니라 인문학에 대한 지식도 소유해야 한다. 그러나 공식 교육을 통한 학식을 가진 사람과 경건한 인격을 가진 사람 사이에서 한 사람을 선택해야 한다면, 베자는 틀림없이 정식 교육을 받지 않았지만, 경건한 기술공이

---

193) Hay, *Certain Demandes Concerning the Christian Religion and Discipline*.

심지어 전 생애 동안 공부한 사람보다 더 '하나님의 말
씀의 칼을 다루기에 적합한' 사람이라며 후자를 선택했
을 것이다."194)

목회자는 자신에게 맡겨진 영혼들을 책임져야 한다. 그
러면 개인적인 일로 목회지를 떠나게 될 때에는 어떻게 해
야 하는가? 1576년 8월 말에 피에르 데 프레오는 목사회 앞
에 출석하여 프랑스에 있는 가족을 돌보기 위해 넉 달 동안
휴가를 줄 것을 요청했다. 1570년에 제네바에 온 그는 다음
해에 뤼생-달라니 지방 교구 회의의 목사로 임명되었지만,
이내 문제를 일으켜 목사회에 보고된다. 데 프레오는 자기
아내가 부적절한 행동을 한 것을 보고도 못 본 척하였고,
예고 없이 교구민들의 저녁식사 자리에 참석해 상습적으
로 무료 식사를 하였다. 이 두 가지 일로 인해 데 프레오는
목사회로부터 권징을 받았다. 하지만 그는 목사회의 권징
을 겸손한 마음으로 받아들이지 않고, 오히려 더욱 완고해
지고 저돌적으로 변하였다.195) 심지어 그는 흑사병이 교구
에 돌 때 혼자 살고자 피난을 간 전력도 있었다. 이런 전력
이 있는 상황에서 그는 또다시 목사회에 출석하게 되었다.

---

194) Manetsch, 『칼빈의 제네바 목사회의 활동과 역사』, 164.
195) Manetsch, 『칼빈의 제네바 목사회의 활동과 역사』, 135.

그는 프랑스에 있는 가족의 문제로 넉 달간 목회지를 떠나야 한다고 허락을 요청하였다. 제네바의 목회자들은 데 프레오가 사역지를 비우는 동안 강단을 책임질 다른 목회자를 스스로 구해야 한다는 조건으로 일주일간의 짧은 휴가를 승인했다. 그런데 일주일 후에 돌아온 데 프레오는 오히려 목사회에 분노를 터뜨리며, 자신이 원래 요구한 대로 해 달라고 강력하게 요청하였다. 만약 목사회가 이를 받아들이지 않는다면, 목회를 그만두겠다고 위협했다. 이때 베자는 누가복음 9장 62절의 손에 쟁기를 잡은 목사는 뒤를 돌아봐서는 안 된다는 예수의 말씀과 바울과 데마를 상기시키며(딤후 4:10) 목회자가 개인적 용무로 하나님의 일을 버리고 떠나는 것은 안 된다고 경고하였다. 그러면서 목회자는 개인적 이익과 권리만이 아니라 생명까지 바쳐야 한다는 점을 강조하였다.

고난을 함께 하는 목회자[196]

제네바 사역에서 베자가 가장 힘들었던 시기는 흑사병

---

196) 양신혜, "고난 중에 핀 꽃 : 참된 그리스도인의 삶, 베자의 〈흑사병에 대하여 알아야 할 것〉을 중심으로", 2019년 고신대 종교개혁 기념논술 세미나 발표문을 재구성함.

으로 인해 학교 문을 닫아야만 했던 시기일 것이다. 1568-1571년에 제네바에 흑사병이 돌아 3,000명의 시민이 죽음을 맞이했다.[197] 또한 1571년에 제네바 아카데미는 베자를 제외한 모든 교수를 면직해야만 했다. 신앙의 선배 칼빈이 하나님의 곁으로 부름을 받고 난 후 베자가 겪은 가장 큰 고비였음에 틀림없다. 1571년에 베자는 내적으로나 외적으로 어려움에 봉착하게 된다. 우선 내적으로 그는 형제 니콜라스를 잃는다. 니콜라스는 프랑스에서 흑사병을 피해 상대적으로 안전하다고 여겨진 제네바로 왔는데, 죽음을 맞이하게 되었다. 낙망한 베자는 취리히에 있는 불링거에게 이렇게 편지를 쓴다. "저는 깊은 슬픔에 빠져 있습니다.… 저는 당신과 당신의 형제와 동료들의 기도로 제가 지금 느끼는 처참함에서 벗어나 지탱할 수 있기를 바랍니다."[198]

흑사병으로 인해 베자가 겪은 외적 고난은 제네바 아카데미의 휴교였다. 이때 제네바 시의회는 베자를 제외한 모든 교수를 면직해야만 했다. 이때 등록한 학생이 겨우 네 명이었기 때문이다. 이외에 1570년에 흑사병이 발발하자 시의회는 병문안에서 베자를 제외시키고자 하였다. 흑사병

---

197) Manetsch, 『칼빈의 제네바 목사회의 활동과 역사』, 216.
198) Shawn D. Wright, *Theodore Beza The Man and the Myth* (Glagow, Christian Focus, 2015) 167.

이라는 전염병으로부터 제네바 교회의 중직을 담당하고 있는 베자를 지키고자 했던 것이다. 하지만 제네바의 목회자들은 이에 항의하였다. 1564년과 1567년에도 시의회가

죽음의 춤(1493, 미하엘 볼게무트)

병원을 방문하는 목회자의 직무에서 베자를 면제시켜 주었는데, 이들은 이때도 강력하게 이의를 제기했었다.[199] 이에 베자는 오히려 시의회를 설득하여 스스로 흑사병 환자들을 방문하여 돌보는 임무를 수행하였다.

흑사병으로 인한 죽음의 공포는 목회자라고 해서 예외는 아니었다. 1574년 흑사병이 마을 전체를 죽음으로 몰아가자, 죽음의 공포 앞에서 피에르 데 프레오는 혼자만 살기 위해 뻔뻔스럽게 자신의 목회지를 버리고 도망쳤다.[200]

---

199) Manetsch, 『칼빈의 제네바 목사회의 활동과 역사』, 539.
200) 이 시기에 제네바 목사회는 "흑사병의 희생자들이 공포에 질린 가족이나 이웃의 공격을 받거나 버림을 당한 12건에 가까운 사건을 중재"하였다고 한다. 말발 마을의 중산계급의 가족 이야기는 당시 흑사병으로 인한 그리스도인의 윤리적 타락을 충격적으로 보여준다. 1571년 9월에 이 가족의 한 딸이 임신 말기에 흑사병에 감염되었다. 그런데 전염될 것을 우려한 나머지 그녀의 가족이 이 젊은 여인을 버렸다. 심지어 분만의 고통이 이 여인을 엄습했을 때, 가족과 이웃의 그 누구도 이 절망에 휩싸인 여인의 도움 요청에 반응하지 않았다. 결국 이 가련한 여인은 물과

어떻게 목사가 흑사병으로 고통당하는 성도들을 두고 목회의 자리를 떠날 수 있는가? 베자는 흑사병 희생자들을 위한 돌봄의 규정을 만들어 목회자의 임무와 소명의 자리를 다시 생각하게 하였다.[201] 하지만 여전히 남는 문제가 있었다. 목사가 흑사병으로부터 자신을 보호하기 위해 안전한 규정을 마련하는 것은 하나님의 섭리에 도전하는 것인가? 목사가 자신의 아내와 가족을 위한 의무를 다하는 것이 자신의 영적 양 떼를 향한 책무를 대신하는 것인가? 자기 보존을 위해 병든 교구민을 버리고 떠나는 것이 정당화될 수 있는가? 흑사병으로 인한 실제적 문제에 대한 답변서가 필요하게 되었다.

베자는 흑사병으로 인한 목회적 문제에 대한 답변을 주고자 『흑사병에 대하여 알아야 할 것』(*A Learned Treatize of the Plague*, 1579)을 출판한다.

그가 이 글을 쓰게 된 직접적인 계기는 아아르베르크(Aarberg)에 있는 개혁교회 목사의 잘못된 논리에 대한 답변의 필요성 때문이었다. 크리스토프 뤼타르트(Christoph

---

도움을 달라고 비명을 지르면서 혼자 아이를 분만해야 했다. 그리고 아기가 태어난 지 몇 시간 만에 산모와 아기는 모두 죽고 말았다. Manetsch, 『칼빈의 제네바 목사회의 활동과 역사』, 407.
201) Manetsch, 『칼빈의 제네바 목사회의 활동과 역사』, 540.

Lüthard)는 하나님께서 자신의 목적을 이루기 위해서 흑사병을 보냈다는 입장을 주장하였다. 그는 이차적 원인을 통해서 자신의 목적을 이루신다는 하나님의 섭리를 부정하고, 흑사병은 죄인에 대한 하나님의 벌이기 때문에 흑사병을 피해 도망해서는 안 된다고 가르쳤다.[202] 이에 질병이 하나님의 벌이라는 중세적 이해에 대하여 신학적 답변이 실제적으로 요구되자 베자는 이 글을 작성하게 된다.

이 글에서 베자는 당시에 제기된 두 가지 문제를 다룬다. 첫째, 흑사병이 무엇인가? 사람에게서 사람으로 전염되는 것이 자연적인 현상인지, 아니면 하나님의 섭리의 결과인지를 주요 논제로 다룬다. 흑사병으로 인해 신앙의 삶 자체에 영향을 받게 되는 이 질문에 어떻게 대답을 해야 할까? 두 번째 질문도 첫 번째 질문과 연관된 것으로, 흑사병이 발발할 때 그리스도인은 자신과 가족을 보호하기 위해 흑사병이 발발한 지역을 떠나야 하는가? 그 지역을 떠나는 것이 신앙이 부족한 결과인가?

이 질문에 대해서 베자는 몇 가지 사실에 주목한다. 우선 그는 하나님의 섭리에 대한 확고한 이해를 가지고 있기 때문에 하나님의 섭리와 병의 관계에 대하여 그는 하나님께

---

202) Manetsch, 『칼빈의 제네바 목사회의 활동과 역사』, 541.

서 자신의 뜻을 이루기 위하여 특별히 이차적 원인을 사용하신다고 미묘한 차이를 가지고 말한다. 둘째, 베자는 어떤 논리적 사유를 통해서 결론에 도달하는 방법과는 달리, 오히려 성경에서 그 답을 유추한다. 여기에서 그가 다양한 상황에서 어떻게 성경을 적용하는지를 엿볼 수 있을 것이다. 이 문제를 다루면서 그는 더욱 성경을 충실하게 따른다. 왜냐하면 하나님의 섭리는 사람이 어떻게 살고 죽는지에 영향을 끼치는 주요한 교리이기 때문이다. 베자는 이 글에서 우리의 죄가 흑사병의 주요 원인이고 참된 원인이라고 주장한다. 그래서 목사들은 병을 야기한 원인에 대하여 논쟁할 필요가 없다. 단지 목사들은 사람들이 그들 자신의 죄를 회개하도록 하고, 다른 사람들을 사랑하도록 독려해야 한다고 분명하게 주장한다.[203] 하나님의 섭리는 우리의 신앙에서 가장 실천적 교리임을 실제적 적용을 통해 논증한다.

또한 베자는 흑사병이 발발할 때, 하나님께서 우리에게 주신 부르심의 자리를 생각하라고 권면한다. 그는 이것이 그리스도인에게만이 아니라 모든 사람에게 주어진 과제라는 전제에서 출발한다. 이 땅에 태어났다는 것은 그 사람에게 맡겨진 사명의 자리가 있다는 뜻이다.[204] 따라서 모든

---

203) Beza, *Treatize of the Plague*, 19.

사람은 각자 자신에게 주어진 하나님의 부르심의 자리가 어디인지, 하나님과 그의 나라를 위하여 주어진 의무가 무엇인지를 먼저 고민해야 한다. 그리고 하나님께서 한 나라의 백성으로 부르셨다는 것과 가족을 나에게 주신 의미가 무엇인지를 되새겨야 한다.[205] 베자는 흑사병이라는 위급 상황에서 그리스도인인가, 그리스도인이 아닌가의 구별을 넘어서 국가 공동체 구성원 모두가 위기 극복의 주체임을 자각하며, 주어진 임무를 수행해야 한다는 것을 전제한다.

그렇기 때문에 공동체의 구성원으로서 각 사람은 우선 서로 다양한 끈으로 연결되어 있다는 사실을 자각해야 한다. 우리는 태어나자마자 가족이라는 관계로 연결되어 있다. 성장하면서 가족을 넘어서 이웃의 관계로, 동료의 관계로 끈의 종류가 다양해지고 서로 얽혀 복잡해지기 시작한다. 인간은 국가라는 공동체의 일원으로 복잡하게 연결되어 있다. 둘째, 공동체의 구성원으로서 얽혀 있는 다양한 끈은 관계에 따라서 그 강도가 다르다. 그렇기 때문에 관계의 끈이 이어진 강도에 따라서 떠날지, 아니면 머무를지를 결정한다. 가족으로 이루어진 끈은 천부적 특성을 지니기에 그 강도가 다른 어떤 관계의 끈보다 강하다. 셋째, 이 끈

---

204) Beza, *Treatize of the Plague*, 1.
205) Beza, *Treatize of the Plague*, 1.

에는 책임이 주어진다. 사람과 사람, 사람과 조직의 관계를 통해서 임무가 주어지는데, 그 임무에는 책임이 수반된다. 이 보이지 않는 잠재적 끈의 강도는 동일하지 않기 때문에 '사건과 상황에 따라서' 사람들의 판단의 척도가 달라진다.

사건과 상황에 따라서 그리고 구성원의 관계를 형성하는 끈의 강도에 따라서 사람들은 윤리적 판단을 한다. 이 관계의 수가 다양하고, 그 특성도 다르기 때문에 어떤 결정을 내리는 것은 쉽지 않다. 이미 언급했듯이 가족으로 이루어진 천부적 혈연관계가 어느 관계보다 강하다. 베자도 이 점을 인정한다. 하지만 베자는 공동체의 붕괴를 낳는 상황에 직면해서 인간은 혈연 공동체보다 국가 공동체의 안전과 평화를 우선하여 선택해야 한다고 주장한다. 국가 공동체의 공적 책무를 지닌 관료는 흑사병이 발발할 때 다른 사람들을 돌보아야 하며, 전염의 원인이 무엇인지를 밝혀서 전염병이 더 이상 번지지 않도록 조치를 취해야 한다. 당연히 병든 환자들을 돌보는 책임도 부여된다. 병에 걸린 자와 건강한 자의 관계에서 건강한 자에게는 병에 걸린 자를 돌보아야 하는 의무가 있다. 하지만 병에 걸린 자들도 건강한 자의 책무를 고려해야 하며, 무조건적 사랑을 요구해서는 안 된다. 건강한 자들이 환자가 되어 그에게 맡겨진 책임을 다하지 못할 수 있기 때문이다. 이처럼 베자는 각자의 자리에서, 상황에 따라, 개인보다는 공동체의 안녕을 위해서 선택해야 한다는 일반적 원칙을 세운다.

그리스도의 부르심에 대한 베자의 신학적 이해는 흑사병이 발발할 때, 구원의 자리로 부르신 그분이 우리를 통해서 이루시고자 하는 목적을 생각하도록 하는 권면으로 적용된다. 흑사병은 하나님의 섭리 아래에서 발발했지만, 하나님의 목적은 그리스도인을 좌절시키는 것이 아니라, 슬픔에 있는 자들을 다시 일으켜 하나님을 바라보게 하는 데 있는 것이다. 그러므로 인간이 손 쓸 여력도 없이 병이 퍼지는 상황에서 인간의 나약함과 연약함을 인식하여, 세상의 덧없음을 넘어서 미래의 삶에 대한 기대와 소망을 품고, 종말에 있을 심판대에서 완성되는 영생을 확신해야 한다. 베자는 분명하게 당시의 동시대인들과 함께 흑사병 발병의 주요 원인이 우리의 죄임을 고백한다. 우리의 죄에 대한 벌로 이 병을 내린 하나님의 뜻이 무엇인지를 생각하여 목회자들은 병의 원인에 대하여 논쟁하기보다는 죄를 인식하여 회개의 자리로 가도록 인도하고, 하나님께서 주신 그 자리에서 다른 사람들에게 사랑과 자비를 베풀 수 있도록 독려하는 데 집중해야 한다고 조언한다.[206] 그 위로의 중심에

---

206) Beza, *Treatize of the Plague*, 19.

선택이 있으며 그 선택이 하나님의 변하지 않는 작정의 결과임을 확신시킨다. 영적 싸움에서 우리의 양심이 우리의 믿음의 진리와 관련하여 흔들린다 할지라도 영혼은 육체의 공격에 맞서서 있으며, 그 영혼이 그의 선물인 양자의 영을 후회해서는 안 된다는 것은 확실하기 때문이다.[207]

그리스도인으로서 부름받은 자리에서 실제로 어떻게 행동하는 것이 올바른 것인가가 이 책에서 다루는 주요 주제이다. 이는 그리스도인의 양심과 관계된 윤리적 판단과 행위의 문제로, 베자는 이 책에서 구체적으로 이 문제를 다룬다. 예를 들어, 흑사병이 발발했을 때 바로 흑사병이 발발한 곳을 떠나야 할지, 머물러야 할지를 판단하는 일이다. 베자는 실제적인 윤리적 판단에서 이미 앞에서 언급한 그리스도인으로서의 부르심에 대한 이해를 전제한다. 베자는 왜 하나님께서 흑사병을 보내셨는지를 숙고하며, 그리스도인으로서의 삶의 자리가 이 땅만이 아님을 상기시켰다. 우리는 영원을 바라보는 존재이며, 이 땅에서 삶을 넘어 죽음 이후의 삶을 바라보는 존재이기 때문이다.

이 전제 아래서 베자는 그리스도인으로 부르심의 척도인 하나님의 말씀을 실제적 판단을 위한 척도로 삼는다. 당

---

[207] Beza, *Questions and Responses*, A 212: 98.

시 예수의 계명이 가르치는 이웃 사랑을 진심으로 지키는 자는 이웃의 아픔을 함께 하여 흑사병이 돌 때 마을을 떠나지 않고 머물면서 아픈 이웃을 돌보아야 한다고 주장하는 자들이 있었다. 이들은 마을을 떠나는 자는 하나님을 진심으로 사랑하지 않는 자이며, 이 땅에서 재물을 더 사랑하는 자라고 비난하였다. 이에 반대하여 베자는 성경의 증거를 들어 자신의 의견을 개진한다. 빌립보서 1장 23절에서 바울은 그리스도와 함께 있기 위해 이 땅에서 멀어지기를 원한 반면, 로마서 9장 3절에서는 자신의 골육 친척을 위해 자신이 저주를 받아 그리스도에게서 끊어진다 할지라도 그렇게 하겠다고 고백한다. 여기서 바울의 상반된 고백을 어떻게 이해해야 하는가의 문제가 떠오른다. 그리스도와 함께 있기 위하여 이 땅에서 멀어지기를 원하는 것이 선이라고 한다면, 로마서에서의 고백은 거짓이 된다. 그래서 베자는 바울의 행위를 판단하는 기준은 그의 행위 자체가 아닌, 바울이 이 상황에서 "정당하게 그리고 좋은 양심으로 하나님의 뜻"을 먼저 구하며 복종했는지에 달렸다고 보았다.[208] 베자에게 윤리적 판단의 기준은 외적 행위가 아니라, 하나님의 말씀에 대한 정당한 해석과 양심의 확신에 달린 것이다. 따

---

208) Beza, *Treatize of the Plague*, 13.

라서 베자는 윤리적 척도로서 예수 그리스도의 계명이 가르친 이웃 사랑에서 사랑은 어떤 절대적 방법이 있어서 동일하게 적용되는 것이 아니라, 주어진 상황에 따라서 행위의 주체가 어떤 마음으로 행동을 하는지에 따라 결정된다고 주장한다. 그렇기 때문에 의지의 결과에 영향을 끼치는 성경에 대한 올바른 해석이 다른 무엇보다도 중요하다.

베자에게 윤리적 판단의 기준은 성경이다. 이는 그리스도인으로서 윤리적 판단의 절대적 원칙이다. 그렇지만 문제는 모든 상황이 성경에 기록되어 있지 않다는 것이다. 성경에 기록되지 않은 경우에 우리는 어떻게 사유하고 판단할 수 있는가? 당시에 흑사병이 발발했을 때, 마을을 떠나라는 구절이 성경에 없기 때문에 마을을 떠나서는 안 된다고 주장하는 자들에 대항하여 베자는 세 가지 반대 논리를 제시한다. 첫째, 성경은 역사에서 일어난 모든 일을 기록하진 않는다. 둘째, 성경적인 특별한 명령이 없다면, 우리는 일반적인 성경의 원칙을 따라야 한다. 셋째, 성경은 흑사병에 대한 모든 예를 기록하지 않을 뿐만 아니라 그에 대한 사람들의 모든 반응을 기록하지 않는다.[209] 베자는 성경에 모든 일이 기록되어 있진 않기 때문에 구체적인 모든 사

---

209) Beza, *Treatize of the Plague*, 15.

례를 성경에서 찾을 수 없다고 인정한다. 하지만 성경이 전하는 특별한 상황이 일어날 때, 성경이 가르치는 일반적인 규칙을 따르라고 가르친다. 이는 『질문과 응답』에서 그리스도인의 성화를 다루면서 그리스도인의 일반은총으로서 이성을 다룬다는 점을 기억할 필요가 있다. 적어도 베자는 인간이 이 땅에서 그리스도인으로서 삶을 살아갈 때 하나님의 말씀을 이해하는 이성의 역할을 거부하지 않았다. 오히려 성경 말씀을 이해하기 위해 이성에 토대를 둔 확신의 자리를 마련한다. 그렇기 때문에 그는 하나님의 말씀 성경에서 일반적 규칙을 유추하는 과정을 인정하였다.

하지만 우리는 곧 성경해석의 문제에 부딪친다. 예를 들어 살인하지 말라는 하나님의 계명에서 자신의 목숨을 소중하게 지켜야 한다는 원칙이 도출될 수 있다. 흑사병이 발발한 지역을 떠나는 자들은 이 원리를 적용하여 자신의 행위를 합리화할 수 있다. 하지만 베자는 이들에게 또 하나의 예수의 율법인 이웃 사랑을 상기시킨다. 그리고 흑사병이 발발한 지역을 떠나려는 자들에게 스스로 자신이 예수의 계명인 이웃 사랑의 원칙을 범하고 있지는 않은지 점검하라고 권면한다.[210] 이로써 흑사병이 발발하는 지역에서

---

210) Beza, *Treatize of the Plague*, 17.

떠나야 할지, 아니면 머무를지를 판단하는 주요 척도는 예수의 이웃 사랑 계명인 것을 분명히 한다. 어떤 행위가 되었든 그 행위가 이웃을 사랑하는 행위에서 시작되어야 한다는 것이다. 그리스도인은 주어진 상황 속에서 이웃 사랑이라는 계명에 따라 양심의 결단을 해야 한다. 베자는 이렇게 하나님의 계명에 대한 일반적 원칙이 어느 상황에 있는가에 따라서 다르게 해석될 수 있다는 것을 사고의 범주 안으로 끌어들인다.

이런 맥락에서 베자는, 당시 죽음 앞에서 두려워하는 자들은 하나님의 절대적 섭리를 믿지 않는 자들이며 두려움은 믿음이 없는 증거라고 비판하는 자들을 향해 죽음 앞에서의 두려움을 변증한다. 즉 인간은 죽음에 대해 실존적 두려움을 지닌 연약한 존재이며, 동시에 이 두려움에서 확신으로 나아가는 존재임을 성경에서 그 예를 제시하여 변증한다. 형을 피해서 도망한 야곱, 압살롬을 피해 도망한 다윗을 어느 누가 비난할 수 있겠는가?[211] 또 베자는 성경뿐만 아니라 초대교회의 교부 아타나시우스의 삶을 비유로 들어 이들을 비난할 만큼 선하고 올바른 이해를 가진 자는 아무도 없다고 주장한다.[212] 우리는 하나님의 형상을 지닌

---

211) Beza, *Treatize of the Plague*, 13-14.
212) Beza, *Treatize of the Plague*, 13-14.

존재로 만들어졌으나 동시에 전적으로 타락한 죄인이기 때문이다.

정리하면 베자는 그리스도인의 양심적 판단에 따른 윤리적 행위 이전에 하나님의 계명의 절대성을 전제한다. 하나님의 계명을 어기고 자신의 안위를 위하여 마을을 떠나는 것은 명백한 죄이다. 자신을 보호하기 위해서 떠나는 것은 그리스도인의 사랑의 계명을 어기는 행위이며 자신의 임무와 소명의 자리를 떠나는 행위이기 때문이다. 그러므로 베자에게 이웃 사랑은 윤리적 행위를 판단하기 위한 절대적 척도이다. 이 전제에서 각자는 하나님의 말씀에 따라서 판단해야 한다. 이때 내 안에 있는 이기적 욕망이 아닌, "악에 대항하여" 하나님의 말씀이 가르치는 판단을 내리고 있는지 점검해야 한다. 둘째, 각자 개인에게 주어진 임무와 공동체의 임무가 겹칠 때, 베자는 윤리적 행위의 선택에서 공동체가 부여한 임무를 우선시해야 한다고 주장한다. "어느 누구도 자신이 그의 나라와 이웃과 동료들에게 진 빚을 잊어버릴 정도로 자기 자신이나 가족을 배려해서는 안 된다.…사랑은 자신에게 속한 어떤 것을 추구하는 것이 아니기 때문이다."[213] 인간의 이기적 감정에서 선택하는 것이

---

213) Beza, *Treatize of the Plague*, 17-18.

아니라 공동체의 이익과 임무를 우선시하는 선택이 이루어져야 한다는 말이다. 이 판단의 기준에 따라서 공동체를 떠날 것인지, 머무를 것인지를 판단할 수 있게 된다. 하지만 인간의 윤리적 판단은 상당히 복잡하게 얽힌 관계로 인해 복잡하다.[214] 그렇기 때문에 흑사병이 퍼진 상황에서 다른 사람의 외적 행위만을 보고 판단하는 것에 주의해야 한다. 그리스도인으로 존재론적 변이는 성화의 삶을 통하여 그 표지를 가지기 때문에 윤리적 행위가 나타나야 하지만, 의도와 그 결과로서의 행위에서 온전한 윤리적 판단은 그리스도인의 의도에 있기 때문이다. 그리스도인이 어떤 의도로 그 행동을 하는지가 주요하다. 하지만 의도와 그 결과로서 행위는 일치하기보다는 갈등한다. 그렇기 때문에 행위의 주체로서 각자는 성경의 주체이신 하나님께 '기도'해야 한다.[215] 하나님의 말씀 앞에서 기도하는 순종의 자세가 중요하다. 기도는 우리의 욕망을 내려놓고 하나님의 뜻에 귀를 기울이는 행위이기 때문에 바로 그 자리에 우리가 있을 때 우리 안에 거하시는 그리스도로부터 선한 행위가 흘러나오게 된다.[216]

---

214) Beza, *Treatize of the Plague*, 11-12.
215) 베자는 신앙고백서에서 "기도와 이웃 사랑"을 언급한다. Beza, *The Christian Faith*, 4.15.

흑사병의 발발 원인을 베자뿐만 아니라 동시대인들은 동일하게 하나님의 진노로 여겼다.[217] 인간은 실재에서 벗어나 도망할 수 없는 존재이며, 앞날을 알 수 없는 상태에서 영원과 더불어 살아가는 존재이기 때문이다. 그래서 흑사병으로 인해 죽어가는 자들을 돌보든, 두려움으로 도망하여 살든 기억해야 할 것은 이 땅의 모든 일은 실재적인 하나님의 섭리와 뜻을 반영한 것이기에 고통스러운 죽음 이후에 인간은 영원의 실재를 마주해야 한다는 사실이다. 우리가 뒤돌아 다시 상대해야 할 분은 흑사병 뒤에 계신 하나님이시다. 그러므로 하나님의 진노 앞에서 우리가 해야 할 것은 하나님께서 이 흑사병을 통해서 원하시는 것이 무엇인지를 깨닫는 것이다. 베자는 병이 하나님의 징벌이라는 동시대의 인식을 공유하고 있었다. 하지만 하나님은 인간의 눈길을 다시 하나님께로 돌리기 위해서 병을 주시는 분이다. 그러므로 하나님이 목적하는 바, 영원한 작정을 바라보아야 한다.

하나님의 벌로서 흑사병에 대한 이해에서 당시 논쟁점으로 제기된 것은 하나님의 절대적 전능과 주권에 대한 전적 수용 여부와 하나님의 계명에 대한 순종 여부이다. 우선

---

216) Beza, *The Christian Faith*, 4.15.
217) Beza, *Treatize of the Plague*, 2.

흑사병의 발발도 하나님의 전능과 주권 아래에서 이루어진 것이기에 이 병을 피해 떠나는 것은 그의 전능에 대한 불신의 표현이다. 하나님의 섭리는 변하지 않고 하나님이 정하신 때에 이루어지기 때문에 그곳에서 하나님의 임무를 완수해야 한다. 이에 베자의 대답은 다음과 같다.

> "하나님의 작정이 변하지 않고 그의 영원한 섭리가 우리 삶에 변하지 않는 끈으로 연결되어 있다 할지라도, 그것이 우리 삶을 구원하기 위해서 일상의 적법한 수단을 제거하지 않는다. 사도 바울의 명백한 예(행 27:24, 31)에서 보는 것처럼 삶의 연장에 대한 답을 하나님께로부터 구한다 할지라도 아니다. 우리의 삶을 연장시키고 끝내는 것과 관련하여 영원 전에 하나님께서 작정한 것이 아직 우리에게 숨겨져 있을 때, 이러한 수단을 사용하지 않는 것은 보기 드물다."[218]

하나님의 작정은 변하지 않음에도 불구하고 하나님은 우리를 위해서 적절한 도구를 사용하신다. 이는 그가 예정론을 다루면서 내세운 주요 논지이다. 하나님께서는 영원 전

---

218) Beza, *Treatize of the Plague*, 12.

에 세우신 목적을 이 땅의 도구를 적절하게 사용하여 이루신다. 그렇기 때문에 병이 발발한 지역을 떠나는 행위 자체만으로 하나님의 권능에 불순종한 것이라고 말할 수는 없으며, 그에게 맡겨진 임무를 '올바르게' 수행하느냐가 그 판단의 근거가 되어야 한다.

그런데 베자는 여기에서 한 걸음 더 나아가 흑사병을 피해 도망하는 것은 하나님의 주권에 대한 불신이라는 주장에 대항하여 병을 보내신 하나님의 목적에 주목한다. 베자도 하나님의 주권 아래에서 흑사병이 발발했다는 사실을 거부하지 않는다. 흑사병은 하나님께서 보내신 것이다. 하지만 여기에서 중요한 것은 하나님께서 이 병을 보내신 목적과 관련한 것이지, 병의 본질과 관련된 것이 아니라는 사실이다. 하나님의 목적은 명확하다. 우리에게 벌을 주어 우리가 죄를 깨달아 돌이키게 하기 위해서, 우리의 신앙을 시험하기 위해서, 위선자들을 빛 가운데로 이끌기 위해서 흑사병을 보내신 것이다. 그렇기 때문에 이 목적에서 벗어나 도망하는 것은 하나님의 선한 의도에서 벗어나는 행위이다.

하나님께서 인간을 이 땅에 보내신 목적이 무엇인가? 베자는 『질문과 응답』에서 하나님께서 이 땅에 인간을 두신 목적은 "그를 찬양하도록 하기 위해서 그리고 우리에게 영원한 삶을 보증함으로 영광을 받기 위해서"(2문)라고 가르친다.[219] 그러므로 우리에게 주어진 것은 영원한 삶을 얻기 위해서 '올바르게' 하나님께 영광과 예배를 드리는 것이다. 이를 위해서 우리는 하나님의 말씀에 계시된 구원의 역사를 바로 알아야 한다. 하나님께서 인간을 보낸 목적에 합당하게 우리가 서 있는지가 중요한 판단의 기준이 된다. 이미 앞에서 이야기했듯이 하나님의 부르심은 구원의 자리로의 인도, 즉 죄인의 자리에서 자유의 자리로 나아감이다. 그렇기에 인간 행위의 윤리적 판단은 인간의 행위가 아니라 그가 올바르게 악에 대항하여 그 자리에 있는가이다. 하나님이 벌로 내리신 흑사병 그 자체는 선악의 판단 대상이 될 수 없다.

하나님은 악에 대항하여 싸우는 존재로서의 인간을 통해 그 목적을 이루신다. 하나님께서 우리의 죄에 대하여 벌로 흑사병을 보내신 목적은 우리를 병으로 진멸시키기 위함이 아니라, 우리의 죄를 자각하고 다시 하나님의 구원의 자리를 바라보도록 이끌기 위함이다. 이 목적을 이루기 위해서 하나님은 죄에 대항하여 그 치료책을 준비하신다. 그래서 흑사병은 "자연 발생적이면서 하나님의 작정에 의해서 일어날 수 있다." 이것이 바로 명확하게 베자가 주장하는 것

---

219) Beza, *Questions and Responses*, A.2: 5.

이다. 우리는 죽음 이후의 구원을 바라보는 눈이 필요한 존재이다. 하나님의 영원한 작정은 자연 발생적 원인을 통해서도 이루어진다.[220]

베자는 이를 논증하기 위하여 개념을 구분한다. 하나님의 영원한 작정이 그의 손길을 통해서 이루어진다는 대명제를 두고, 이 작정을 이루는 방법을 논의의 중심으로 끌고 들어와 개념화시킨다. 그것이 이차 원인(secondary cause)이다.[221] 하나님께서는 자신이 세운 뜻을 이루기 위해서 이차 원인을 사용하신다. 이차 원인도 하나님의 뜻에 굴복해야 한다.[222] 하나님의 뜻은 우리의 죄를 일깨워 구원의 자리로 인도하기 위함이기 때문에 하나님께서 그 병에 대처할 수 있는 어떤 치료책을 마련하지 않았다는 것은 하나님의 속성과 섭리에 어긋나는 것이다. 그러므로 당시 적대자들이 병은 우리의 죄에 대한 하나님의 벌이므로 아무런 대책을 세워서는 안 되고 벌을 받아야 한다는 주장 자체는 모순에 빠진다. 하나님의 섭리에 따른 일이니 인간의 어떠한 노력도, 먹고 마시는 일조차 하지 말자는 논리를 내세우게 되기 때문이다. 분명 죽음의 권한은 하나님께 있다. 이 죽

---

220) Beza, *Treatize of the Plague*, 3.
221) Beza, *The Christian Faith*, 3.5.
222) Beza, *Treatize of the Plague*, 4.

음은 하나님의 작정과 아담으로부터 나타나기에 우리는 모두 죽는다. 그렇다고 전쟁터에 나가면서 갑옷을 입지 않고 나가야 하는가? 병을 치료하기 위해서 약을 구하거나 먹지 말아야 하는가? 그들은 그 모든 것이 하나님의 뜻에 달린 일이니 그렇게 해서는 안 된다는 결론을 유추하게 된다.[223] 이에 대해 베자는 분명 그렇지 않다고 주장하며, 하나님께서는 우리의 구원을 위해서 이차적 원인을 통해 병에서 벗어날 치료책을 준비하셨다는 것을 논증한다.

하나님께서는 인간 각자가 직면하게 되는 심판에 대한 경고로서 흑사병을 사용하신다. 여기에서 베자의 종말론적 세계관이 빛을 발한다. 우리는 하나님의 심판대 앞에 서야 할 존재이다. 그렇기 때문에 개인적으로 도망하든지, 머물러 있든지 간에 미래의 판단과 그것으로부터 오는 유익을 예상해야만 한다. 모든 사람은 다가오는 하나님의 분노의 소식인 흑사병에, 즉 하나님의 심판의 자리에 스스로를 소환해야 한다. 그 자리에서 무죄로 판결을 받아야 한다. 이 막대기는 장소를 변경시킬 수 없으나 방식은 가능하다. 우리 모두는 죽는다. 우리는 심판대 앞에 우리의 착한 행실을 내보여야 하며, 그 앞에 그리스도와 함께 그리스도 안에서

---

223) Beza, *Treatize of the Plague*, 4.

죽은 자로서 심판의 자리에 설 때 복을 받게 된다는 사실을 잊어서는 안 된다. 여기에서 베자의 주장은 분명하게 그리스도인의 존재론적 변화, 즉 그리스도와 함께 연합된 존재라면 착한 행실을 열매 맺게 된다는 당위론을 함축하고 있다. 그렇기 때문에 그리스도인으로서 생명이 위협을 받는 상황에서 고려해야 할 것은 하나님이 주신 자신의 자리, 즉 임무이다. 하나님께서 세우신 뜻을 이루기 위해서는 이차적 원인을 고려해야 하며, 병에 걸린 가족과 자신의 건강을 돌보지 않는 것을 부끄럽게 여겨야 하는 것이다. 만약 가족을 돌보지 않는 그리스도인이 있다면 그는 신앙이 없는 자보다 더 나쁜 사람이라고 베자는 경고한다.[224]

베자의 주요점은 하나님께서 그의 뜻을 이루기 위해서 이차 원인자를 사용하는 방식이다. 이 방식은 인간의 이성을 넘어서는 일이며, 여기에 어떤 방식을 하나로 고착화시켜 사유를 전개할 수 없다. 하나님께서는 자신의 목적을 이루기 위해서 모든 종류의 수단을 사용하신다. 다른 어떤 것들을 사용하기도 하고, 사용하지 않기도 하신다. 하나님께서는 흑사병을 주셨음에도 불구하고 그 가운데서 살아날 자를 택하셨고, 그들이 살 수 있도록 치료제를 약속하셨다.

---

224) Beza, *Treatize of the Plague*, 4.

그것으로 사람들은 죽음의 두려움에서 벗어나게 된다. 베자는 이 양립가능성을 성경의 예, 즉 파라오를 섬기는 요셉의 행동, 파선하는 배에서의 바울의 행위 등을 들어 논증한다.[225] 여기에서 주요한 것은 하나님의 목적이다. 성경이 가르치는 바는 하나님을 두려워하고 하나님을 사랑하는 법이다. 이 법을 가르쳐 그리스도인으로서의 유익을 누리도록 하는 데 그 목적이 있다.

베자의 반대자들이 놓치는 가장 큰 오류는 우리로 하여금 하나님을 두려워 하고 사랑하는 두 가지 목적을 잊게 만드는 것이다. 하나님께서는 우리가 하나님을 한편으로는 두려워하고, 다른 한편으로는 사랑하게 하려는 목적을 위해서 모든 것을 사용하신다. 각자가 처한 두려운 상황에서 우리로 하여금 하나님을 바라보게 하고 영생을 상고하도록 하기 위함이다. 이 목적을 수행하고자 하나님은 이차 수단을 사용하신다. 이차 수단도 하나님의 섭리 안에 존재한다. 베자는 여기서 칼빈이 『기독교강요』 4.17.1에서 비유로 들어 설명한, 인성을 지닌 예수의 뼈를 통해서 '결과의 필연'과 '결과적 필연'의 구분을 그대로 수용하여 설명한다. 인성을

---

[225] (1)이집트의 파라오를 섬기는 동안 요셉의 행동, (2)아가보의 예언, (3)앗시리아의 공격에 대한 이스라엘의 반격, (4)파선하는 배에서 바울의 대응, (5)겟세마네에서 예수님의 기도, Beza, *Treatize of the Plague*, 9-10.

지닌 예수의 뼈는 부러져야 한다. 하지만 그렇지 않았다. 하나님의 작정하심이라면 부러지지 않을 수도 있다. 오롯이 하나님의 뜻에 따른 결과이다.

> 모든 그리스도인은 예수가 우리의 인성을 지닌 바로 그때부터 죽을 몸을 견뎌야 한다고 고백한다. 그래서 헤롯에 의해서 다른 아이들과 같이 학살을 당할 수도 있었다. 그렇지만 하나님의 작정하심에 따라서 그런 일은 일어나지 않았다.…그러나 하나님의 작정은 변하지 않는 것처럼, 하나님의 작정하심에 따라서 헤롯에 의해서 죽임 당하신다. 그리스도가 십자가에 달려 죽임 당할 때 그는 틀림없이 죽을 필요가 없는 그런 몸이었다. 그의 자연적 죽음을 고려한다면, 그는 우연히 죽음을 맞이했다. 당신이 만약 하나님의 변하지 않는 약속을 바라본다면, 그의 때가 다가오기 때문에 그는 필연적으로 죽음을 맞이한 것이다. 그는 자발적으로 죽었음에도 불구하고, 우리를 위해서 그의 생명을 포기했기 때문이다.…하나님의 가장 확실한 작정의 불쾌한 우연이자 의지이다.[226]

---

[226] Beza, *Treatize of the Plague*, 10-11.

베자는 흑사병이 발발했음에도 불구하고 어느 누구는 살아남고, 어느 누구는 흑사병이 창궐한 지역을 벗어나 안전한 곳으로 옮겨감에도 죽음을 맞이하는 것으로 보아 흑사병이 하나님의 벌이 아니라고 주장한다. 오히려 이러한 사실은 흑사병이 전염병이라는 증거이며, 우리의 경험조차도 이를 증거한다. 시편 91편 6절과 마가복음 16장 18절에서도 "전능하신 하나님은 그의 기뻐하시는 뜻에 따라서 자연적 원인과 그 결과를 주관하신다"라는 사실을 계시한다. 그래서 흑사병에 걸렸음에도 살아나거나, 흑사병에 걸린 환자들과 접촉을 많이 했음에도 병에 걸리지 않는 이유가 바로 여기에 있다. "바울이 짐승에게 물렸어도 해를 당하지 않은 것은 뱀의 독이 치명적 해를 끼치지 못하였기 때문인 것처럼 말이다."(행 28:5)[227] 성경과 경험 모두 역병의 전염성이 하나님의 섭리에 의해서 다스려진다는 것을 가르치면서 또한 전염된다는 것을 암시한다.

흑사병은 결코 우연히 발병하지 않는다. 우연으로 보이는 모든 일의 배후에는 하나님의 뜻과 섭리가 있다. 그러므로 우리는 부당한 일을 당했을 때 고통을 더하고 복수심을 자극하는 사악함에 매몰되어 그것에만 반응하는 자리

---

227) Beza, *Treatize of the Plague*, 10-11.

에 머물러서는 안 된다. 원수들이 어떠한 악행을 저질러도 그 모든 것은 하나님이 허용하신 것이며, 그의 의로운 섭리에서 비롯된 것임을 믿어야 한다. 하나님께서는 선한 도구와 악한 도구를 모두 사용하신다. 이 두 도구를 통해서 자신이 작정한 일을 올바르게 이루신다. 하지만 성령을 통해서 중생한 자들과 함께 일하신다. 또한 하나님께서는 사탄의 악한 욕망을 허용하신다. 하지만 그 허용은 하나님의 의지에 반하여 일어나지 않는다. 그렇기 때문에 이 땅에 일어난 병 자체는 선과 악의 판단에서 중립성을 띠게 되며 선과 악의 판단 기준은 하나님의 말씀에 따라서 악에 저항하며 사는가에 달려 있다. 그 시험의 자리에서 우리는 하나님의 영원한 작정이 주는 위로 가운데 하나님을 사랑하고 두려워하며 그 시험을 견뎌야 한다.

설교자로서의 베자

목회자의 주요 임무는 바로 설교이다. 베자는 한 번에 성경을 몇 구절씩 연속으로 설교하는 강해의 방법 렉티오 콘티누아(lectio continua)를 사용했다. 따라서 그는 형식적 서론을 포함하지 않고, 지난 주 설교를 한 문장이나 두 문장으로 되풀이하거나 그날 다룰 본문을 요약하면서 시작한다. 그런 다음 본문의 이야기를 자세히 하나씩 조직적으로 벗겨내며 상세히 소개하고, 본문의 문맥을 설명한 후 그 본문의 의미에 빛을 던져 주는 병행구절들을 고찰한다. 그리고 설교를 진행하면서 꾸밈없는 전환을 사용해 그의 주요 요점을 강조한다. 그러면서 규칙적으로 성경 구절의 신중한 분석에서 벗어나 자기 회중의 훈육을 위해 적용을 끌어내고, 반대 의견에 답하고, 광범위한 신학적·윤리적 교훈을 발전시킨다. 설교의 결론도 화려하지 않고 단순하다. 간략하게 본문을 요약하고 권면의 말씀이나 다음과 같은 마지막 기도로 설교를 마친다. "하나님께서 당신의 영예와 영광과 우리의 구원을 위해 이 소중한 가르침을 온전히 이해하고 묵상하는 은혜를 베풀어주시기를 기원합니다."[228]

베자는 설교에서 헬라어나 히브리어 사용을 삼갔으며, 사용하게 될 때는 그 단어를 번역하여 그 의미를 전달했다. 또한 어떤 신학자들의 권위에 호소하여 설교하는 것을 삼갔다. 그렇다고 해서 신학적 문제를 다루지 않은 것은 아니다. 베자는 칼빈과 달리 신학적 논쟁뿐만 아니라 교리와 교회 회의의 결정들을 가르쳤다. 하지만 이러한 신학적 설명

---

228) Beza, *Sermons sur le Cantique des Cantiques*, 279.

베자의 다른 초상화

이 추상적이거나 이론적이지 않았다. 그는 설교에서 실재적 적용을 강조하고 위로와 교정의 말씀을 통해 청중을 훈육하려 했다. 그래서 베자는 설교를 하나님의 말씀의 '치료약'으로 비유한다.

그는 존경받는 설교자였다. 푸아시의 회담 이후 무분별한 시기에 베자는 파리에 있는 6,000명도 더 되는 군중에게 설교를 했다. 칼빈에게 보내는 1561년 12월 12일 자 편지에서 베자는 비가 퍼붓는 파리 교외에서 청중에게 설교했다고 쓰고 있다.[229] 위르뱅 쇼베통(Urbain Chauveton)은 베자는 교수로서 필립 멜란히톤의 '눈부시게 빛나는 명석함'을 나타내었고, 존 칼빈의 '튼튼하고 견고한 상식'을 드러냈으며, 피더 마터 버미글리의 '풍성한 교훈과 방법론'을 발휘했다고 기록하고 있다.[230] 제네바에서의 임직 이후에 베자의 설교는 상당히 많은 신실한 제네바 신자들에게 환영을 받았고, 호기심 많은 외부인들에게도 점차 인기를 얻게 되었다. 과거 아카데미에서 수학했던 한 학생은 베자의 풍성한 소

---

[229] *CB* 3, 235.
[230] *CB* 19, 163.

통 능력과 그의 설교와 가르침에 분명히 나타나는 박식함을 즐거운 추억으로 기억했다.[231] 베자는 칼빈이 세운 설교학의 유산을 보존하였다. 그는 또한 자신의 마지막 10년간의 목회 사역에서 『아가서 설교』(1586), 『예수 그리스도의 수난 설교』(1592), 『예수 그리스도의 부활 설교』(1593)를 출판한다. 이 설교집들은 마지막에 진리를 설명하고 변증하는 목회자 베자의 유언이라고 볼 수 있다. 설교는 교회의 소명에 대한 성경적 기초와 목회직의 의무 그리고 개혁주의 설교의 본질을 알려주는 개론서와 같다. 이러한 베자의 설교에 대한 신학적 이해는 칼빈의 뒤를 따르는 것이다.

목사회의 의장으로서의 베자

베자는 칼빈의 죽음(1564) 이후 목사회의 의장(Modérateur)으로 임명된다.[232] 그 후 10여 년간 이 직무를 수행한다. 베자는 이 직무가 한 사람에게 집중되어 권력으로 자리잡는

---

231) Manetsch, 『칼빈의 제네바 목사회의 활동과 역사』, 330.
232) 이 책임은 매년 선출하도록 되어있다. 이는 다른 목사보다 우월하다는 생각을 갖지 못하게 하기 위함이다. 그리고 제네바의 방식을 모방하려는 자들이 목사회에서 영원한 주교를 만들지 못하도록 하기 위함이다.

것은 목사의 계급을 만들어 악영향을 끼친다고 생각하였다. 그래서 1573년부터 1578년까지 5년 동안 계속해서 목사회의 의장직이라는 무거운 짐에서 벗어나게 해달라고 요청했으나 베자의 동료들은 해가 바뀔 때마다 다시 그를 선출하였다.233) 하지만 드디어 1579년 2월 정기총회에서 베자는 그의 동료들을 설득하는 데 성공했다. 제네바의 목사들은 목사회의 의장직을 1년 또는 3년에 한 차례씩 교체하기로 합의했다. 베자는 이 승인안을 소의회에 제출하면서 한 사람이 목사회의 의장직을 맡아서 영구히 봉사하는 것은 지혜로운 일이 아닐 뿐더러 위험하다고 보고하였다. 왜냐하면 "바로 이것이 주교와 교황의 권위가 처음에 [교회 안으로] 도입된 방식인데 하나님의 말씀의 지지를 전혀 받지 못하기 때문"이다.234) 이 승인안을 시의회의 의원들은 논의 끝에 거절하였다. 그들은 베자의 지도력과 평화적인 방식이 다른 의장 후보자에 의해 상실될 것을 두려워했기 때문이다. 이듬해인 1580년 2월과 3월에 목사들은 다시 한 번 행정당국에 목사회의 의장 선출 방법에 대해 재심해줄 것을 요청하였다. 베자와 트렘블리는 몇 번에 걸쳐 행정당국자들 앞에서 목회 직무의 동등성에 대해 성경에 근거하

---

233) Manetsch, 『칼빈의 제네바 목사회의 활동과 역사』, 129.
234) RC 74(1579), fols. 7v-8r. Manetsch, 『칼빈의 제네바 목사회의 활동과 역사』, 129.

여 논증하였고, 교회 안의 감독제의 수위권에 대한 역사적 사건을 열거하면서 제네바 목사회에서 의장직이 순환되어야 한다고 연설하였다.[235]

베자가 목사회의 의장직을 맡으면서 제네바는 올바른 말씀에 기초한 기독교 국가로 탈바꿈하고 있었다. 예수회 수도사 루카 피넬레(Luca Pinelli)가 1580년에 제네바의 종교생활을 관찰하기 위해서 온 적이 있다. 그는 베자를 '칼빈주의의 교황'이라고 비유하며 비난했다. 하지만 그는 3일 동안 도시를 살핀 후에 '종교개혁이 가져다준 삶의 모습'이 순진한 사람들을 속이기 위한 마귀의 교활함이라고 생각한 것과 달리, 실상 그 어떤 '참람한 말이나 맹세의 말이나 외설스러운 농담'을 들어본 적이 없다며 놀라움을 기록하고 있다.[236] 베자가 얼마나 자신에게 맡겨진 소명을 잘 감당했는지 알 수 있는 대목이다. 베자는 권징의 정당성을 성경, 특히 마태복음 16장 19절과 18장 18-19절에 근거하여 논증하였다. 예수께서 하나님 나라의 영적 열쇠를 제자들에게 맡기셨다는 것은 교회에 복음 선포와 교정적인 권징을 통해서 죄인을 매기도 하고 풀기도 하는 권세를 주셨음을 뜻하는 것이다. '열쇠의 권세'는 목회자들과 장로들이 완고한

---

235) Manetsch, 『칼빈의 제네바 목사회의 활동과 역사』, 129-130.
236) Manetsch, 『칼빈의 제네바 목사회의 활동과 역사』, 345.

죄인들에게 권면과 출교를 함으로써 매는 일을 행한다. 또한 사죄와 위로의 말씀으로 회개하는 죄인들을 향해 하나님의 용서를 적용하는 일을 통해 푸는 일을 행한다. 열쇠의 권세는 저주나 구원을 선언하는 권위로서 이 결정은 오직 하나님께만 속한다. 교회의 권징은 잠정적인 것으로 겸손과 온유함으로 이루어져야 하며, 그 목적을 죄인의 구원에만 두어야 한다.

이 열쇠의 권위는 세 가지 방식으로 나타난다. 첫째, '매고 푸는' 영적 권위는 목회자가 악인에게 하나님의 의로운 심판을 선언하고, 회개와 믿음으로 말미암아 그리스도께 돌아오는 자에게는 하나님의 구원의 약속을 선포하는 일, 즉 복음을 설교하는 일반적인 방식으로 시행된다. 둘째, 이 열쇠의 권세는 목사들과 장로들이 교회 회원의 성품과 교리를 조사하기 위해 연간 가정 심방을 할 때 또는 사적인 대화와 상담을 통해 죄인을 위해 권면할 때 시행된다. 마지막으로 목사와 장로는 도덕적 실패의 죄책이 있는 죄인을 대면하거나 자신의 범죄를 회개하기를 거부하는 자가 성찬예식에 참여하는 것을 금하는 종교법원과 같은 치리회의 사역을 통해 이 열쇠의 권세를 행사한다. 각각의 권징의 단계에서 교회의 지도자가 죄인의 회개와 회복을 불러일으키기 위해서는 엄밀하고도 온유하며 적절한 조치를 시행할 수 있는 영적 분별력이 필요하다. 따라서 베자는 지혜로운 목사는 "완고한 자에게는 율법의 말씀을, 절망하는 자에게는 은혜의 복음을 설교하는 것과 같은 가장 최선의 치료책을 처방하기 위해 질병을 간파해야 할 뿐 아니라 환자의 성향과 기질까지 파악해야 한다. 간략히 말하면 항상 죄를 정죄하되 죄인은 구원하자."라고 말한 바 있다.[237]

신학자로서의 베자

베자는 제네바에서 목회를 행하면서 끊임없이 학문적 소양을 쌓은 신학자였다. 그가 남긴 신학적 문헌 가운데 눈에 띄는 것은 바로 그의 영적 아버지 칼빈이 하나님의 부름을 받고 난 후 얼마 되지 않아서 출판한 『칼빈의 생애』이다. 그는 영적 본을 보인 종교개혁자의 삶을 교회에 남겨 이 땅에서 살아가는 그리스도인의 삶의 잣대 역할을 하도록 하였다. 베자는 종말을 향해 나아가는 시간 속에서 하나님과 사탄이 칼빈 뒤에서 서로 대결하는 인생 드라마로 칼빈의 생애를 그리고 있다. 우리의 삶은 하나님과 함께 싸우는 삶이

---

[237] Manetsch, 『칼빈의 제네바 목사회의 활동과 역사』, 358.

며, 하나님께서 우리의 인생을 만들어 가신다. 제네바를 떠나 스트라스부르로 떠나는 칼빈의 무거운 발걸음은 하나님의 큰 그림에서 계획된 여정이었다. 스트라스부르는 미래의 제네바를 위한 준비의 자리이자 제네바의 교회를 세우기 위한 큰 그림이었다. 준비의 과정을 거치고 다시 돌아온 제네바에서 칼빈의 사역은 평탄하지 않았다. 제네바의 시민들을 올바른 신앙인으로 양육하기 위한 계획은 반대에 부딪혀 넘어지기도 했고, 수많은 논쟁과 불협화음이 교회를 개혁해 가는 칼빈의 발목을 잡았다. 하지만 명확한 것은 사탄이 하나님의 계획을 무너뜨리려고 하지만, 그것은 실패할 수밖에 없었다는 사실이다. 그것이 하나님의 역사가 우리에게 주는 교훈이다.

이외에 역사가로서 베자의 면모는 신앙의 본을 보여준 개혁자들의 이야기를 담은 『종교개혁 영웅들의 초상』[238]과 『프랑스 개혁교회사』(Histoire ecclésiastique des Eglises réformées au Royaume de France, Genève, 1580)에서 잘 나타난다. 이 둘은 하나의 책이라 할 수 있다. 후자는 1560년대에 시작하여 20여 년에 걸친 프랑스 개혁교회의 역사를 담고 있다. 반면에 종교개혁자들의 초상화를 담고 있는 영웅들의 이야기는 글을

---

238) Beza, 박건택 옮김, 『종교개혁 영웅들의 초상』 (용인: 크리스천 르네상스, 2017).

읽는 능력이 부족한 독자들을 위한 책이다. 그는 당시의 종교개혁에 도움을 준 주인공들의 초상화를 모으기 시작하여 책에 삽입하였다. "생생한 음성이 청중의 마음까지 건드리는 법이고…권위 있는 사람들의 경우 그들이 말을 하지 않더라도 우리가 그들을 존경하기까지 하게 됨은 부인"할 수 없기 때문이다.[239]

하지만 베자는 종교개혁자들을 존경하는 것을 넘어서 숭배로 나아가는 것을 분명하게 경고한다. 종교개혁자를 숭배하는 자리에까지 나아가는 것은 지금까지 걸어온 종교개혁을 거스르는 역행이다. 하지만 그들이 걸어간 삶의 흔적이 이 땅에서 힘들게 믿음의 길을 걸어가는 그리스도인에게 힘을 줄 것임은 분명하다. 따라서 베자는 그 길을 함께 걸어가자고 초청한다.

> "나는 내 자신의 경험으로 이것을 말할 수 있습니다. 나는 그런 인물들의 책을 읽고 그들의 인물상에 눈길을 주면서, 그들이 아직도 설교자로 청중을 훈계하고 책망하는 것을 보는 것과 동일하게 거룩한 생각으로 생생하게 감동되었습니다. 경건을 사랑하는 모든 이들을 이런

---

239) Beza, 『종교개혁 영웅들의 초상』, 13.

복에 참여시키려는 나의 욕망은 우리 시대의 몇몇 저명한 인물의 초상화를 만들어내도록 나를 부추긴 원인이 되었습니다."[240]

베자는 종교개혁에 도움을 준 개혁자들의 초상에 지나친 호의와 존경을 보내는 것을 금지한다. 만약 죽은 자들의 초상에 열광하고 이성을 잃는 것은 하나님께서 분명하게 금하신 것임을 서문에 밝힌다. 오히려 베자는 이 책을 통해서 "거룩한 모임이 이루어지는 장소가 그런 쓰레기에서 깨끗해지도록 배려"했다고 말한다.[241]

신학자로서 베자의 업적은 단연코 성경이다. 베자는 칼빈이 사용한 헬라어 공인 본문(Textus Receptus)을 열 번에 걸쳐 직접 편집, 출간했다. 열 개의 인쇄본 가운데 1565년 초판을 비롯해서 아홉 개의 판은 그가 살아 있는 동안 출간되었고, 마지막 판은 그가 죽은 후 1611년에 출간되었다. 그는 헬라어 성경 이외에 신약 라틴어 번역을 1556년에 출간하여 약 100여 번 이상 재판을 출간하기도 했다. 또한 그는 후에 '베자 사본'(Codex Bezae, Codex D)이라고 불리게 되는 대문자 필사본을 발견하였다. 베자는 이를 1562년부터

---
240) Beza, 『종교개혁 영웅들의 초상』, 14.
241) Beza, 『종교개혁 영웅들의 초상』, 14.

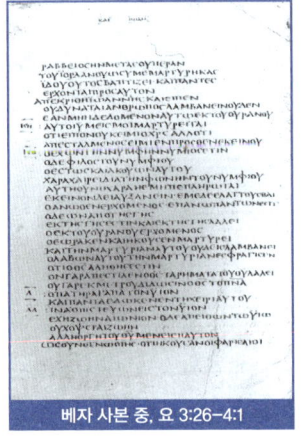
베자 사본 중, 요 3:26-4:1

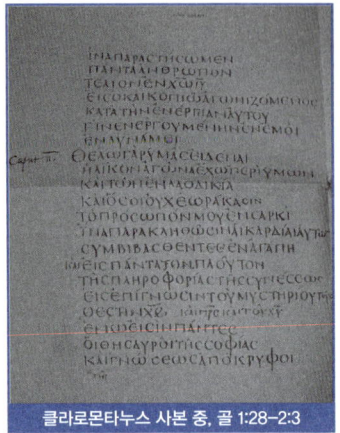
클라로몬타누스 사본 중, 골 1:28-2:3

1581년까지 보관하고 있다가 1581년에 케임브리지 대학에 기증했다. 두 번째 것은 '클라로몬타누스 사본'(Codex D2, Codex Claromontanus)이다. 이 필사본은 바울 서신들을 담고 있는데, 베자가 북부 프랑스에 있는 클레몽트 수도원에서 수집한 것이다.

베자는 목회자이자 신학자였다. 그는 목사회를 이끌면서 목회자의 소명과 고충에 대한 구체적 답변을 내놓은 교회를 위한 신학자였다. 공부를 게을리하지 않았고, 고난을 헤쳐 가는 성도들의 아픔과 고통을 함께 하며 그 길을 걸어갔다. 머리로만이 아니라 가슴으로 믿음의 동역을 이끌어낸 따뜻한 목회자였다. 베자에게 목회자는 하나님의 소명의 자리를 굳건히 지키는 자이다. 따라서 목회자는 하나님께서 주신 사명, 즉 죄인들을 향해 하나님의 심판을 경고해야 한다. 그리고 예수 그리스도를 믿는 믿음으로 말미암아 죄와 죽음과 마귀로부터 구원을 얻는 복된 소식을 선언하는 왕국의 열쇠, 즉 하나님의 신성한 말씀을 선포하고 성례를 시행하는 일을 행해야만 한다. 이 과정에서 베자는 목회자들에게 회중을 위하여 그리고 회중을 대표하여 기도할 것을 요구한다. 베자에게 목회자는 "교회의 필요에 따라 설교와 교훈과 책망과 위로와 권면을 통해 교리를 적용하고 공적인 기도를 올리는 자"이자, "밤낮으로 자기의 영적 양 떼를 돌보고 지키며 공적·사적으로 생명의 말씀을 먹이는" 영적 목자이다. 따라서 그는 목회자의 길을 이 땅에서 걸어가는 최고의 길로 여기며 걸어간 따뜻한 하나님의 사람이었다.

테오도르 베자
교회를 위해 길 위에 서다

Dieudonné de Bèze

8

위그노, 종교의 자유를 위하여

푸아시 회담
오른쪽에 서서 연설하고 있는 사람이 베자다.

푸아시 회담 표지판

Chapter 08

위그노, 종교의 자유를 위하여

수천 번이나 목숨을 잃을 뻔했으나 기적으로 살아
제네바로 왔기에 잠시 휴식을 취하고 싶었습니다.

베자는 프랑스의 개혁교회를 위해서 길을 떠난다. 길을 떠나는 순례자의 삶이 다시 시작되었다. 이제부터 베자는 프랑스를 품고 제네바에서 사역을 시작한다. 칼빈이 걸어 간 길을 베자가 그의 손과 발이 되어 뒤따른다. 1559년 5월 25일 개혁교회의 총회에 참석하기 위해 그는 파리로 떠난다. 1555년 9월에 파리에 처음으로 개혁교회가 세워진 이래로 엄청난 성장이다. 하나님의 은혜에 놀랍고 감사할 뿐이다. 박해로 수많은 순교자들이 피를 흘렸다. 그 위에 교회가 세워졌고, 이제는 그 꽃이 핀 그 자리에 베자가 함께 한다.

개혁교회 형성과 발전

1555년을 기점으로 프랑스의 수면 아래에 있던 니고데모파[242]에 속한 프로테스탄트들이 목소리를 내기 시작했다. 이런 용기를 낼 수 있었던 이면에는 칼빈이 있었다. 칼빈은 프랑스에 있는 "기존의 비밀 모임을 이제 목회자와 성례, 콩시스투아르가 있는 공개된 교회로 바꾸라"고 권면하였다.[243] 이 시기에 칼빈은 제네바 시의회와의 갈등이 안정권에 들어서게 되어 교회 개혁을 향해 박차를 가할 수 있게 되었다. 이로써 프랑스를 향한 선교의 열정을 낼 수 있는 정치적 환경과 발판이 마련되었다. 칼빈의 적극적 후원이 프랑스 개혁교회의 폭풍적 성장의 동력이 되었다. 칼빈은 프랑스 선교를 위해 몇 가지 전략을 세우는데, 이 전략

---

[242] "1537년 칼빈은 프랑스에서 많은 사람이, 비록 그들이 진리에 대해 완전히 알고 있었다 해도, 여전히 자기들의 안락을 고려하여 교황주의자들의 여러 의식에 겉으로 참여하지만 마음속으로는 충분히 그리스도께 예배한다고 주장하는 것…프랑스 박해를 두려워하여 처음에 변절했다 하더라도 그들의 마음이 참된 종교에 헌신했다면 교황주의자들의 의식에 육체적으로 참석하는 것이 죄가 된다는 것을 부인할 만큼 나중에 가서는 자기들의 행위에 만족하기 시작한 자들이 더러 있었다.…결과적으로 그때부터 모든 선량한 사람들은 니고데모라는 이름을 혐오감을 가지고 부르게 되었다. 이 니고데모라는 이름은 가장 거룩한 사람인 니고데모를, 예를 들어 자기들의 그르친 행동에 대한 인가를 받은 것처럼 하는 자들에게 붙이게 되었다." 강경림, 『칼빈과 니고데모주의』 (서울: CLC, 1997), 38-39.
[243] Gordon, 『칼빈』, 540.

이 특히 적중했다. 칼빈은 우선 프랑스 내에서 종교적 박해가 극에 달하자, 칼빈주의에 대한 비밀 엄수를 부탁하였다. 칼빈주의자라고 불리는 순간 화형을 당하기 때문이다. 그리하여 선교사 육성 프로그램과 파송에 대한 사항이 제네바의 평의회조차도 감지하지 못할 정도로 절대 비밀리에 추진되었다.[244] 둘째, 칼빈은 선교 대상을 프랑스 귀족층으로 삼았다. 프랑스는 여전히 계급사회이기에 귀족의 개종이 끼치는 영향이 크다는 것은 자명하기 때문이다. 귀족들이 프랑스 안에서 유통된 칼빈의 신앙서적을 읽기 시작하면서 귀족들의 개종이 이루어지기 시작했다.[245] 셋째, 칼빈은 수많은 편지를 보내어 격려하고, 제네바에서 선교사를 파송하여 바른 신앙이 정착될 수 있도록 했다. 이 시기에 칼빈의 목사회가 파송한 목회자는 최소한 200여 명에 달한다.[246] 칼빈은 파리의 형제들에게는 서로 격려하고 어떤 대가를 치르더라도 분열을 피하라고 강권하면서 서로를 외면하면 '늑대의 먹이'가 된다고 경고했다.[247]

칼빈의 목회적 전략이 프랑스 선교에서 꽃을 피울 수 있

---

[244] Robert M. Kingdon, *Geneva and the Coming of the Wars of Religion in France, 1555-1563*, (Geneva: Librairie Droz, 2007), 33-34.
[245] 박효근, "프랑스 종교개혁과 파리 위그노 공동체," 「한성사학」 28(2013), 125.
[246] Kingdon, *Geneva and the Coming of the Wars of Religion*.
[247] Calvin to Church of Paris, 28 Jan. 1555, *CO* 13, 412-413.

었던 것은 당시 귀족들이 칼빈의 신학을 국가의 혼돈을 극복할 수 있는 대안으로 여겼기 때문이다. 당시 프랑스에는 천체를 통해서 인간의 상태와 운명을 판단하는 이단적 흐름이 확산되고 있었다. 미래에 대한 불안감이 확산되자 점성술에 기대어 답을 찾고자 한 것이다. 샤를 9세의 어의가 되는 노스트라다무스(Nostradamus, 1503-1566)가 유명한 예언서(*Centuries astrologiques*, 1555)를 발표하자, 이 점성가를 반박하는 세 권의 책이 익명으로 출판되었고, 1560년(또는 1561년 초)에는 앙투안 쿠이아르(Antoine Couillard)가 쓴 논박서가 출판되었지만, 교회를 대변하는 어떤 대안이 되지 못하였다.[248] 오히려 구원에 대한 불안이 더욱 커지게 되었을 뿐이다. 이러한 때에 칼빈의 교리는 방향을 잃고 헤매며 구원을 갈망하던 귀족들에게 상당히 매력적으로 다가왔을 뿐만 아니라 구원의 확실성을 담보해주었다. 칼빈은 종말이라는 세상 밖의 초월적 시간을 세상 안으로 내재화하였다. 종말의 시간을 이 땅에서의 시간으로 끌어안아 적극적으로 살아가는 이유로 만들었다. 이러한 사유가 프랑스인에게는 매력적으로 느껴졌다. 여기에 칼빈의 예정 교리는 박해 가운데 견디는 실제적 위로가 되었다. 죽음 이후에 서게

---

248) Les contredicts du Seigneur de Pavillon, les Lorriz, en Gastinois, ausz faulses et abusives propheties de Nostradamus, et autres astrologues(1560).

될 최후의 심판에 대한 두려움에서 벗어나게 해주었을 뿐만 아니라, 이 땅에서 살아가는 힘과 용기가 되었다. 칼빈의 예정론은 모든 시간이 하나님의 뜻에 달려 있기에 이 땅에서의 삶도, 죽음도, 죽음 이후의 최후의 심판도 '특별한 위로'가 되게 만들어주었기 때문이다. 불확실한 미래에 대한 구원의 확신으로 영적 불안감을 해소시켜주었을 뿐만 아니라, 지나친 신학적 논쟁보다는 이 땅에서 살아가는 그리스도인들의 성화에 집중하도록 만들었다. 이런 신학적 교리가 실용적 사유를 추구하는 프랑스인에게 더욱 매력적이었던 것은 분명하다.[249] 무엇보다 칼빈의 신학이 준 매력은 칼빈의 신학 자체에 내재되어 있는 평등주의적 요소였다. 이는 당시 재력가들을 비롯한 장인계층 및 하류계층 모두를 끌어들이는 동력이 되었기 때문이다.[250]

---

[249] 박효근, "프랑스 종교개혁과 파리 위그노 공동체," 125. 드니 크루제(Denis Crouzet)는 문명의 위기와 함께 하는 역사 변증법으로 이를 설명한다. "내 가정은 회심의 집단 운동 가운데서 커져가는, 즉 회복된 말씀의 설교를 향해 나아가는 사회의 소수 무리가 역사 변증법에서 파악된다고 전제하지 않는 한 1555-1560년의 개혁파의 폭발적 증가를 이해할 수 없다는 것이다." Denis Crouzet, *Les Guerriers de Dieu* (2 vols. Champ Vallon, 1990), vol. I, 150.

[250] H. Hauser, *Études sur la Réforme française* (Paris, 1909), préface, 강남수, "종교전쟁 전야의 위그노파 분화과정,"「역사학연구」 52(2013), 336 재인용.

위그노 지도자의 개종

귀족층을 대상으로 하는 칼빈의 선교 정책은 프랑스 종교개혁 확산에 적중했다. 프랑스 종교개혁이 정치적 혼돈의 틈바구니에서 생겨난 종교전쟁에서 귀족들은 위그노의 지도자가 되었다. 그것은 하나님께서 주신 소명의 자리였다. 당시 귀족이면서 종교적 지도자로 대중에게 알려진 사람이 바로 콜리니 해군 제독과 콩데 공이다.[251] 콩데 공(Louis I de Bourbon, 1530-1569)은 자존감이 높은 정치적·군사적 리더였다. 그렇기 때문에 종교적 문제보다는 정치적 사안에 민감한 정치인이었다. 그런 그가 1555년에 프로테스탄트로 개종하게 된다. 그때가 이탈리아와의 전쟁을 마치고 돌아온 후였다. 그는 그의 형인 앙투안 드 부르봉의 영향으로 개종하여 종교개혁의 지도자로 우뚝 서게 된다. 처음에는 종교개혁자들의 기대를 받지 못하였지만, 종교전쟁

콩데 공

---

251) 위그노가 프랑스에서 귀족층을 중심으로 확장된 시점은 1558년경으로 추정된다. Janet Glenn Gray, *The French Huguenots–Anatomy of Courage* (Grand Rapids: Baker Book House, 1981), 97-99.

이 일어나게 되는 과정에서 위그노의 지도자가 되었다. 콜리니 제독(Gaspard II de Coligny, 1519-1572)은 스페인과의 전쟁에서 공을 세운 전형적인 군사 전략가이다. 군대의 지도자로서 왕국에 대한 충성심이 남다른 자였다. 그가 개종하게 된 것은 동생 프랑수아 당들로의 체포 사건이 결정적이었다. 그는 주저하면서 동생의 종교적 관

콜리니 제독

용에 대한 설득으로 위그노의 지도자로서 자리매김하게 된다. 그는 성 바돌로매 축일에 일어난 대학살의 첫 번째 희생자가 되었다.[252]

위그노로 개종한 귀족들은 박해 가운데 침묵하지 않았다. 이들의 움직임은 앙리 2세가 프로테스탄트를 박해하는 과정에서 걸림돌 역할을 하였다. 합스부르크 가문과의 지속적인 전쟁으로 옴짝달싹 못하고 있던 앙리 2세는 이 난국을 피하고자 코피에뉴 칙령을 공포하여 개혁파 신학을 신봉하는 자들을 사형에 처하는 법령을 도입하였다. 하

---

252) Janet Glenn Gray, *The French Huguenots-Anatomy of Courage*, 97-99.

지만 이는 파리 고등법원의 저항으로 제대로 시행되지 못하였다. 파리 고등법원에 개혁파 신앙을 가진 자들이 많았기 때문이다. 앙리 2세는 왜 이 법령이 시행되지 못했는지를 1559년 6월에 직접 고등법원 회의에 참석하고 나서야 알게 되었다. 그중에는 치안판사이자 대법관의 조카로, 국왕과 가톨릭 신앙에 열정적인 국왕의 정부 그리고 국왕이 행하는 핍박에 반대 발언을 한 안 뒤 부르(Anne du Bourg, 1521-1559)가 있었다. 앙리는 뒤 부르를 죽이기로 결심했다.[253] 그러나 사건이 예상치 못한 방향으로 전개되었다. 1559년 6월 말 앙리 2세가 마상에서 창 시합을 하다가 심각한 부상을 입은 것이다. 그는 눈을 통과해서 뚫고 들어간 창의 파편 때문에 열흘 후 사망하고 말았다. 위그노들은 그의 죽음을 하나님의 은혜이자 간섭하심의 결과로 고백하였다.

프랑스의 피라미드 형태의 정치구조 아래에서 귀족들은 위그노의 보호자 역할을 해주었을 뿐만 아니라, 자신들의 정치적·경제적 이해관계에 따라 칼빈주의를 접목시킴으로써 위그노파가 급속하게 확산되는 토대를 마련하였다. 그리하여 프랑스에서 위그노라는 새로운 종교집단이 형성되었고, 이 세력은 국가의 정신적 중심체로서 가톨릭을 위협

---

253) Gordon, 『칼빈』, 544-545.

할 정도로 그 숫자가 증가했다. 1560년대 귀족의 절반 정도가 위그노였다는 사실을 기억하라! 1559년 프랑스 개혁교회 총회(1559.5.25.-5.29.)가 열림으로 위그노는 하나의 종파가 되었다. 그러면서 프랑스에는 개혁신학에 토대를 둔 선교사들이 필요하게 되었다. 그리하여 이 시기에 제네바에서 파송된 선교사의 수는 그동안 파송된 선교사 인원의 30%에 달하는 32명이나 되었다. 그리고 그해에 설립된 교회가 100여 개에 이르렀다.[254] 이후 5개의 칼빈주의 교회가 앙제(Angers), 모(Meaux), 푸아티에(Poitiers), 루뎅(Loudun), 아르베르(Arvert) 등지에 설립됨으로써 독자적인 집회 장소가 형성되어 로마 가톨릭과 구분할 수 있게 되었다.[255] 1562년 위그노 전쟁이 발발한 즈음에 콜리니 제독이 프랑스 내에 교회가 최소 2,150개가 있다고 카트린에게 보고한 것으로 보아 그 세력은 기하급수적으로 수직 상승하고 있었다는 것을 알 수 있다.[256] 1571년 라로셀 총회에서는 이미 2,000여 개가 넘는 교회가 설립되었으며, 칼빈주의 신앙을 고백하는 회중의 수는 150만에서 200만을 헤아리고 있었다.[257]

---

254) Kingdon, *Geneva and the Coming of the Wars of Religion*, 145.
255) Theodore Beza, *Historie ecclésiastique des Eglises réformées au royaume de France, depuis l'an 1521 jusqu'en 1563* (Lille, 1841), 1, 61. 강남수, "종교전쟁 전야의 위그노파 분화과정," 333 참조.
256) *CB* 3, 280.

나바르의 여왕 잔 달브레

베자가 프랑스에서 사역하는 동안 함께 동고동락한 여성 지도자가 있었다. 그녀의 개종에 끼친 베자의 영향에 대하여는 학자들 간에 차이가 있으나, 분명한 것은 그녀가 위그노의 지도자로서 베자의 적극적 후원자이자 동역자가 되었다는 사실이다. 그녀는 바로 나바르의 여왕 잔 달브레(Jeanne d'Albret, 1528-1572)이다. 그녀는 프랑스에서 로마 가톨릭과 위그노의 갈등이 고조되는 시점에 공개적으로 신앙을 고백한다. 이 신앙고백은 그녀의 불운을 바라던 적들마저도 감복할 정도였다고 한다.[258] 그녀는 왜 정치적 혼돈의 시기에 종교적 열세인 위그노의 신앙을 공개적으로 고백하는 결단을 내리게 된 것일까? 잔은 자신의 신앙 여정을 1555년 8월 비콩트 구르동(Vicomte de Gourdon)에게 보낸 편지에서 다음과 같이 고백한다.

"저는 두 종교 사이에서 망설이며 지금껏 제가 작고

---

257) Babara B. Diefendorf, "The Religious Wars in France," in *A Companion to the Reformation World*, ed. R. Po-chia Hsia (Oxford: Blackwell, 2006), 150-152.
258) Kirsi, Stjerna, 박경수, 김영란 옮김, 『여성과 종교개혁』 (서울: 대한기독교서회, 2009), 326.

하신 왕비, 제가 가장 사랑하는 어머니, 하나님께서 용서하시는 그분의 발자취를 좇았다는 것을 말씀드리기 위해 당신께 편지를 씁니다. 바로 그 왕비께서는 자신의 동생인 고 프랑수아 1세, 제가 존

잔 달브레 여왕

경하는 삼촌에게서 새로운 교리를 받아들이지 말라는 경고를 받았습니다. 또한 저는 오래전에 작고하신, 제가 가장 사랑하는 어머니가 방에서 목회자 루셀과 파렐과 함께 기도하고 있을 때 아버지께서 불시에 급습해 심하게 화를 내며 어머니의 오른뺨을 때리고, 교리문제에 쓸데없이 참견하지 말라고 호되게 금하신 일도 잘 기억합니다. 그분은 제게 회초리를 휘둘러 저로 하여금 쓰라린 눈물을 많이 흘리게 했으며, 두 분이 돌아가실 때까지 계속 두려움을 느끼고 고분고분하도록 만들었습니다. 이제 저는 두 달 전에 아버지가 돌아가심으로 자유롭게 되었습니다.…제 생각에 종교개혁은 정말로 옳고 필요한 일 같습니다. 제가 계속해서 어정쩡하게 머뭇거리고 있는 것은 하나님께 충성스러운 일이 되

지 못하고 비겁한 일이며, 제 양심과 제 백성에게도 그러할 것이라고 생각합니다."[259)

잔 달브레의 공개적인 신앙고백은 어머니 마르그리트 드 나바르(Marguerite de Navarre)가 남긴 신앙의 유산이었다. 어머니는 공개적으로 자신의 신앙을 고백하지는 못했지만, 잔은 공개적 고백과 더불어 위그노의 정치적 지도자로 서게 된다. 잔을 위그노의 지도자로 서게 하는 데 결정적 역할을 한 사람은 단연코 칼빈이다. 칼빈은 프랑스의 귀족들에게 프로테스탄트 신앙을 전하기 위해 1557년경에 6-7명가량의 목사를 나바르에 파송하였다. 제네바에서 파송한 목회자들의 설교와 그들이 가지고 온 책들을 통해서 잔은 자신의 신앙을 더욱 더 확신할 수 있었다. 그럼에도 불구하고 여전히 공적인 고백으로까지 나아가지는 못하였다.

마르그리트의 동상

그때 잔은 칼빈이 네락으로

---

259) 여왕 잔이 포에서 8월 22일 쓴 다음 서명함. Stjerna, 『여성과 종교개혁』, 323.

파송한 베자를 만난다. 베자는 1560년 7월 20일에 네락에 도착하였다. 베자가 이곳에 온 목적은 로마 가톨릭을 대표하는 기즈 가문에 대항하여 위그노의 보호를 앙투안에게 부탁하기 위해서이다. 이때 베자가 잔에게 어떤 영향력을 주었는지는 명확하지 않지만 잔은 자신이 1568년에 쓴 『충분한 설명』에서 '내 모든 일을 알고 있는 사람'이라고 베자를 소개한다.[260] 베자에 대한 그녀의 신뢰가 얼마나 컸는지 알 수 있다. 베자와의 만남으로 그녀가 개종하게 되었다는 직접적 증거는 없지만, 잔이 '어머니의 신앙이 지니고 있던 복잡성이나 모호성'을 보지 않고 다른 어떤 이교적 신앙에 의해서 '희석되지 않은 칼빈주의자'가 되어가는 길에 베자가 함께 하고 있었다는 사실이 중요하다.[261] 잔 달브레는 베자와 함께 프랑스의 위그노에게 종교적 자유를 허락

---

260) "Ample Declaration," Letters from the Queen of Navarre with an Ample Declaration, 59. 김충현은 베자가 직접적인 영향을 끼쳤다는 말도 없으며, 베자의 영감으로 기록된 『프랑스 프로테스탄트 교회사』에서 그녀가 프로테스탄트 운동에 냉담했다고 보고하고 있는 것을 이유로 들어 베자와의 연관성에 의문을 제기한다. 이 문제는 프로테스탄트가 시도한 앙부아즈 사건과 관련된 견해의 차이 때문에 그렇게 평가할 수 있다. 잔은 당시 프랑스의 섭정 정치에 대하여 프로테스탄트와 다른 견해를 가지고 있었다. 프로테스탄트는 왕의 섭정을 왕후 카트린이 맡는 것은 국법에 어긋난다는 입장을 취하고 있었을 뿐만 아니라, 섭정은 나바르의 앙투안이 담당해야 한다는 입장이었다. 하지만 잔은 남편이 정치적으로 연루되는 것을 원치 않았다. 이 지점에서 베자와 잔은 상반된 입장을 취하고 있었다. 아래 3.2 앙부아즈의 음모 사건을 참조하라.
261) Bainton 2001, 43, 45. Stjerna, 『여성과 종교개혁』, 324.

하기 위해서 동역하였다. 잔은 위그노의 정치적 지도자로서, 베자는 종교적 지도자로서 그들의 사명을 감당하였다. 베자가 걸어간 정치적·종교적 행보 가운데 푸아시 회담에서나 프랑스의 종교전쟁에서 그녀는 자신에게 맡겨진 임무를 통해 베자와 동역하였다. 위그노의 정치적 지도자로서 그녀의 역할은 그녀가 라로셸에 거하던 1568-1571년(제3차 위그노 전쟁) 동안 그 정점에 달하였다.

앙부아즈 사건(1560. 3. 17.)

위그노의 양적 증가는 점점 더 로마 가톨릭과의 종교적 문제에서 비타협적인 호전성을 띠게 될 가능성이 높아진다는 것을 의미한다.[262] 이 염려가 앙부아즈 사건(1560.3.17.)으로 가시화된다. 1559년 6월 말, 종교재판을 통해서 프로테스탄트 박해의 정점을 찍은 앙리 2세가 뜻밖에 마상에서 창시합을 하다가 심각한 부상을 입고 갑작스럽게 사망하고 말았다(1559.7.10.). 얼마나 허망한 죽음인가! 베자는 그의 죽음을 하나님의 심판으로 간주하였다. 왕권은 15세의 병약

---

262) 강남수, "종교전쟁 전야의 위그노파 분화과정," 「역사학연구」 52(2013), 336.

한 소년인 프랑수아 2세(Francis II, 1544-1560)에게 넘어갔다. 하지만 프랑수아 2세는 어리고 병약해서 어머니 카트린 드 메디치(Catherine de Médicis, 1519-1589)가 통치권을 가지고 있었다. 왕후 카트린은 이탈리아 출신으로서 프랑스 본토 출신이 아니라는 약점을 가지고 있었기 때문에 기즈(Guises) 공과 제휴를 맺었다. 당시 프랑스에는 본토 출신이 아닌 이방인들은 왕국의 통치권을 가질 수 없다는 혈통에 따른 조건이 있었기 때문에[263] 기즈 공과의 제휴는 불가피했다.[264] 위그노들은 불안했다. 기즈 가문은 로마 가톨릭을 대표하는 집안이기에 앙리 2세의 종교 박해가 지속될 것을 염려하였다. 그래서 프랑스 위그노 시유 드 라 르노디(Sieur de la Renaudie)는 불법으로 이루어지는 섭정에서 왕을 구하는 음모를 꾀하기 시작하였다. 그는 기즈 가문 사람들을 암살하고 프랑수아 2세를 납치하여 통치권을 부르봉 가문에게 주려는 계획[265]을 표면화하였다. 하지만 칼빈은 앙부아즈의 음모가 졸렬한 계획으로 실패할 것이라고 반대하였다. 만약 계획에 참여한 가담자들이 단 한 방울의 피라도 흘리게 된다면, 그것은 곧 프랑스 전역을 피로 물들게 하는 결과

---

263) 강남수, "기즈 가의 호전적 가톨릭주의," 582.
264) 기즈 공이 앙리 2세의 죽음 이후 정치적으로 권력을 장악하는지는 다음을 참조하라. 강남수, "기즈 가의 호전적 가톨릭주의," 582-583.

를 초래할 것이라고 이야기했다고 한다. 사실상 그는 그 음모를 프랑스의 개혁적 대의를 가로막는 장애물로 간주했다.[266] 칼빈은 그를 '항상 허영과 자만으로 가득 차 있는 사람'으로 생각하여 더욱 그의 계획을 비판하였다.[267] 하지만 라 르노디의 계획에 위그노이자 법률가인 오트망(François Hotman)은 열렬한 동의를 보냈고,[268] 베자도 은근한 지지를 보냈다.[269]

칼빈도 왕후 카트린과 기즈 공이 정치적으로 제휴를 맺는 것은 불법이라고 생각하였다. 당시 프랑스는 섭정의 경우, 왕족의 근친이 섭정의 통치권을 가진다는 법이 있었다. 이 법률에 따르면 기즈 가문도 왕족이 아니었다. 엄밀히 따진다면, 기즈 가문은 혈통상 로레인 가문이기 때문이다.[270]

---

265) 기즈 공이 정치적으로 권력을 장악해 가는 과정에서 나타난 횡포로 인해 위그노파는 "가톨릭교회라는 마스크로 가장한 탐욕스러운 사제단으로부터 국왕을 멀리 떼어놓아야 하는 임무"를 지게 되었다고 생각했으며, 이에 가담한 위그노들은 "기즈 가의 오랜 계획을 명백히 드러나게 한 전사들" 내지 "압제와 잔혹한 교황권에 대항하여 신앙과 국왕과 충실한 백성들을 지키는 자"로 간주되었다. F. Charbonnier, *La poésie française et les guerres de relgion (1560-1574)*, (Geneve, 1970), 72. 강남수, "기즈 가의 호전적 가톨릭주의," 583 재인용.
266) "순교자 피터에게 보내는 편지," 1560년 5월 11일. Bonnet 4, 106 ff.
267) 1561년 4월 16일 칼빈은 콜리니 제독에게 장문의 편지를 써서 자신의 입장을 밝혔다. CO XVIII, 425. "그 사람은 비록 첫째 항렬에는 속하지 않지만 왕족 가운데 하나(콩데를 암시)가 이 일을 이끌 경우 우리가 돕는 것이 허용되는지를 내게 물었습니다. 나는 그 문제에 부정적으로 대답했습니다."
268) 박건택, "칼빈과 프랑스의 종교적 자유,"「신학지남」
269) 1559년 10월 3일 불링거에게 보낸 편지 *CO* 17, 654.

만약 섭정이 이루어진다면, 왕족 혈통을 가진 나바르의 왕이나 콩데 공이 되는 것이 합법적이었다. 그래서 칼빈은 나바르의 왕을 설득하기 위해서 사람을 보내기도 하였다. 사실 프랑수아 2세는 15세 반으로, 성인이었기 때문에 섭정 자체가 불법이다. 섭정이 이루어지는 나이는 15세 미만일 경우에 해당하기 때문이다. 따라서 당시 논의는 섭정의 합법성에 집중하는 것을 보게 된다.

베자는 왜 앙부아즈의 음모를 지지한 것일까? 물론 베자는 오트망처럼 적극적인 지지를 보내지는 않았다. 하지만 그는 당시 자신이 번역하고 있던 시편 94편을 라 르노디에게 주었다고 한다. 이 시편 94편은 하나님께서 사악한 자들을 전멸하고 교만한 자들에게 복수하도록 기원하는 내용을 담고 있다.[271] 칼빈의 영향 아래에 있던 제네바의 목사회가 라 르노디의 계획에 어떤 지지도 보내지 않을 것임을 알고 있었음에도 이 편지를 준 것은 그가 보이지 않는 지지를 보낸 것으로 읽혀진다. 심지어 이 계획을 주도한 이가 만약 나바르의 왕이었다면 그는 반대하지 않았을 것이라고 증언[272]하기도 했다고 한다. 그러면 베자는 칼빈과 다른 길을

---

270) Hugues Daussy, "Huguenot Political Thought and Activities," 71-72.
271) Scott M. Manetsch, *Theodore Beza and the Quest for Peace in France, 1572-1598* (Leiden; Botston; Köln: Brill, 2000), 19.
272) Gordon, 『칼빈』, 550-551.

걸어가는 것일까?

결과론적으로 본다면 칼빈의 예상이 적중했다. 위그노의 생존이라는 명분을 가졌으나 위그노의 병력은 오합지졸에 불과했다. 심지어 이 음모는 사전에 새어나가 실패로 돌아갔다. 칼빈이 예상한 대로 계획의 주동자 라 르노디는 살해당했고, 음모에 가담한 많은 귀족들과 왕에게 신앙고백을 제출하기 위해 온 1,200명 이상의 위그노가 교수형에 처해졌다.[273] 이들 중 시유 드 발몽지(Sieur de Villemongis)는 처형 직전에 목이 잘린 동료들의 피에 손을 담그고는 "여기 우리 자녀들의 피가 있나이다. 오, 주여, 당신의 한이 풀리는 날이 올 것입니다!"라고 외쳤다[274]고 한다.

이후 칼빈은 오트망과 베자를 네락으로 보냈다. 콩데 공을 중심으로 귀족들이 종교개혁을 이끌어야 한다고 설득하기 위해서였다. 1560년 8월에 열린 회담에서 나바르의 앙투안과 오트망, 베자가 참석하여 위그노가 강세인 남부 지방을 해방시키기 위해서 새로운 음모를 도모한 것으로 보아 앙부아즈 음모에서는 칼빈과 베자가 서로 다른 길을 걸

---

[273] *CO* 18, 83. "나는 이것이 새로운 종류의 매혹이라고 백번이나 천명했으며, 그 슬픈 결말에 대해서 많은 사람이 그들의 어리석음을 후회하리라고 예언했습니다." (1560년 5월 5일 자로 불링거에게 보낸 편지 *CO* 18, 83).

[274] Gordon, 『칼빈』, 550.

어갔다기보다는 방법에서 견해차가 있었던 것으로 보인다. 베자는 적어도 귀족들이 주어진 임무를 수행하여 무력적 방법이 아닌 비폭력의 사도로서 해결책을 찾도록 독려하고자 했다.

푸아시 회담 (Colloque de Poissy, 1561)[275]

베자가 네락에서 돌아온 후 9개월이 지났을 때, 프랑스는 프랑수아 2세의 죽음으로 상황이 바뀌었다. 기즈 가문의 일당이 물러가고 카트린 드 메디치가 아홉 살 반밖에 되지 않은 왕 샤를 9세(Charles IX, 1550-1574)를 대신하여 섭정의 형태로 왕권을 잡은 것이다. 카트린은 한편으로 기즈 가문이 주도하는 불관용 정책과 거리를 두는 신중한 정책을 취하고, 다른 한편으로는 위그노에 대한 관용정책을 확대하여 위그노의 지지를 통해서 왕권을 강화하고자 하였다. 이는 국가의 정신적 중심체인 가톨릭을 위협할 정도로 위

---

[275] 칼빈은 샤를 9세가 푸아시 회담에 참석하는 개회일을 종교적 자유와 관련해서 의미 있는 날로 여겼다. "그날은 교회들을 위해 자유가 보장된 경사스런 날이었습니다. 즉 그들이 승인할 수밖에 없고, 그들이 빼앗아가기 매우 어려운 자유 말입니다." 1561년 베자에게 쓴 편지 *CO* 18, 737; *CB* 3, 159.

그노의 숫자가 증가했다는 뜻이다. 하지만 위그노의 증가는 로마 가톨릭교회에게 낯선 이질감으로 다가와 불안감을 낳았다. 1561년 디종의 시행정관과 주민들이 부르고뉴 총독 오말 공에게 보낸 탄원서를 보면 위그노들이 가톨릭 교도에게 끼친 불안감이 얼마나 큰지 짐작할 수 있다. 부르고뉴는 위그노 세력이 비교적 확산되지 않은 지역이었음에도 불구하고 위그노에 대한 불만이 표출되었다는 것은 당시 위그노 세력이 준 이질감이 상당이 컸다는 것을 보여준다.[276] 하지만 위그노의 교세가 놀라운 확장을 이루었다 해도 가톨릭의 교세와 비교할 때 그 수는 미비했다. 그럼에도 불구하고 정치적 변화에 따라서 가톨릭파의 대표자인 기즈

---

276) "1. 가톨릭의 축일에 소위 개혁파 신도라 불리는 이들은 왕의 칙령을 무시하며 공공연히 상점을 열고 일을 계속합니다. 2. 서적상들은 공개적으로 논란이 되는 책들을 팔고 있습니다. 3. 궁전 등 여러 공공장소 바로 앞에서 성사와 미사를 폄하하며 중상 모략하는 소책자와 도판들이 공공연히 판매되고 있습니다. 4. 이런 책들의 내용을 보면 모두 성사와 미사에 대해 신성 모독적이고 차마 입에 담을 수 없는 내용들로 가득 차 있습니다. 5. 숙박업소와 식당의 요리사들은 금식을 해야 하는 날에도 고기요리를 팔아 진정한 가톨릭 신도들을 동요시키고 있습니다. 6. 그들은 교회에서 금지한 날에 결혼식을 하거나 세례식을 올립니다. 7. 그들은 도시 내에서 공공연하게 집회를 개최합니다. 8. 국왕의 의지와는 다르게 그들은 가톨릭 교도를 위해 마련된 묘지에서도 집회를 엽니다. 9. 그들은 공동으로 금고를 만들어 그곳에 상당한 양의 돈을 모아놓았습니다. 이를 통해 그들은 가난하고 비참한 사람들에게 도움을 주겠다며 잘못된 길로 이끌고 유혹하고 있습니다." "Petition of the magistrates and inhabitants of Dijon to the duke of Aumale, 1561." Archives municipales de Dijon, D63, David Potter ed. & trans. *The French Wars of Religion: Selected Documents*, Macmillan Press, 1997, 45 재인용.

가문에 대항하여 왕실의 권력을 지키고자 한 카트린은 신중하게 기즈 가문에 대항하고 위그노로 개종한 부르봉 가문과 협력하게 된다. 이로써 프랑스는 정치적 당파가 종교적 성향에 따른 갈등과 맞물리면서 국가가 분열될 위기에 봉착하게 되었다.

이를 해결하기 위해서 카트린은 오를레앙에서 삼부회(1560.12.13.-1561.1.31.)를 소집하였다.[277] 왕권의 강력한 통치권을 위해서는 종교적 일치를 이루어내는 것이 주요하다. 삼부회의 재상 미셸 드 로피탈(Michel de L'Hôpital)은 이 위기를 극복할 수 있는 대안으로 종교적 신앙의 합일을 제안하였다.

> "서로 다른 종교를 가진 이들 사이에 우정과 평화를 기대하는 것은 미친 짓이다. 종교만큼 사람들의 마음에 깊이 파고들어 서로를 분열시키는 것은 없다. 현재 경험하고 있는 바와 마찬가지로 같은 종교를 가진 프랑스와 영국인이 다른 종교를 가진 같은 마을의 두 시민보다 더 큰 우정을 가지고 있다."[278]

---

[277] 1483년 이후에 처음으로 열렸다. André Maurois, *Histoire de la France*, 신용석 옮김, 『프랑스사』 (서울: 김영사, 2016), 232-33.

푸아시 회담(하단 가운데 손을 든 사람 베자)

로피탈은 종교적 정체성이 국가의 소속감보다 더 강하게 작용하기에 두 종교의 대표들이 만나 타협을 이루도록 회담을 주선하였다. 이것이 푸아시 회담(Colloque de Poissy, 1561)인데, 이 회담의 목적은 신앙의 일치를 통해 국가의 위기를 극복하는 데 있었다. 이 회담에 베자와 버미글리(Peter Vermigli)가 초청되었다. 베자가 육신의 아버지에게서 물려받은 귀족이라는 태생적 지위는 그가 종교개혁을 위해 일할 때, 특히 외교 관계에서 유용하게 작용하였을 것이라 추

---

278) *Œuvres de Michel de l'Hopistal*, ed. Dufey, t.I (Paris, 1824), 296; 임승휘, "프랑스 종교전쟁과 관용 개념의 탄생 – 푸아시(Poissy) 회담(1562)에서 낭트 칙령(1598)까지," 「이화사학연구」 37(2008), 294 재인용.

정된다.[279] 당시 베자의 연설은 파리 시민에게 인기를 끌었고, 콜리니 가문의 사람들과 콩데 공을 따르는 사람들이 파리 궁정에서 칼빈주의 사상을 유지하였다. 이러한 분위기로 인해 오히려 카트린의 고문 중 가톨릭 신앙의 미셸 드 로피탈과 장 드 몽뤽(Jean de Monluc)이 이단으로 의심받을 정도였다. 왜냐하면 왕후 카트린이 궁정에서 위그노 귀족들에게 '자신들의 방식대로 살도록 허락'했을 뿐만 아니라 아이들에게 방언으로 기도하고 마로(Clément Marot)의 시편을 찬송하도록 했으며, 왕실 예배당에서 칼빈주의 예배가 미사를 대신하게 했기 때문이다.[280] 개혁교회의 제일 대변자였던 베자의 외교 능력이 빛을 발하는 순간이었다. 질 라잇(Jill Raitt)은 푸아시 회담을 통해 나타나는 그의 능력을 다음과 같이 설명한다.

"푸아시, 즉 베자가 프랑스 왕과 왕후, 프랑스 법관 전체, 로마 가톨릭교회의 프랑스 군주들, 예수회 부총회장인 디에고 라이네즈(Diego Laínez)를 포함한 교황의 대리인들 앞에서 개혁교회의 교리를 설명한 그 순간이 베자

---

279) Berg, *Friends of Calvin*, 243.
280) 김충현, "프랑스 종교개혁과 종교전쟁에서 잔 달브레(Jeanne d'Albret)의 역할," 「여성과 역사」 23(2015), 277.

의 생애 중 가장 화려하게 빛나는 최고점이었다."²⁸¹⁾

신앙의 합의를 통해서 국가의 갈등을 해소하고자 한 카트린은 왜 개혁신학의 기초를 놓은 칼빈이 아닌 베자를 부른 것일까? 이미 프랑스에서 칼빈의 영향이 컸음에도 불구하고 베자를 부른 것은 아마도 프랑스 교회의 개혁을 위하여 외교적이고 화해적 역할을 수행할 수 있는 인물이 요구되었기 때문이라 추정된다. 베자는 이미 수년 전부터 독일을 중심으로 외교 활동을 해왔기에 그가 이 협상에 적합하다고 여겨졌을 것이다. 칼빈은 '이름만 들어도 감정을 불러일으키는 인물'이었기 때문에 '매우 큰 위험을 무릅쓰게 할 두려움'이었다. ²⁸²⁾ 하지만 베자는 '큰 자들의 열렬한 환대'를 받았을 뿐만 아니라 '그를 만나 식사할 시간도' 없을 정도였다고 한다. ²⁸³⁾ 이를 통해 볼 때 베자는 당시 프랑스가 직면한 상황을 해결할 적절한 인물로 평가되었음을 알 수 있다. "1561년 말에 베자의 활동 경력은 그 절정에 달했다. 바야흐로 그는 뜻밖의 일이 생기지 않는 한 프랑스 교회의 개혁자가 될 참이며, 칼빈은 다만 그 선구자로밖에는 여겨

---

281) Jill Raitt, *The Eucharistic Theology of Theodore Beza: Development of the Reformed Doctrine* (Cambersburg, PA: American Academy of Religion, 1972), 8.
282) *CB* 3, 139.
283) *CB* 3, 139.

지지 않을 정도였다."[284]

프랑스에 도착한 베자는 막중한 책임감으로 두렵고 떨렸다. 푸아시 회담이 로마 가톨릭을 바른 신앙으로 개종시킬 수 있는 기회일 뿐만 아니라 프랑스의 위그노에게 종교적 자유를 허락할 수 있는 기회였기 때문이다. 프랑스 궁에 도착한 지 3일 후에 베자가 칼빈에게 쓴 편지를 보면 그의 고민과 막중한 책임감을 느낄 수 있다.

"아! 내 아버지여, 내가 밤낮으로 얼마나 그대를 불렀는지요.…당신의 임재가 그토록 유용할 시기에 내가 그것을 누릴 수 없는 때에라도 부재자들의 기도가 헛되지 않을 것입니다. 만일 그곳에서 우리에게 줄 조언이 있다면 가능한 한 빨리 해주셔서 우리가 경솔하게 범죄하지 않도록 해주시기를 간청합니다. 마지막으로 내 아버지여, 그대가 우리와 함께 있을 수 없기 때문에 멀리서 그대의 조언과 다른 모든 방법으로 우리를 어린아이들처럼 인도해 주십시오. 사실 나는 우리가 어린아이들에 불과하다는 것을 알고 또 날마다 그것을 느낍니다.

---

[284] Etinne. Trocmé, "L'ascension de Bèze(1549-1561), au miroir de sa correspondance," *Journal des Savants* (1965), 622. 박건택, "베자의 서간문에 나타난 칼빈상,"「신학지남」56(1989), 148-49 재인용.

다만 나는 이 어린아이들의 입을 통해 하나님께서 그의 놀라운 지혜를 나타내시기를 바랄 뿐입니다."[285]

베자는 두렵고 떨리는 마음으로 로마 가톨릭 대표단 앞에 섰다. 그리고 개혁교회의 대표자로서 제네바 교회가 사용하는 죄 고백서를 읽은 뒤, 개혁파의 정치적·신학적 입장을 설명하기 시작했다. 그는 먼저 정치적으로 위그노가 '소란을 좋아하고 육적 쾌락에 빠져 있는 야심찬 사람들'이자 '모든 화합과 평온을 깨뜨리는 원수'이며, 설령 '전적으로 평화의 원수는 아니라 하더라도 그 누구도 받아들일 수 없을 정도로 그렇게 거칠고 신랄한 조건을 내세워 그 평화를 추구'하는 자들로 여겨졌고, 마치 '온 세상을 뒤집고…다른 세상을 만들며…일부의 재산과 권리를 빼앗는' 범죄자로 비쳐졌다고 지적했다.[286] 그리고 이런 잘못된 인식을 시정하기 위해서 그는 개혁 교리를 채택한 나라들을 증거로 내세운다. "물론 우리가 만왕의 왕이시요 만유의 주이신 우리 하나님께 우선적으로 복종해야 한다고 가르치는 것은 사실입니다. 그러나 나아가 만일 우리의 글들이 우리에게 강요된 그런 범죄에서 우리를 정화시키기에 충분하지 않다면,

---

285) *CB* 3, 143-144.
286) *CO* 18, 690.

전하, 이 동일한 교리를 따라 개혁된 나라들의 위정자들과 정부들의 예를 내세우겠습니다. 하나님의 은혜로 그들은 우리의 변호를 위한 훌륭하고 충분한 증거로 사용될 수 있을 것입니다."287)

베자는 위그노에 대한 오해를 적극적으로 해명하고 개혁교회의 신앙을 설명하면서 로마 가톨릭과 합의를 시도한다. "첫째, 예수 그리스도의 속죄 외에 다른 대속(연옥과 같은)은 없다. 둘째, 예수 그리스도만이 우리의 영원한 영적 제사장이시다. 셋째, 우리를 의롭게 하는 것은 믿음이지 선행이 아니다. 우리의 모든 선행은 하나님의 은혜이다. 다섯째, 영생은 하나님의 무상의 선물이지 우리의 공로의 보상이 아니다. 여섯째, 전통은 성경의 시금석 위에서 검증되어야 한다. 일곱째, 성례에서 천상의 초자연적 변화가 생기는 것은 사실이나 그것은 화체설이나 공재설처럼 실체의 변화를 의미하지 않는다. 예수 그리스도께서 성찬에 육체적으로 계시지는 않으나 영적으로 임재한다. 여덟째, 교회 정치는 사도 시대의 '그 본래의 순전함과 아름다움으로' 회복되어야 한다."288) 하지만 회담은 성찬론과 관련하여 합의를 도출하지 못한 채 결렬된다. 베자는 "그리스도의 몸은 하

---

287) *CO* 18, 701.
288) *CO* 18, 692-701.

늘이 땅에서 떨어져 있는 만큼 떨어져 있다"라고 말했는데, 이는 성찬에 그리스도가 없다는 말이 아니라, 우리가 진실로 그의 몸과 피에 참여하되, 영적으로 그리고 믿음으로 참여한다는 영적 임재의 의미임을 분명하게 표명하는 것이다. 이로써 베자는 로마 가톨릭의 화체설과 루터파의 공재설을 분명히 거부하였다.

성찬론에 대한 대립으로 회담이 파국으로 치닫게 되자, 로렌 추기경은 루터파의 해석, 즉 아우크스부르크 평화협약을 화합을 위한 대안으로 제시하였다. 하지만 위그노들은 이 제안을 개혁파를 분열시키고자 하는 음모로 여겼다. 칼빈도 이런 식의 화합을 원치 않았다. 이 방법은 가톨릭교회가 이미 보름스 회담에서 사용한 방법이었다. 가톨릭교회는 위그노가 아우크스부르크 평화협약을 수용하지 않는다고 선포하여 신성로마제국의 프로테스탄트 군주들이 서로 연합하지 못하도록 혼돈을 이끌었다. 로마 가톨릭교회는 이 작전을 4년이 지난 후, 이곳 푸아시에서 다시 사용하고자 하였다.[289] 칼빈은 버미글리 편으로 행동지침을 보냈을 뿐만 아니라 베자에게도 이 지침을 보내 다시금 확인시킨다.

---

[289] Jill Raitt, *The Colloquy of Montebéllard*, 54. 이 보름스 회담에 대한 내용은 이 책 7장을 참조하라.

"나는 전에 내가 그대에게 선언한 것을 명심하고 있으리라 여깁니다.…그대도 알다시피 아우크스부르크 신앙고백은 프랑스 전체를 불태울 대화재를 일으킬 우리의 가장 치명적 원수의 횃불입니다. 그 신앙고백이 무슨 이유로 그대에게 강요되어야 하는지를 물어보는 것은 당연합니다."[290]

버미글리를 회담에 초대한 것은 여왕 카트린 드 메디치이다. 그가 이탈리아 출신이라는 점이 카트린에게 매력적이었던 것으로 보인다. 버미글리는 하위 위정자들을 통한 저항에 대하여 이론을 저술했고, 스트라스부르에서 머무를 때에는 존 포넷(John Ponet), 그리스토퍼 굿맨(Christopher Goodman)과 저항권에 대한 논쟁을 하였다. 포넷은 그의 저서 『정치권력에 대한 짧은 논문』(*A short Treatise on Political Power*)을 작성할 때 버미글리의 서재를 사용하였다고 한다. 그는 오트망과도 친분을 맺었고, 취리히와 영국의 저항권과 관련하여 영향을 끼친 인물이다.[291]

---

[290] *CO* 18, 682; *CB* 3, 145. 번역은 박건택, "칼뱅과 프랑스의 종교적 자유," 「신학지남」 67(2000), 118 재인용.
[291] 데이비드 반드루넨, 김남국 옮김, 『자연법과 두 나라』 (서울: 부흥과 개혁사, 2018), 178.

어떤 타협의 실마리를 찾지 못하고 있는 가운데 교황의 특사 이폴리트 데스테(Hippolyte d'Este) 측이 개입을 하면서 상황은 더욱 악화되었고, 교황 특사를 보좌한 예수회의 레네즈(Lainez) 신부는 개혁교회의 성찬론을 비판하면서 신앙의 문제를 해결하는 것은 세속 권력의 몫이 아니라고 왕실을 압박하였다. 하지만 이 회담을 통해 합의문을 작성하게 되었다는 사실은 베자가 팔라티나(Palastinat) 선제후에게 보고하면서 쓴 글에서 알 수 있다.[292] 베자는 마지막 회의 때 "매우 큰 혼란과 무질서가 있어 아무것도 결론을 내릴 수 없을 지경이었으나, 우리는 각 당에서 다섯 명씩 대표를 뽑아 두 번의 토론을 거쳐 성찬 문제에 대한 몇 가지 점에 일치하기 시작했습니다."[293]라고 하였다. 왕후 카트린은 프랑스 개혁교회 지도자인 베자와 콜리니를 궁정에 머물게 하면서 가톨릭을 자극하지 않고 위그노파에게 관대한 생제르맹 칙령을 공표하도록 한다. 이 칙령에는 프랑스의 보존을 위해 위그노도 백성으로 인정되어야 한다는 왕의 의지가 포함되어 있다.[294] 위그노는 도시 밖에서 예배를 드릴 수 있는 자유를 얻게 되었다. 그리고 폭력적 대립을 막기

---

292) 임승휘, "프랑스 종교전쟁과 관용개념의 탄생," 297.
293) *CB* 3, 18.
294) Œuvres de Michel de l'Hopistal, t.I, 451. 임승휘, "프랑스 종교전쟁과 관용개념의 탄생," 298 재인용.

위해서 위그노파와 가톨릭파에게는 무기 휴대가 금지되었다. 또한 위그노 성직자들의 순회 설교 금지 및 가톨릭 미사에 대한 비방 설교 금지, 위그노 성직자들의 설교 시 사법관 배석 및 종교회의 시 사법관의 승인 필요, 프랑스 국법과 가톨릭 규범의 준수 등을 이행해야만 했다(1562년 1월 칙령). 이 칙령을 작성하는 과정에서 위그노가 최대한 양보를 하였으나, 이 칙령은 공식적으로 위그노를 인정한 첫 번째 공문이다. 당시 로마와 제네바가 투쟁하는 상황에서 가톨릭과 위그노는 서로를 이단으로 간주하였고, 이단에 대한 관용을 죄악으로 여기던 시대적 상황을 고려할 때, 이 칙령은 대단한 진보이다.

종교전쟁의 과정

생제르맹 칙령에 대한 로마 가톨릭교회의 반발은 하늘로 치솟았다. 이로써 프랑스는 혼돈의 도시가 되었다. 가톨릭 군중이 개혁파 집에 불을 지르고, 남프랑스에서는 격분한 위그노파가 가톨릭교회를 공격하는 일이 벌어졌다. 흥분한 가톨릭파 귀족이 카트린에게서 벗어나기 위해 여러 가지 계획을 모의하자, 불안해진 카트린은 개혁교회 지지자

바시 학살

인 콜리니에게 왕조를 수호하기 위해서 얼마만큼의 병력을 동원할 수 있는지 물었다. 가톨릭 교도와 위그노들은 서로에게 전쟁을 위한 하나의 불씨만을 원하는 것처럼 보였다. 그리고 그 시간은 그리 오래 걸리지 않아 현실이 되었다. 1562년 3월 1일 주일, 기즈 공이 부하 장병과 바시(Vassy)를 지날 때 위그노파의 기도회와 맞닥뜨리면서 사건이 일어나게 된다. 위그노파는 이 사건을 '바시의 학살'이라고 칭한다. 이후 일어난 종교전쟁으로 인해 도시 밖에서 예배를 드리는 위그노의 자유는 무참히 깨지고, 가톨릭교회와 개혁교회는 종교전쟁이라는 내전을 경험하게 된다. 프랑스인끼리, 즉 같은 국민, 같은 계급, 때로는 같은 가족끼리 싸우는 종교전쟁이 일어나게 된 것이다.

바시는 프랑스의 자그마한 도시이다. 기즈 가문에 속하는 이곳에서 1561년 10월 12일 개혁교회가 세워졌다. 그 성장 속도는 무척 빨랐다. 그해 크리스마스에 바시와 인근 주변에서 온 약 3,000명의 위그노에게 성찬이 베풀어졌다고 한다. 이내 그들의 요구로 목사가 임명되었고 교인 수는 점차 증가했다.[295] 이 지역에 영향력을 갖고 있던 '개혁파 종교의 첫째가는 원수' 앙투아네트 드 부르봉(Antoinette de Boubon)은 불안을 느끼고 그녀의 아들인 기즈 공작을 통해 이 모임에 위협을 가했다. 그리하여 200명의 무장 군인과 더불어 독일에서 파리로 돌아오던 기즈 공과 기즈 추기경은 바시로 향했고, 거기서 약 1,200명의 개혁파 교인이 모여 있는 것을 보았다. 그들은 1월 칙령으로 팽배해진 가톨릭의 불만을 여지없이 분노로 폭발시켰다. 그리하여 이날 74명이 죽고 100여 명이 부상당했다.[296] 가톨릭 진영의 지도자인 기즈 공은 당시의 학살을 다음과 같이 서술한다.

---

295) 그들이 세운 레오나흐 모렐(Léonard Morel)은 제네바에서 파송된 목사가 아니었다(cf. R. M. Kingdon, op. cit. 135-137).

296) 피에르 미구엘(Pierre Miquel)은 예배 인원수를 500명, 살해된 수를 23명으로 말한다(Les querres de religion, Fayard, 1980, 229). 페르노(M. Pernot)는 30여 명이 살해된 것으로 말한다(Les guerres de religion en France 1559-1598, SEDES, Paris, 1987, 63). 바시 학살에서 살해된 사람들의 수는 다르지만, 그때의 박해가 얼마나 비참했는지는 어느 글에서든 찾아볼 수 있다. 박건택, "칼뱅과 프랑스의 종교적 자유," 119 재인용.

"주앙빌(Joinville)에 있는 내 영지에서 에스클라롱(Esclaron)에 있는 저택으로 가는 길에 왕이 다스리는 바시라는 작은 도시가 있소.…나는 오래전부터 그곳 백성들이 끔찍하고 거만하며, 대담하게도 칼빈주의자의 교리를 믿고, 이를 '개혁신앙'이라 부른다는 것을 알고 있었소.…3월 1일에 미사를 드리고 있는데, 내 측근 중 하나가 교회에서 멀지 않은 내 소유의 농장에서 500여 명의 위그노가 모여 예배를 드리고 있다는 사실을 알려왔소.…그곳의 농부 대부분은 내 책임에 속하는 사람들이기 때문에, 단지 길 건너편에 그들이 모여 있는데 내가 어떤 경고도 하지 않는다는 것은 올바르지 않다고 생각하게 되었소. 그들이 얼마나 왕에 대해 불충을 저지르고 있으며, 왕국의 성직자들을 상대로 행한 반역과 무례가 얼마나 큰지 알아야만 한다고 생각했소."[297)]

기즈 공은 위그노들의 왕에 대한 불충과 성직자에 대한 반역과 무례를 학살의 이유로 지적하였다. 그가 자의적으로 무력을 동원하여 위그노를 대량 학살했다는 것은 이미 왕실이 권위와 역량을 상실했다는 것을 뜻한다. 기즈 공은

---

297) "To the duke of Wüttenberg, 17 March 1562," *BSHPHF* 24(1875), 212-17. 박효근, "위그노의 꿈과 좌절," 102-103 재인용.

왕에 대한 불충을 학살의 이유로 제시하였는데, 오히려 그가 왕의 칙령을 범함으로써 왕에 대항하고 있었기 때문이다. 1562년 생제르맹 칙령으로 이미 위그노의 예배가 제한적이긴 하지만 허용되었다. 프랑스 백성의 내전으로 번진 바시 학살은 왕실이 가톨릭 진영과 콩데 공을 중심으로 하는 위그노 진영 사이에서 왕의 통치권을 회복하려던 푸아시 회담의 실패가 낳은 아픔이었다. 바시 학살로 분출된 로마 가톨릭의 분노는 파리로의 진격으로 이어졌다. 가톨릭 교회는 트리엔트 공의회(1562-1563)에서 이단 문제와 성직자의 지명 등의 문제를 교황청과 성직자 법정이 독점하도록 결정했는데, 이런 결정은 왕정의 위그노에 대한 유화정책에 대항한 공공연한 반대의 선포이기 때문이다.[298] 이 대열에 앙투안 드 나바르가 합류하면서 왕후 카트린은 카톨릭 왕족 '3인방'(Triumvirat)[299]의 위협을 받게 되었다. 이들은 카트린에게 중재 정치를 포기하지 않으면 샤를 9세를 폐위시키겠다고 위협하였다. 이로써 상황은 궁정과 위그노 당의 투쟁으로 변하게 되었다. 콩데 공은 왕과 왕비를 3인방 세력에서 구한다는 명분으로 위그노들을 모았고, 이들의 무장을 정당화했다. 왕후 카트린은 은근히 이를 기대하였

---

298) 강남수, "프랑스 종교전쟁기의 조국애," 「대구사학」 115(2014), 353.
299) 기즈 공작, Montmorency 원수, 생 앙드레(Saint-André) 재상으로 구성되었다.

다. 그녀가 3월 16-26일 사이에 네 통의 편지를 콩데 공에게 보내는데, 그중 하나에서 "이보게(Mon cousin), 그대는 아이들과 어머니와 나라를 보존했다는 기억을 갖게 될 걸세. 나는 나를 불쾌하게 하는 것들을 너무 많이 보네. 그래서 만일 그대가 나를 도와 이 나라를 보존하고 내 아들인 국왕을 섬긴다는 확신을 갖지 못한다면, 모든 것을 잃기 원하는 자들이 있다 하더라도 나는 여전히 더욱 유감스러울 것이네."[300]라며 콩데의 지지를 원했다. 위그노 귀족들은 기즈 가문이나 그들을 후원하던 에스파냐 세력 등 외세의 내정간섭을 타파하고 왕실을 지키기 위한 명분을 내세웠다.

> "바시에서 기즈 공의 지휘 아래 끔찍하고 잔인한 살육이 벌어졌으며, 수많은 왕의 백성들이 끔찍하게 살해당했다는 소식이 전해졌다.…기즈와 몽모랑시, 그리소 생탕트레 공은 궁정의 여론을 무시하고 파리로 입성, 그곳에서 매일 참사회를 열고, 왕의 관료들을 소집하여 자신들이야말로 왕의 진정한 조언자라 주장하고 있다.…기즈 공은 왕과 왕후에게 무장한 채로 나아가 과거에는 용인될 수도 없던 방식으로 행동하고 있는데,

---

300) Letters de Catherine de Médicis, ed. La Ferrie de, I, Paris, 1880, 281-282.

아무리 뛰어난 자질과 기품을 지니고 계시다 하더라도, 왕의 어린 나이 등을 고려해봤을 때, 왕과 왕후께서는 위축되실 수밖에 없는 상황이다.…하나님의 영광 외에는 바라는 것이 없는 우리는 대공들, 영예로운 귀족 영주들, 기사단들, 군 지휘관들, 전쟁의 용사 등 모든 신분과 지혜, 재산과 덕성을 갖춘 이들로서 국왕의 안정과 위대함을 회복하기 위해 다음과 같은 내용을 왕후에게 요청하는 바이다. 무장을 하고 왕후를 위협하는 이들에게서 떠나…자유롭게 판단을 내릴 수 있도록 원하시는 어떤 도시에라도 옮겨가 그곳에서 모두가 무기를 놓고 왕에게 복종할 것을 명령하시길 원한다. 우리는 왕후께서 명령하시는 바에 기꺼이 복종할 것이다. 이는 대공은 물론 그와 뜻을 같이 한 5만 명의 사람들의 생명을 걸고 하는 말이다. 이들이야말로 모두 왕과 왕후의 권위를 지지하기 위해 모인 사람들이다."[301]

베자는 바시 학살과 전쟁의 먹구름에서 콩데 공에게 전쟁을 위해 군대를 정렬하도록 촉구하였다. 이때 베자는 "이

---

301) "Condé's Manifesto," A Stegmann ed., *Les Édits des guerres de religion*, J. Vrin, 1979, 25-8, Selected Documents, 73-75. 박효근, "위그노의 꿈과 좌절: 프랑스 종교전쟁을 중심으로," 105-106 재인용.

엄청난 비극에서 나는 강제로 방관자일 뿐만 아니라 배우가 되었다."라고 고백한다.[302] 콩데 공의 지지자이자 콩데 공이 이끄는 부대의 사제 목사로서 그는 또다시 길을 떠난다. 베자는 오를레앙에서 프랑스의 개혁교회에게 콩데 공을 물질적으로뿐만 아니라 군대를 돕도록 편지를 보낸다. 이유는 분명하다. 신앙을 위해서 그리고 기즈 가문의 음모로부터 왕실을 구하기 위해서.[303] 그의 여정은 여기에서 멈추지 않는다. 그해 여름, 그는 재정적 지원과 용병을 구하기 위해 또다시 독일과 스위스를 향해 떠났다. 그리고 그의 노력은 실제 전투에서 큰 동력이 되었음을 눈으로 확인하게 된다. 제네바로 돌아와 잠시 휴식을 취하고자 한 베자는 또다시 프랑스를 향해 길을 떠난다. 이때 그는 불링거에게 편지를 써서 자신의 심경을 고백하였다. "수천 번이나 목숨을 잃을 뻔했으나 기적으로 살아 잠시 제네바로 왔기에 잠시 휴식을 취하고 싶었습니다. 하지만 나는 또다시 깊은 심연의 갈등으로 들어갑니다.…하나님의 뜻이라면 죽음조차도 하나님의 은혜로 해결해주실 것입니다."[304]

베자는 4월 2일 오를레앙에 자리를 잡고 투르를 비롯한

---

302) *CB* 4, 76.
303) *CB* 4, 259-260.
304) *CB* 4, 108.

많은 도시들, 특히 루앙과 리옹을 탈취했다. 또한 몽토방(Montauban) 등 많은 남부도시들이 종교개혁으로 넘어왔다. 도처에서 위그노는 몇몇 사제들과 수사들을 살해하고 성상들을 파괴했으며, 심지어 목회자들도 방관자로 있지는 않았다. 하지만 가톨릭의 반격이 시작되어 그들은 필립 2세와 사부아 공작의 도움을 요청했다. 반면 콩데 공과 콜리니 제독은 르 아브르(Le Havre)를 넘겨주는 조건으로 엘리자베스와 햄튼 코트(Hampton-Court) 조약을 체결(1562.9.20.)하고 영국군을 샀다. 그러나 가톨릭 세력은 영국군이 도착하기 전에 루앙을 재탈취했고(10월 26일), 부상당한 나바르의 왕은 결국 목숨을 잃었다(11월 27일). 반면 독일 지원군을 맞이한 위그노 측은 그들을 영국군과 결합시킬 생각을 했다. 그러나 그전에 그들은 드뢰(Dreux)에서 몽모랑시(Montmorency) 원수가 이끄는 왕의 군대와 부딪혀야 했다. 그리고 같은 해 12월, 실로 종교전쟁이라고 불릴 수 있는 전투가 벌어졌다. 전투는 기즈 공작의 지원을 받은 가톨릭 진영의 우세 속에 끝났다. 생 앙드레(Saint-André) 재상은 살해되었고, 몽모랑시와 콩데는 각기 적군에게 포로가 되었다. 한편 기즈 공은 오를레앙 재탈취를 눈앞에 두고 폴트로 드 메레(Poltrot de Méré)라는 위그노 귀족에게 살해당했다(1563.2.24.). 12월의 전투가 끝나고 난 후 베자는 앙투안 드 나바르의 죽음을 공표하였다. 베자는 종교전쟁이라고 할 수 있는 이 전투에 참여한 앙투안 드 나바르를 초대교회의 이교도 왕인 '배교자 율리아누스'로 간주하였다.[305] 그는 제네바의 가운을 입고 무장하지 않은 채 이 자리에 있었다. 그는 싸우지 않았지만 도망치지도 않았다.

3인방 가운데 두 명이 죽고 한 명이 포로가 된 상황에서 왕후 카트린 드 메디치는 자유롭게 되었다. 그녀는 다시 한번 양측을 조정하여 1563년 3월 19일 앙부아즈 칙령을 반포하도록 이끄는 데 성공했다. 그녀는 이 칙령으로 위그노에게 양심의 자유를 보장해주었을 뿐만 아니라 전쟁포로를 사면해주었다(제8조). 비록 예배의 자유가 고위층에게(성 안에서)와 대법관 관할 도시에서만 허용되었지만 말이다(제1조). 예외 규정으로 파리에서는 예배가 금지되었고, 1563년 3월 7일까지 예배가 거행된 도시들은 허용되었다. 또한 농민은 예배의 자유에서 제외되었다. 어쨌든 전체적으로 위그노의 입장에서 앙부아즈 칙령은 1562년 1월 칙령보다 후퇴한 것이었다.[306] 위그노들은 화해 중재자였던 콩데를 비난했으나, 전반적으로 곧 완전한 승리를 얻을 것을 의심하지 않았

---

305) *CB* 4, 113.
306) Cf. A. Stegmann, *Edits des guerres de religion*, Paris, 1979, 8-14, 32-36. 박건택, "칼빈과 프랑스의 종교적 자유," 120 재인용.

다. 칼빈도 그렇게 생각했다.[307] 예배의 동등성을 획득할 수 없었다는 것은 여전히 로마 가톨릭 측의 세력이 위그노 세력보다 훨씬 더 강하다는 것을 뜻한다. 이런 상황에서 위그노의 귀족에게만 제한된 예배는 위그노의 세력이 팽창하는 길목을 막는 꼴이 되었고, 실제로 위그노로 개종한 수가 줄어드는 결과를 낳게 된다. 그래서 베자는 5월에 제네바로 돌아가 이 칙령을 평화협정이라고 명명하는 것에 불만을 토로했다.[308] 같은 민족, 같은 가족끼리의 전쟁이라는 값비싼 희생을 담보로 얻어낸 평화가 진정한 평화라고 할 수 있는가.

로마 가톨릭을 대표하던 기즈 공의 죽음으로 제1차 종교전쟁은 마무리 된다. 영원한 진리 앞에서 교리의 일치를 통한 정치적 연합을 시도한 푸아시 회담은 실패로 돌아갔다. 뼈아픈 교훈만을 얻게 되었다. 위그노들은 로마 가톨릭과 교리적 일치를 구하는 것은 불가능하다는 교훈을 제1차 종교전쟁을 통해서 얻게 되었다. 이제는 "하나의 신앙, 하나의 법, 하나의 왕"이라는 프랑스의 절대왕정체제가 지닌 구호가 힘을 잃게 되었다. 백성들의 평화 요구는 절실했다. "한 명의 명령자가 강한 자들에서부터 나약한 이들에 이르기까지 모두를 평화로운 조화 속에 살게 하듯이, 하나님과 백성

---

307) Emle Léonard, op. cit., 113. 박건택, "칼빈과 프랑스의 종교적 자유," 121 재인용.
308) *CB* 4, 146. 베자가 취리히에 있는 목사들에게 보낸 편지이다. 1563. 5. 12.

1차 종교전쟁(1562~1563)

은 훌륭한 덕을 지닌 왕을 원한다."309) 이 전쟁터에서 귀족들은 '강도'일 뿐이었고, 승자는 패자만큼, 때로는 패자보다도 더 잃는 것이 많았다. 외국이나 야만인들에 대한 전쟁에서의 승리는 어느 정도의 만족을 줄 수도 있지만, 같은 민족, 같은 가족끼리 싸우면서 승리의 기쁨을 누린다는 것은 역설이다. "우리끼리 싸우면서 승자의 영광의 트로피라니! 승자의 안녕이란 이웃의 파멸에 지나지 않는다. 승자의 부는 다른 이들의 빈곤과 몰락일 뿐이다. 승자의 기쁨은 바로 이웃들의 눈물이다."310) 왕후 카트린은 교리적

---

309) 임승휘, "프랑스 종교전쟁과 관용개념의 탄생," 302-303.
310) 1570년에 기록된 글이다. 임승휘, "프랑스 종교전쟁과 관용개념의 탄생," 299-300.

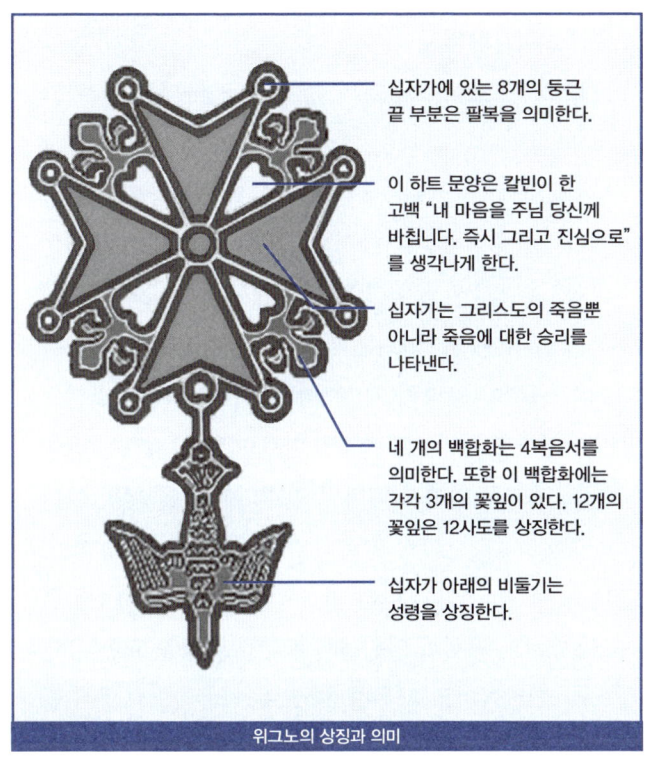

위그노의 상징과 의미

합의보다는 국법에 따라서 기즈 가문의 전횡을 제어하여 종교적 박해를 약화시켜갔지만, 종교적 갈등의 불씨는 정치적 이해관계와 결부되어 권력쟁탈전을 더욱 가중시키는 결과를 낳았다.

위그노 어원과 역사

프랑스 프로테스탄트의 정체성을 나타내는 위그노(les huguenots)라는 용어는 1560년 앙부아즈 음모(Conjuration d'Amboise)가 결렬된 이후에 사용되기 시작했다. 이 용어가 어디에서 기원하는지에 대한 학설은 다양하다. 우선 독일어 '아이트게노쎈'(Eidgenossen)이라는 말이 프랑스어화된 것으로, 원래 1520년 제네바에서 사부아 공작의 지배에 반대하던 일파를 일컫는 용어였다고 한다. 이 견해에 따르면, 위그노라는 단어는 이단의 근원이 제네바와 연결되어 있을 뿐만 아니라 반란의 정신까지 연결되었다는 이중의 부정적 의미를 지니고 있다. 다른 한 해석도 부정적 의미를 담고 있는데, 개혁파 일원들을 저주받은 자들 또는 유령들이라는 의미로 사용한다. 프랑스의 위그노들이 밤에 사람들의 눈을 피해 예배를 드리기 때문에 어둠의 제왕 위고(Hugon) 왕에게 속하는 사람들이라는 의미로 유령들이라는 별칭을 사용했다고 한다. 베자는 이런 의미로 위그노를 사용한 것으로 보이며, 동시대인들도 이 해석을 따른 것으로 판단된다.[311] 위그노란

---

311) Janet G. Gray, "The Origin of the Word Hugenot," *The Sixteenth Century Journal* 14.3(1983), 349.

단어가 널리 사용된 시기는 1560년 앙부아즈 음모 이후로 추정된다.

위그노 집단은 1560년대에도 인구의 10%를 넘지 않을 정도로 소수에 불과하였지만, 프랑스 남부, 특히 서쪽으로는 푸아투(Poitou)에서 동쪽으로는 도피네(Dauphine) 그리고 남쪽으로 랑그독(Languedoc)을 지나는 지방에 걸쳐 굳건한 지역적 기반을 확보하고 있었다. 나아가 위그노 집단은 프랑스 방계 왕족인 부르봉 가문 등 대귀족들의 가세로 16세기 후반 프랑스에서 왕실 정치에 개입할 정도의 정치적 영향력을 획득하게 되었다. 즉 16세기 프랑스에서 위그노 세력은 프랑스에서 종교적 급변을 불러일으키기에는 역부족이었지만, 무력으로 쉽게 몰아낼 수 없을 만큼 견고한 집단으로 성장한 것이다.

이노성 분수. 1569년 위그노 모임을 주선한 죄로 사형된 필리페의 집 터 위에 샤를 9세가 공동묘지를 세웠다.

테오도르 베자
교회를 위해 길 위에 서다

Dieudonné de Bèze

9
프랑스 개혁교회

프랑스 개혁교회 최초의 교회회의

Chapter 09

프랑스 개혁교회

개혁된 교회는 개혁되어야 한다

"가련한 믿음의 사람들에게 왜 이런 곤경과 어려움이 몰아쳤던가. 그러나 그들은 신앙을 포기하려는 생각은 전혀 하지 않았다. 오히려 그 반대였다! 이날 하나님께서는 당신의 특별한 은총 속에서 프랑스에 발을 내디딘 그리스도교 교회에 날개를 달아주셨다."[312]

— 프랑스 신앙고백서 서문 중

잔 달브레는 1570년 8월 콜리니 제독과 생제르맹앙레

---

312) Christian Link, "Bekenntnis der in Frankreich zerstreuten Kirche(Entwurf zur Confessio Gallicana) 1559," *Calvin Studienausgabe* Bd. 4, ed. E. Busch (Neukirchen-Vluyn: Neukirchener, 2002), 30.

평화조약을 체결하는 데 도움을 주었고, 베자가 주도해 1571년 4월 2일부터 11일까지 라로셸에서 프로테스탄트 대회를 여는 일에 왕의 허가를 얻는 데도 도움을 주었다. 또한 베자는 프랑스 개혁교회 총회의 의장으로 초청받아 참석하였다. 여기에서 프랑스 신앙고백서가 채택되었다. 제네바에서 사역하고 있던 베자를 프랑스의 개혁교회 총회에 초청했다는 사실만으로도 그가 프랑스 개혁교회에 끼친 영향이 얼마나 큰지 짐작할 수 있으리라.

프랑스 개혁교회의 첫 총회

프랑스 개혁교회는 정치적 억압 아래에서 신앙의 순수성을 유지할 수 있는 교회 조직이 필요하였다. 어떤 정치적 세력으로서가 아니라 가톨릭교회의 박해와 당시의 이단들에 대항한 조직으로서의 총회가 요구되었다. 최초의 전국적 총회에 대한 논의는 제네바가 파송한 개혁교회의 목회자들을 중심으로 1557년부터 진행되었다. 이 계획은 1559년 5월 제1회 프랑스 개혁파 교회의 전국 총회가 개최됨으로 성취되었다. 첫 번째 총회는 1559년 5월 25-29일에 파리에서 비밀리에 열렸다. 72개 교회를 대표하는 20여 명의 지도

프랑스 개혁교회 최초의 교회회의

자가 모였고, 당시 의장은 파리의 목회자인 프랑수아 드 모렐(François de Morel)이 맡았다. 칼빈은 모렐의 요청에 따라 갈라스(des Gallars)를 제네바에서 파송하여 총회의 진행을 지원했다.

1559년 첫 총회가 이룬 가장 큰 업적은 프랑스 전국 교회의 신앙을 하나로 선언하는 신앙고백서와 전국 교회를 일관성 있는 제도로 조직화하기 위한 치리서를 제정한 것이다. 칼빈은 프랑스 개혁교회가 총회에서 신앙고백서를 성급히 채택하려는 것에 "지나치게 고집이 센 열정"이라고 부정적 입장을 취하였다. 당시 프랑스의 위그노들이 박해를 받고 있는 상황에서 그것이 프랑스 왕의 진영을 자극할 수 있다고 보았기 때문이다.[313] 또한 프랑스 개혁교회가 또 하나의 신앙고백서를 만들어냄으로써 다양한 신앙고백서로 인해 서로 교리적으로 갈등하지 않을까 염려

---

313) 스페이커, 박태현 옮김, 『칼빈의 생애와 신학』 (서울: 부흥과개혁사, 2009), 262-263.

하였다. 오히려 『기독교강요』를 근거로 통일된 신학적 입장을 견지하는 것이 더 낫다고 여겼다.[314] 프랑스의 위그노들은 그들의 신앙의 지주인 칼빈의 제안에도 불구하고 프랑스 전국 개혁교회들의 신앙을 하나로 선언하는 신앙고백서와 전국 교회를 일관성 있는 제도로 조직화하기 위한 치리서를 제정하였다. 파리 총회 이후 프랑스의 개혁교회는 이 신앙고백과 치리서를 기준으로 각 지방회를 구성하였고, 이 지방회와 각 교회의 당회는 효과적으로 교회를 관리하고 이단을 규제하며 교회의 도덕적 문제를 치리할 수 있는 체계를 갖추어 갔다.[315] 프랑스 개혁교회의 첫 총회는 박해라는 고통과 고난 가운데서 이루어낸 인내의 결과였다. 그렇기에 그들이 개혁교회 첫 총회로 인해 누렸을 감격이 얼마나 클지는 충분히 짐작할 수 있다.

"가련한 믿음의 사람들에게 왜 이런 곤경과 어려움이 몰아쳤던가. 그러나 그들은 신앙을 포기하려는 생각은 전혀 하지 않았다. 오히려 그 반대였다! 이 날 하나님께서는 당신의 특별한 은총 속에서 프랑스에 발을 내디딘 그리스도교 교회에 날개를 달아주셨다."[316]

---

314) Janine Garrisson, *Les Protestants au xvie siècle*, Fayard, 1988, 413.
315) Kingdon, *Geneva and the Coming of the Wars of Religion*, 46-47.

프랑스 개혁교회는 제네바의 영향을 벗어나 독자적으로 교회를 이끌어가는 조직체계로서 첫발을 내디뎠다. 이로써 교회는 고난 속에서 일구어낸 열매이자 앞으로 있을 종교전쟁에서 개혁교회가 신앙을 유지할 수 있는 기반을 마련하였다.

프랑스 신앙고백서

프랑스 개혁교회 총회에서 개혁교회 지도자들은 40개 항으로 이루어진 파리 판을 신앙고백서로 채택하였다. 이 신앙고백서는 칼빈이 35개 항으로 초안을 작성한 제네바 판 신앙고백서를 프랑스 개혁교회의 목사들이 협력하여 수정한 것이다. 총회의 의장 모렐이 직접 칼빈이 작성하여 보내준 초안을 약간 수정하였다고 한다.[317] 프랑스 개혁교회 총회가 이루어진 1559년은 프랑스 내에서 종교전쟁이 지속되는 위험한 상황이었기 때문에 총회가 채택한 신앙고백서를 출판하지 않기로 결정하였다. 그래서 프랑스 신앙고백서

---

316) Christian Link, "Bekenntnis der in Frankreich zerstreuten Kirche(Entwurf zur Confessio Gallicana) 1559," 30.

317) *CO* 17, 540-542.

는 두 가지 판이 유통되었다. 그 하나는 1559년에 제네바에서 온 것으로 칼빈이 작성한 35개 조항으로 구성된 신앙고백서이고, 다른 하나는 1560년 파리에서 출판된 것으로, 왕에게 보내는 편지와 함께 40개 항으로 구성된 신앙고백서이다. 이 두 판, 즉 제네바 판과 파리 판이 함께 유통되다가 1571년 라로셀 총회에서 40개 조항으로 이루어진 프랑스 신앙고백서(Gallican Confessio fidei, 1559)를 공식 본문으로 채택한다. 프랑스 신앙고백서는 프랑스의 개혁교회가 주체적으로 작성하였기 때문에 제네바의 영향에서 벗어났다고 할 수 있지만, 교회의 신학적 기초는 여전히 칼빈에 기대고 있음을 알 수 있다.

프랑스 신앙고백서는 샤를 9세에게 헌정되었고, 프랑스의 '고난 받는 신자들'과 이 고백을 듣기 원하는 사람들을 변호하는 호소문으로 시작한다. 날마다 박해를 받고 있는 개혁교회들이 '복음의 순수성'과 '양심의 평화' 가운데 살기를 원하며, 국왕이 개혁주의 교회의 목적을 바르게 이해하고 1559년 3월 선언된 앙부아즈 칙령의 명령에 따라 이 신앙고백을 출판한다고 고백한다.[318]

---

318) CFG, Au Roy, CC 3: 356.

"우리의 적들이 어떤 말로 우리를 대적한다 할지라도 우리는 하나님과 사람들 앞에서 우리 구주 예수 그리스도를 우리의 유일한 주인과 구원자로 믿고, 그의 가르침을 삶과 구원의 유일한 교리라고 믿으며, 우리는 다름 아닌 바로 이 이유 때문에 고난을 당하는 것임을 선언합니다."319)

고난 가운데서 인내의 꽃으로 피어난 프랑스 신앙고백서는 고난당하는 교회의 근간이자 일치의 표징이었고 그들이 지켜야 할 신앙의 가치를 인식하도록 이끄는 동력이 되었다. 프랑스 신앙고백서가 가르친 신앙의 동력은 프랑스 한 국가에만 제한된 것이 아니라 스코틀랜드 신앙고백서(1560)와 벨기에 신앙고백서(1561)에 영향을 끼침으로써 개혁신앙의 기초를 놓았다.320)

프랑스 신앙고백서를 작성하는 과정에서 칼빈이 보낸 문서가 기본이 되었다는 것이 일반적으로 잘 알려진 사실이다. 그래서 칼빈이 프랑스 신앙고백서에 어느 정도 영향을

---

319) CFG, Au Roy, CC 3: 357.
320) P. Jacobs, "Das Hugenottische Bekenntnis," *Evangelische Theologie* 5 (1953), 203. 야콥스는 16세기 개혁신앙고백 중에서 헬베틱 신앙고백이 하이델베르크 교리문답서와 밀접한 관계를 맺고 있는 반면, 프랑스 신앙고백서, 벨기에 신앙고백서, 스코틀랜드 신앙고백서의 세 가지를 하나의 영향권으로 묶는다.

프랑스 개혁교회의 모습, 리옹

끼쳤는지가 주요 주제로 등장한다. 하지만 프랑스 개혁교회 총회에서 실제적으로 영향을 끼친 사람은 베자이다.321) 베자는 칼빈을 계승하여 제네바를 이끈 개혁자이지만, 칼빈의 신학적 사고를 답습하지는 않았다. 독창적인 신학을 발전시킨 신학자로서 베자의 영향은 프랑스 신앙고백서에 고스란히 나타난다. 그러면 베자의 독창적인 특징을 프랑스 신앙고백서의 교회론을 중심으로 살펴보자.

프랑스 신앙고백서는 교회법과 교회 질서에 관한 규정에 특별한 관심을 기울인다. 이는 로마 가톨릭교회와의 전쟁에서 그리스도인으로서 살아남기 위한 노력이었다. 위그노의 수가 급증하여 전국적 총회를 열 정도가 되었다 할지라

---

321) 프랑스 신앙고백서는 기록된 성경의 권위를 강조하고 있다는 사실에 그 특징이 있다. 특히 3조에서 성경 66권 목록이 올라간 첫 번째 신앙고백서이다. 이러한 특징은 벨기에 신앙고백서(4장), 웨스트민스터 신앙고백서(1장 2절)로 이어지며, 이것은 트리엔트 공의회에서 불가타 성경을 정경으로 승인함으로써 외경까지 정경으로 인정한 것에 대한 프로테스탄트 교회의 첫 번째 응답이다.

도 여전히 위그노는 프랑스 안에서 이단자였고, 발각되면 처형당해야 하는 소수의 반항아일 뿐이었다. 프랑스에서 로마 가톨릭교회는 전국적 교회 조직을 가졌을 뿐만 아니라 정치적 후원으로 국가의 정신적 통일체의 역할을 수행해 왔다는 사실을 상기하자. 이런 상황에서 개혁교회가 로마 가톨릭교회에 대항하여 해결해야 할 과제는 그들의 교회 조직을 건설하여 공동체가 지닌 힘을 보여주는 일이다. 그 전초가 바로 프랑스 개혁교회 총회였다.

둘째로 프랑스 신앙고백서에는 보이는 교회로서의 제도화에 관심을 기울이고 있다. 즉 목사의 선출이나 교회의 정치체제에 대하여 제29-33조에서 구체적으로 다루고 있다. 이는 프랑스 개혁교회가 칼빈과 다른 관심을 가진 지점이다. 프랑스 개혁교회는 칼빈이 교회를 보이지 않는 교회와 보이는 교회로 구분한 것을 분명하게 알고 있었다. 하지만 프랑스의 내전으로 인한 혼돈 속에서 교회를 지키기 위해서는 교회의 조직이 절실히 필요하였다. 그렇기 때문에 프랑스 개혁교회의 관심은 교회법 제정과 보이는 교회의 제도화, 질서를 세우는 모범에 있었다.[322]

셋째, 프랑스 개혁교회는 로마 가톨릭교회가 지닌 사제

---

322) Joachim Kraus, "The Contemporary Relevance of Calvin's Theology," 335.

권의 위계질서에 반대하여 프랑스 개혁교회의 목사직에 대한 올바른 이해가 필요하였다. 로마 가톨릭의 회집을 정죄하는 이유는 "하나님의 순수한 말씀이 추방되었고, 그들의 성례전이 부패되었거나, 거짓된 것으로 변했거나 혹은 파괴되었으며, 모든 종류의 미신과 유행하는 우상이 가득 들어 있기 때문이다." 그렇기 때문에 개혁교회의 위그노들이 로마 가톨릭교회의 모임에 참여하거나 그들과 교제하지 못하도록 견제할 필요가 있었다. 로마 가톨릭교회와 교제하는 자들은 "그리스도의 몸으로부터 자신을 분리시키고 단절하는 것"이 필요하다. 프랑스 개혁교회는 교회의 머리이신 예수 그리스도의 통치를 바로 교회 직무의 올바른 수행을 통해서 구현하고자 하였다.

넷째, 프랑스 개혁교회는 자체적으로 조직화된 목사직이 필요하였다. 프랑스 왕정의 박해로 가정교회를 중심으로 모이고 있던 위그노의 집회와 사제를 대신할 목사직이 요구되는 실제적 필요성이 있었다.

> "지금 우리는 그리스도를 통하여서만 그리스도를 누릴 수 있기 때문에 우리는 그의 권위로 세워진 교회의 질서는 신성하며 침범할 수 없는 것임을 믿는다. 그러므로 교회는 목사 없이는 존재할 수 없는데, 그들이 타

당하게 부르심을 받아 그들의 직무를 충실하게 수행할 때 우리는 마땅히 그들의 가르침을 존중하며 존경하는 마음으로 들어야만 한다. 하나님께서 이런 도움과 부수적인 방법에 묶이시기 때문이 아니라 하나님께서 이런 제한을 통해 우리를 다스리는 것을 기뻐하시기 때문이다. 여기에서 우리는 교회가 그들의 권력에 놓여 있는 한 목회와 말씀의 선포와 성례를 파괴하기 원하는 모든 환상주의자들을 거부한다."(제25조)[323]

상기 조항은 목사의 직무를 거부하고 교회의 질서를 혼란시키는 '환상주의자'들을 거부한다. 그렇기 때문에 교회의 체제를 세우고 교회의 본질적 임무를 수행하는 데 목사의 직임이 중요하다. 프랑스 개혁교회는 그리스도의 말씀을 따라 교회를 다스릴 수 있을 때 세워진다는 바른 교회의 신학적 원리 위에서 교회에 대한 신앙을 고백했다. 그리고 그리스도의 통치는 오직 그분의 말씀을 따라 오류들이 교정되고 어려운 사람들이 도움을 얻는 것이라고 고백하였다. 이런 목적으로 프랑스 개혁교회는 외형적으로 조직화된 교회와 교회를 유지하기 위한 직임을 맡은 자에 대한 책

---

323) 프랑스 신앙고백서 제네바 판 25항에서 이를 강조한다.

임 규정이 필요하였다. 그들에게 교회론은 긴박하게 해결해야 할 과제였고 풀어야 할 신학적 교리였다.

프랑스 신앙고백서 제28조는 교회의 표지에 대해 다음과 같은 설명으로 시작한다. "이 신앙에 근거하여 우리는 하나님의 말씀을 받아들이지 않거나, 또는 그것(하나님의 말씀)에 복종할 것을 고백하지 않거나, 또는 소위 성례전을 적절하게 사용하지 않는 경우, 우리는 교회가 존재할 수 없다고 주장한다." 여기에서 세 가지가 언급되는데 그것은 하나님 말씀의 수용, 하나님 말씀에 대한 복종, 적절한 성례전 시행이다. 하나님의 말씀을 수용한다는 것은 하나님 말씀의 선포를 전제한다. 그러므로 프랑스 신앙고백서는 하나님의 말씀 선포와 성례전 시행을 교회의 지표로 수용하여 칼빈의 전통을 유지하고 있음을 알 수 있다.

여기에서 한 걸음 더 나아가 프랑스 신앙고백서는 하나님의 말씀에 복종하는 것을 교회의 지표로 삼고 있다. 따라서 제27조에서는 말씀이 삶을 통해서 드러나는 것을 강조한다. 이는 교회가 지닌 '훈련'(discipline)에 해당하는 것이다. "우리는 하나님의 말씀대로 교회는 그의 말씀과 그 말씀이 가르치는 순수한 경건에 따르기로 한 믿는 자들의 회집이라고 한다. 그 성도들은 그 말씀 안에서 그들의 삶을 통해 성숙하고 발전하는 사람으로서 그들이 내적 성장과 발전의 결핍을 느끼는 만큼 하나님을 두려워하는 가운데 더욱 성장하고 더욱 확고해진다." 제26조에서도 "하나님께서 교회의 참된 제도를 세우신 곳 어디서든지, 비록 관원들의 법령이 이러한 교회의 제도에 반한다 할지라도 예수 그리스도의 멍에와 공적 가르침에 자신을 복종시켜야 한다고 믿는다."라는 것을 강조한다. 이는 프랑스 신앙고백서가 칼빈의 교회 표지론보다 베자의 엄격한 표지론을 따른다는 증거이다.[324] 베자는 자신의 신앙고백서에서 칼빈보다 더 분명하게 설교와 성례전 이외에 바른 교회제도의 시행 역시 참 교회의 세 번째 표지라고 주장했다.[325] 베자가 강조한 교회의 표지로서 '권징의 신실한 시행'은 이후 스코틀랜드 신앙고백서 제18항(1560)과 벨기에 신앙고백서 제29항(1561)에서 그대로 나타난다.

그러면 참 교회의 세 번째 표지에 대한 개혁주의 신앙고백의 첨가는 칼빈이 말한 교회 표지론을 포기하고 더 엄격한 완전주의로 향하는 변화의 증거일까? 칼빈을 비롯한 개혁주의 교회의 지도자들은 권징이나 도덕적 생활을 통해 세상에서 호평을 받는 것이 참 교회의 증거라고 생각하지

---

324) Glen S. Sunshine, "Reformed Theology and the Origins of Synodical Polity: Calvin, Beza and the Gallican Confession," in *Later Calvinism: International Perspective*, ed., W. Fred Graham, 156-157.
325) Beza, 『프랑스 신앙고백서』, 5-7.

않았다. 또 권징이 성도들과 교회 전체의 완전한 거룩성을 이루어낼 수 있으리라 생각하지도 않았다. 칼빈은 『기독교 강요』를 통해 다음과 같이 말한 바 있다.

> "그리스도의 교회는 거룩하다고 그들[재세례파]은 주장한다. 그러나 교회에는 악한 사람과 선한 사람이 섞여 있다는 것을 알기 위해서 그들은 그리스도의 비유를 들어보아야 한다.…교회는 이런 재난 밑에서 수고하게 되리라고, 심판의 날까지 악인이 섞여 있어서 큰 짐이 되리라고 주께서 언급하신다면 그들이 아무 오점도 없는 교회를 찾는 것은 헛된 노력이다." (4.1.13)

교회의 거룩함에 대한 종말론적 입장은 교회를 참된 교회로 세워가는 하나님의 은혜를 강조하기 위해 개혁주의 교회가 견지한 교회론의 중요한 특징 가운데 하나이다. 프랑스 신앙고백서 역시 말씀에 대한 순종을 참 교회의 표지로 거론할 때, 순종이나 권징을 통해 모든 신자를 완전하게 만들 수 있다는 완전주의를 말하는 것이 아니다. 도리어 이 신앙고백은 교회의 거룩성에 대한 종말론적 이해를 일관되게 보여준다. "그럼에도 불구하고 우리는 신자들 가운데 위선자와 버림받은 사람이 있음을 부인하지 않는다. 그러나

그들의 악함은 교회라는 이름을 파괴할 수 없다."(제27항)

프랑스 신앙고백서는 교회의 순수함과 거룩함을 유지하기 위해 제29항에서 직분제도를 다룬다. 그러면서 교회의 직분제도로 목사, 장로, 집사를 세운다.

"참된 교회는 우리 주 예수 그리스도께서 세우신 치리를 받아야 한다. 따라서 교회에는 목사, 장로, 집사가 있어야 하며, 순수한 교리가 실행되고, 오류를 개혁하고 억제하며, 가난한 이들과 난경에 처한 이들을 긴급하게 지원하고, 어른과 아이를 교육하는 거룩한 집회를 하나님의 이름으로 열어야 한다."

이 점은 칼빈이 1541년 제네바 교회모범에서 교사를 덧붙여 4직분을 세운 것과 대조를 이룬다. 프랑스 개혁교회는 왜 교사의 직분을 뺀 것일까? 집사 직분에 대해 베자는 칼빈이 제정한 임무와 동일하게 말한다. 집사는 가난한 자들을 돌보는 일뿐만 아니라 재정적 보호를 담당한다. 하지만 칼빈이 집사의 직책을 구제 행정과 구제 시행의 둘로 구분한 것과 달리, 베자는 집사의 직분을 하나로 간주한다. 대신 목사와 장로의 직분을 명확하게 구분한다. 목사는 말씀 선포와 성례의 집행을 담당하고, 장로는 치리(훈련)를 담당한다. 즉 장로는 교회에서 혼돈을 일으키는 자들을 교정할 뿐만 아니라 교리와 윤리를 다루는 교회법을 제정하는 일을 담당한다(5.33-34). 그렇다면 베자는 교사의 직분을 어떻게 이해한 것일까? 칼빈은 목사와 교사의 직분을 구분하였지만, 두 직무를 한 사람이 행하는 것을 인정했기 때문에 목사가 교사의 직무를 수행하는 것으로 여겼다. "때때로 같은 사람이 동시에 목사와 교사가 되는 일이 있었다. 그러나 이 둘이 담당하는 직무는 완전히 다르다."[326] 베자는 칼빈의 4직분을 존중한다. 각 직분이 담당해야 할 임무도 칼빈의 것과 유사하다. 따라서 프랑스 신앙고백서에서는 교사의 직분을 뺀 3직분을 세웠으나, 실제 목회에서는 교사의 직분을 세웠다. 그리고 1560년에 열린 제2차 총회에서는 목사의 직분을 담당하는 교사와 그렇지 않는 자를 구분하였다.[327] 그렇기 때문에 직분에 관해서 프랑스 개혁교회와 칼빈의 제네바가 다른 이해를 가지고 있었다고 보기는 어렵다. 특히 실제 목회에서 다양한 직분은 거의 차이를 드러내지 않았다.

프랑스 신앙고백서가 교회론의 서두에서 교회의 존속을 위해 목사직의 중요성을 강조한 것은 로마 교황제도에 맞

---

[326] *CO* 51, 198; 엡 4:11 주석.
[327] Sunshine, "Origins of French Reformed Synodical," 155.

서는 또 다른 목회자들의 위계질서를 세우기 위함이 아니었다. 목사직의 중요성을 강조한 것은 우선적으로 목회자 직분의 필요성을 부인하고 교회의 질서를 혼란시키는 '환상주의자'들을 경계하기 위함이었다. "하나님께서 이런 도움과 부수적인 방법에 묶이시기 때문이 아니라 하나님께서 이런 제한을 통해 우리를 다스리기를 기뻐하시기 때문이다. 여기에서 우리는 교회가 그들의 권력에 놓여 있는 한 목회와 말씀의 선포와 성례를 파괴하기 원하는 모든 환상주의자들을 거부한다."[328] 그런데 이보다 더 중요한 신학적 이유가 있었다. "프랑스 개혁교회는 바른 교회의 질서는 그리스도의 말씀을 따라 교회를 다스릴 수 있을 때 세워진다는 신학적 원리 위에서 교회에 대한 신앙을 고백했다. 그리고 그리스도의 통치는 오직 그분의 말씀을 따라 오류가 교정되고 어려운 사람들이 도움을 얻는 것이라고 고백했다."[329] 요약하자면 프랑스 신앙고백서는 교회의 머리이신 예수 그리스도의 통치를 구현하는 것을 교회의 바른 직무의 신학적 기초로 삼았다. 이 직무에 대한 신학적 기초로부터 한편으로는 환상주의자들에 대항해서 말씀을 선포하고 실행하는 목회자 직분의 필요성을 강조했으며, 다른 한편으

---

328) CFG, 25, CC 3: 379.
329) CGF, 28, CC 3: 375-376.

로는 로마 교황주의자들에 대항하여 바른 성경의 가르침을 전하는 목사의 직무를 강조하고 있다고 이해할 수 있다.

프랑스 신앙고백서 제30조에서는 분명하게 모든 목사의 동등권을 언급한다. "유일한 군주이신 예수 그리스도 아래서 동일한 권리와 권세를 지녔기 때문에 한 교회가 다른 교회를 다스리거나 그 교회가 가진 자체의 주권에 도전하는 것은 불법"이라고 명시하였다. 그리고 목사의 동등권에 근거한 개교회의 주권과 권리에 대한 인정을 언급한 후에 제32조에서 전체 공동체를 다스리기 위해 감독자를 선출한다는 표현을 사용하고 있다. "우리는 또 감독자로 선출된 사람이 전체 공동체를 다스리기 위해 어떤 방법을 채용할 것인지를 계획하는 것이 바람직하고 유익하다고 믿는다."[330] 여기에서 교회를 다스리는 일에서 감독제 도입을 어떻게 이해할 것인가의 문제가 제기된다. 파니에르(Pannier)와 가녹지(Gonoczy)는 이 조항에서 개혁교회가 일종의 개혁주의 감독제도를 도입하기 시작했다고 해석한다.[331] 감독자(superintendant)는 실제로 지역교회보다는 몸을 다스리는 책임이 지워진 주교를 뜻하기 때문이다. 이와 달리 선샤인

---

330) 프랑스 신앙고백서 파리 판 32항.
331) Sunshine, "Reformed Theology and the Origins of Synodical Polity," 156-157.

(Sunshine)은 프랑스 신앙고백서와 치리서가 근본적으로는 칼빈과 베자가 제시한 제네바의 신학과 교회 제도를 따르며, 위계질서에서 상위의 권위를 지니는 감독의 존재를 실제로 『교회훈령』(Discipline Ecclésiastique)에서 명확하게 거부한다는 것을 증거로 내세운다. 그러면서 이는 제네바 교회훈령보다 더 진보적이라고 주장한다.332) 이러한 선샤인의 견해가 프랑스 신앙고백서의 맥락에서 타당성이 있어 보인다. 제30조에서 목회자 상호 간이나 교회 상호 간의 동일한 권위를 강하게 언급하고 있기 때문이다. 그런데 왜 프랑스 신앙고백서는 감독자의 치리권을 인정하는 것일까? 프랑스 개혁교회가 전국에 걸쳐 설립되고 있어서 이들을 치리하기 위한 감독의 필요성이 부각되었기 때문일 것이다. 하지만 프랑스 신앙고백서는 "감독자들은 우리 주 예수 그리스도께서 제정하신 것으로부터 결코 떠나서는 안 된다."라는 문구를 삽

프랑스 개혁교회가 채택한 신앙규범

---

332) Sunshine, "Reformed Theology and the Origins of Synodical Polity," 156-157.

입하여 전체 교회를 위한 감독의 권한을 예수 그리스도의 명령에 종속시킨다. 교회의 공동체성을 유지하기 위해서 어떤 위계질서를 도입하지 않는다. 그렇다면 왜 이 직책이 프랑스 신앙고백서에 남게 된 것일까? 베자는 그의 신앙고백서에서 감독제도의 수용을 암시한다. 칼빈이 제정한 교회의 직분에 대한 구분을 수용한 반면, 교회의 수익을 분배하는 실제적인 부분에서 감독제를 허용하는 것처럼 보인다.

교회는 전통적으로 수익을 네 부분으로 나눈다. 성직자, 가난한 자, 교회 건물 유지, 감독(『기독교강요』, 4.4.7)이다. 이 중 네 번째를 칼빈은 '내국인과 외국인을 포함한 가난한 자들'에게 나눠주었다. 반면 베자는 감독에게 그 지분을 남겨두었다.[333] 왜 그랬을까? 여기서 우리는 교회정치와 관련하여 칼빈과 베자의 상황이 다르다는 점에 주목할 필요가 있다. 칼빈은 프랑스의 위그노들을 위한 선교를 끊임없이 해왔다. 하지만 베자는 직접 발로 뛰면서 위그노들을 위하여 국제적 외교활동을 해왔다. 그의 경험이 혼돈 상황에 있는 프랑스의 개혁교회를 위해서 감독이 필요하리라 여겼던 것으로 보인다. 그렇다고 베자가 적극적으로 감독제를 교회정치의 대안으로 제안한 것으로 보기는 힘들다. 왜

---

[333] Tadataka Maruyama, *The Ecclesiology of Theodore Beza*, (Geneva, Libreairie Droz, 1978), 30.

냐하면 베자는 서문에서 분명하게 개혁교회의 정치는 '사도적 장로정치'가 되어야 한다고 초기 감독정치에 대한 이해를 언급하면서 주장하고 있기 때문이다.[334] 이는 프랑스 신앙고백서의 직분에 대한 이해에 베자의 영향력이 나타난 흔적이라 할 수 있다.

프랑스 신앙고백서는 로마 가톨릭교회로부터의 분리에 근거하여 새로운 교회공동체의 제도적 측면을 특별하게 강조한다. 로마 가톨릭교회의 반종교개혁 정책에 대항하여 어떻게 개혁교회의 결속을 강화시킬 것인가가 주요 당면과제였기 때문이다. 그렇기 때문에 교회의 제도적 측면을 특별히 강조하여 보이는 교회의 제도를 강조한다.

라로셸 총회(1571)

위그노의 중심도시 라로셸에서 열린 프랑스 개혁교회 총회는 지난 10여 년간 프랑스 개혁교회가 직면한 문제를 해결해야만 했다. 이 전쟁의 소용돌이에서 직면하게 된 신학적 논쟁은 베자의 마음을 더욱 깊은 심연으로 끌어들였

---

334) Beza, 5.29.

라로셸의 현 모습

다. 이 전쟁에서 승리한다 할지라도 프랑스가 위그노의 국가로 우뚝 설 수 있을까 의심이 들기도 하였다.335) 당시 프랑스 개혁교회가 직면한 신학 논쟁은 세 가지로 집약된다. 첫째, 반삼위일체주의자 세르베투스의 논리를 따르는 프랑수아 다비드(François David)와 조르주 비안드라타(George Biandrata)의 주장이 개혁교회를 혼돈의 늪으로 끌어들였다. 프랑스 개혁교회는 1559년에 프랑스 신앙고백 제14조에서 그리스도의 신성에 대해서 서술하면서 삼위일체 논쟁의 중심에 있던 반삼위일체주의자 세르베투스의 주장에 대해 '세르베투스의 악마적인 공상'에 반대한다는 입장을 분명하게 밝혔다. 그러면서 세르베투스의 반삼위일체 교리를 '교회를 어지럽히는 이단' 중의 하나로 진술한다.336) 이외에 삼위일체와 관련해서 안토니오 델 코로(Antonio del Corro)의 가르침도 논의하여 라로

---

335) *CB* 8, 21.
336) Brain Armstrong, "Semper Reformanda: The Case of the French Reformed Church, 1559-1620," W. Fred Graham (ed.) *Later Calvinism International Perspectives* (Kirksville: Sixteenth Century Journal Publishers, 1994), 126.

셀 총회는 그의 가르침이 세르베투스의 삼위일체 교리와 유사하다고 결론을 내렸고, 그의 가르침을 뱉어내서 버려야 할 교리라고 주장하였다.

두 번째로 해결해야 할 문제는 스위스 취리히 교회의 반박으로 인해 성찬과 관련된 제36조에 대한 입장을 검토하는 것이었다.

> "우리는 우리 주님의 만찬, 즉 또 다른 성례는 우리가 구주 예수 그리스도와 함께 연합한 것을 증거하는 것임을 분명하게 주장한다. 왜냐하면 그가 우리를 위해 죽으셨을 뿐만 아니라, 그는 참으로 그의 살과 피로 우리에게 (영적) 자양분을 공급하여 주시기 때문이다. 이것으로써 우리는 그와 함께 행하며 그와 함께 살아간다. 그는 비록 하늘(천국)에 계시지만, 그가 세상을 심판하시러 오실 때까지 그의 영(성령)의 신비하고도 불가해한 힘으로 우리와 함께 하시며, 그는 자신의 몸과 피의 본질로서 우리를 자라나게 하신다. 그러나 우리는 그것이 영적 방법으로 되는 것이라고 보는데, (그것은) 진리와 그 효과를 우리 자신의 헛된 망상이나 자만심으로 대체하기 위함이 아니라, 오히려 그리스도와 우리의 연합의 비밀이 지극히 높은(천상적인) 것이기 때문이다.

그것은 우리의 모든 감각을 넘어서는 모든 자연의 이치로서, 요컨대 이것은 하늘에 속하는 것이기 때문에 믿음으로가 아니고서는 깨달을 수 없는 것이다."

이 문단에서 문제가 된 부분은 "성령이 신비하고 불가해한 능력으로 그의 몸과 피의 본체(substance)로부터 우리에게 영양을 공급하여 자라나게 하신다."라는 구절이다. 여기에서 스위스 취리히 교회를 이끌고 있던 불링거는 '너무나 스콜라적'인 용어를 사용하고 있다고 바꾸길 요구하였으나, 프랑스 개혁교회는 그리스도의 몸과 피를 통하여 얻게 되는 은혜를 강조하면서 독자적으로 결정한다.[337]

셋째로 라로셸 총회가 직면한 문제는 국가에 대한 교회의 독립성과 관련된 논쟁이다. 프랑스 개혁교회는 모렐리(Jean Morély)가 1562년에 출판한 책『기독교의 권징과 정치제도에 관한 논문』(Treatise on Christian Discipline and Polity)으로 인해 내적 갈등에 빠져들게 된다. 그는 이 책에서 제네바와 프랑스의 교회정치가 비성경적이라고 비판하면서 각 지역 교회에 더 많은 자유와 민주주의적 규칙이 보장되어야 한다고 주장했다.[338] 모렐리는 교회 통치와 권력의 중심을 지

---

337) Armstrong, "Semper Reformanda," 127.
338) Armstrong, "Semper Reformanda," 165.

라로셸의 개혁교회 예배당 내부

역교회의 회중에게 두었다. 이는 제네바 교회가 시행하고 있는 컨시스토리나 교회 공의회 또는 시의회 중심의 교회 통치에 대한 반대이다. 모렐리가 회중 중심의 교회정치를 주장하기 위해서 내세운 신학적 근거는 다음과 같다. 교회의 머리는 그리스도시고, 그리스도는 최고의 선지자이자 제사장이시다. 지역교회의 모든 성도는 그리스도의 제사장이다. 그러므로 교회의 구성원으로서 모든 성도는 그리스도인으로서의 제사장 직분에 따라서 이웃을 섬기고 보살펴야 한다. 교회의 구성원으로서 모든 성도는 그리스도의 선지자로서 성령의 감동에 따라 모든 민족을 제자로 삼고 그리스도가 그들에게 명령한 모든 것을 지키도록 가르치는 자들이다. 그러므로 교회의 권징은 교회의 직분자들이 가지는 권한이 아니라 교회 전체가 가지는 권한이다. 이것이 '민주주의적' 형태의 교회 통치법이며 교회의 자유를 가장 잘 보장할 수 있는 형태라고 하였다.

1562년 오를레앙 지역 노회는 모렐리의 책이 "교회에 혼란과 분열을 가져오는 사악한 교리"라고 비난했다.[339] 제네바 컨시스토리에서는 모렐리에게 출두해서 '파멸적'이고 '중상적'인 관점에 대해 답변하라고 명령했다.[340] 이에 모렐리는 생명의 위협을 느끼고 도피를 선택했다. 그러나 수차례 출두 명령을 받게 되자 약 8개월 후 결국 컨시스토리에 출두하였다. 컨시스토리는 "법정에서 심리가 주어졌으나 적합한 답변을 하지 않았다."라는 것과 "시간을 주면 그의 관점을 유지하여" 교회와 컨시스토리에 위험을 가져올 수 있다는 이유로 그를 파문했다. 베자는 이 사건을 시의회에 보고하고 형사제재를 가하도록 촉구하는 '명예로운' 의무를 가지게 되었다. 시의회는 베자의 추천과 함께 다른 이들에게 본보기를 삼기 위해 모렐리에게 이단 및 모욕죄를 선고했다. 시의회는 모렐리의 모든 책을 공개적으로 불태우라고 명령하고, 그에게 동조한 모든 이들을 불러 질책했으며, 그를 제네바 시에서 영원히 추방했다. 또한 컨시스토리는 이런 '분열을 조장하고 선동적인' 사상이 퍼지는 것을 막기 위해 이례적으로 모든 절차를 자세히 기록해 공개했다.[341] 모렐리의 교회정치 사상은 이후 10년 동안 프랑스 개혁교회를 흔드는 도전이 되었다. 모렐리를 지지하는 칼빈주의

---

339) Armstrong, "Semper Reformanda," 169.
340) Armstrong, "Semper Reformanda," 169.
341) Armstrong, "Semper Reformanda," 169.

철학자 피터 라무스(Peter Ramus)는 프랑스, 독일, 스위스 등지의 다른 프로테스탄트 지도자들과 함께 이 사건을 기술적으로 파헤쳤다.[342]

개혁교회 내에서 국가와 교회의 관계에 대한 논의는 하이델베르크의 에라스투스(Thomas Erastus, 1524-1583)로부터 촉발되었다. 에라스투스는 교회의 치리권이 세속 정부에 속해 있어야 한다는 입장을 내세웠다. 하지만 프랑스 개혁교회는 이를 거부하고 교회의 독립성을 강조하였다. 교회의 독립을 위해서 교회조직과 그 구성원의 임무를 이미 1559년에 프랑스 신앙고백서의 제29조부터 제33조에 서술하고 확정한 프랑스 개혁교회는 에라스투스와 같이 "교회의 치리를 파괴하고 교회의 통치와 집권자의 세속정치의 통치를 혼동하는" 모든 가르침을 거부한다고 주장했다.[343]

파리 총회(1559) 이후 프랑스 개혁교회는 더 급속도로 성장하여 1571년 라로셸에서 총회가 모였을 때에는 이미 2,000여 개가 넘는 교회가 설립되었다. 칼빈주의 신앙을 고

---

342) 모렐리의 교회론은 이후 영국 종교개혁자들에게 영향을 끼쳐 회중주의라는 교회정치의 형태로 등장한다. 이후 웨스트민스터 총회에서 교회정치에 대한 논의가 이어진다. "만약 라무스와 그의 많은 동조자들이 1572년 성 바돌로매 날의 대학살에서 죽임을 당하지 않았다면 아마도 16세기 칼빈주의 교회론에 더 큰 개혁을 가져왔을 것이다."라고 평가한다. 역사에서 가정은 있을 수 없지만, 프랑스를 넘어서 회중주의와 장로정치에 대한 논쟁을 기억할 필요가 있지 않을까.
343) Armstrong, "Semper Reformenda," 126.

백하는 위그노의 수는 150만에서 200만에 이르렀다.[344] 이렇게 교회의 수가 급증하게 되자 교회는 프랑스어를 사용하는 목회자를 요구하게 되었다. 하지만 당시 프랑스어를 사용하는 목회자를 파송할 수 있는 교육기관은 제네바 아카데미가 유일했는데, 이곳에서 파송하는 선교사의 수는 1567년까지 120여 명에 머물렀다.[345] 턱없이 부족한 목회자의 공급이 당시 프랑스 개혁교회가 지닌 문제였다. 이런 상황에서 벌어진 모렐리의 교회론 논쟁은 베자의 근심을 더욱 깊게 만들었다. 프랑스의 위그노들이 제네바 교회와의 연합을 잊어버리고 있는 것은 아닌지 염려하였다. 수많은 목회자들이 제네바에서 교육을 받고 파송되어 영적 어머니로서 역할을 해왔는데, 그 관계가 약해지는 것을 염려한 것이다.[346] 1572년 5월 6일부터 18일까지 열린 님므 총회는 제36조와 관련해 다시 한 번 논의하고 라로셸 회의의 결정을 재확인했으며, 프랑스의 모든 개혁파 신학교수들이 이 내용을 포함한 프랑스 신앙고백서에 서명해야 한다고 요구하였다.

　베자는 에라스투스의 교회정치제도를 '단순한 민주주의

---

344) Barbara B. Diefendorf, "The Religious Wars in France," *A Companion to the Reformation World*, R. Po-chia Hsia (Oxford: Blackwell, 2006), 150-152.
345) Monter, *Calvin's Geneva*, 114-117.
346) *CB* 8, 81. 1567. 3. 10.

적 관점'으로 여겨 교회의 잘못된 '부끄러운 오류'라고 비판하였다. 또한 새로운 민주적 실험과 프랑스의 몇몇 지역 교회들을 질책하기 위해 라로셸(La Rochelle, 1571)과 님므(Nimmes, 1572)에서 전국 총회(synod)를 주도한 베자는 "가능하고, 하나님이 허락하는 한도 내에서" 교인들에 의한 교회 직분자들의 합법적인 자유선거를 지지했다. 그러나 교회 통치를 전적으로 민주주의에 맡기는 것은 '가장 문제 있고 선동적인' 통치 형태가 될 수 있다고 여겼다.[347] 여기서 베자의 염려는 성도들 신앙의 미성숙에 있었다. "어떻게 신앙의 기초를 배우지 못한 자들에게 교회의 결정권을 맡긴단 말인가! 미숙한 신앙 상태에 있는 성도들의 손에서 교리와 권징이 이루어지면 교회의 결정이 좌초될 우려가 있다. 그리스도의 영광과 그의 말씀의 경건함을 어떻게 교회의 변덕스러운 성도에게 맡길 수 있단 말인가!"[348]

그리고 베자는 교회정치제도로서 컨시스토리가 "하나님의 말씀에 반한 새로운 종류의 제도가 아니다."라는 점을 들어 논증했다.[349] 컨시스토리는 그리스도가 '매고 풀' 열쇠의 힘을 교회에 위임했을 때, 그리스도는 교회 전체가 아닌

---

347) Kingdon, *Consolidation*, 212에 재인쇄된 Letter to Bullinger(1571. 11.13)
348) *TT* 3:307, Maruyama, *Ecclesiology*, 117-125.
349) *TT* 3:132-147에서 구체화됨.

교회의 지도자들, 즉 컨시스토리에 그 권한을 위임한 것이다. "교회 전체를 몇몇 목회자들의 투표권 아래 놓거나, 목회자들과 장로들의 결정이 군중의 변덕 아래 놓이도록 하는 것보다 더 위험하고 정의롭지 못하며 하나님 말씀에 위배되는 것은 없다."350) 그리고 난 후 베자는 적극적으로 교회정치의 조직체로서 컨시스토리를 설명한다.

"기독교 교회는 현재의 형태이든 고대 이스라엘 민족의 형태이든 하나님에 의해 세 가지 면으로 구성된 것으로 생각된다. 교회의 머리는 비교할 수 없는 유일한 군주[그리스도]로서, 우리의 영원한 대제사장이며, 모든 나라(principalities)에 대한 주권을 가진다. 그는 하늘에 계시지만, 성령을 통해 그의 권위 아래 개체 교회와 함께 하고 다스리신다. 그 다음은 가장 신성한 귀족정치제도인 컨시스토리다. 그리고 마지막으로 보편적인 신자의 무리가 있는데, 이것은 신성한 민주국가의 완벽한 예를 제공한다. 이것의 합의를 통해 귀족정치적 컨시스토리가 구성된다. 이 무리의 수호자는 그가 어디에 있든 하나님이 세우셨으며, 전 세계에서 하나님을

---

350) *TT* 3: 306-307.

대표하는 그리스도인 위정자들이다."[351]

베자는 컨시스토리가 귀족정치제도이고 국가통치의 고전적 세 형태의 조합을 가진 국가체제라고 주장했다. 이는 칼빈이 '귀족정치적 형태를 띤 혼합적 제도'의 국가정부를 주창한 것과 같다. 베자는 귀족정치제도의 형태로서 컨시스토리 아래 절대군주정, 귀족정, 민주정치의 중용을 띤 교회정치를 주장했다.

님므 총회 두 달 뒤에 발생한 성 바돌로매 축일의 대학살 사건 이후 프랑스 개혁교회의 총회는 6년간 소집되지 못하다가 1578년 2월 2일 생트 푸아(Sainte Foy)에서 개최되었다. 이 총회에서는 팔츠의 카시미르 공작(John Casimir, Duke of Saxe-Coburg)이 주도해 1557년 프랑크푸르트 회의에서 개혁의 뜻을 같이하기로 한 유럽 각국의 개혁주의 교회들과의 연대를 강화하기 위한 논의가 이루어졌다. 이 논의를 통해 프랑스 개혁교회는 다른 개혁교회들과의 신앙고백의 일치가 이런 국제적 개혁교회의 연대를 위한 기본 전제임을 밝혔다.[352] 이듬해 1579년 8월에 개최된 피게악(Figéac) 총회

---

351) Beza, *Tractatus pius*, 113.
352) Armstrong, "Semper Reformanda," 129. 이후의 프랑스 개혁교회 총회의 내용은 암스트롱의 글에 정리한다.

는 이런 국제적 연대를 구축하고자 하는 목표를 가지고 저지대 지방교회가 제정한 벨기에 신앙고백(Confessio Belgica)을 또 하나의 권위 있는 개혁교회의 신앙고백으로 인정했다. 그리고 가능한 한 각국에서 제정한 신앙고백을 한데 묶어 공통의 신앙고백을 채택할 것을 결의했다.[353] 그러나 1580년 발생한 프랑스의 종교전쟁으로 인해 프랑스 개혁교회가 추구했던 다른 나라 개혁주의 교회들과의 연대는 구체적으로 이루어지지 못했다. 1581년 6월 28일부터 7월 11일까지 열린 라로셸 총회와 이듬해 5월 15일부터 27일까지 열린 비트레(Vitré) 총회는 모두 프랑스 종교전쟁 와중에 개최되었다. 전쟁이라는 어려운 상황 때문에 신앙고백 내용에 대한 심도 있는 신학적 논의는 제대로 이루어지지 못했지만 이 총회는 1571년 라로셸에서 채택된 신앙고백을 재차 확인하는 것으로 개혁교회의 정체성을 천명했으며, 벨기에 신앙고백 역시 권위 있는 신앙고백임을 다시 한 번 확인했다. 이처럼 극심한 탄압과 전쟁의 어려움 가운데 프랑스 개혁교회가 무엇보다 신앙고백의 일치를 통해 다른 나라의 개혁파 교회들과 연합하며 스스로의 정체성을 확립하고자 노력했음은 주목할 만하다.

---

353) Armstrong, "Semper Reformanda," 130.

1559년 파리 총회부터 1620년 아를 총회까지 신앙고백과 치리서의 지속적인 개정 노력은 프랑스 개혁교회의 특징으로서의 '항상 개혁되는 교회'의 정체성을 보여주었다.[354] 1598년 앙리 4세가 낭트 칙령을 발표한 이후 프랑스 개혁교회는 안정을 되찾을 수 있게 되었다.

　암스트롱은 1620년 이후 초창기 프랑스 개혁교회가 보여준 신앙고백의 개정을 통한 정체성 확립 노력이 중단된 세 가지 이유를 제시한다. 첫째, 신학적 논쟁에 따른 내부의 분열을 우려한 나머지 더 이상의 신앙고백 개정을 꺼리게 된 것이고, 둘째, 1618년 도르트 총회에서 결정된 신조를 프랑스 개혁교회도 받아들임에 따라 더 이상 신앙고백을 개정할 수준의 신학적 논쟁이 불필요해졌다고 여기게 되었다. 그리고 셋째, 프랑스 왕이 본격적으로 위그노교회의 신학적·제도적 결정에 관여하게 됨에 따라 프랑스 개혁교회가 세속권력과의 정치적 갈등까지 감수하면서 신앙고백을 개정할 의지를 상실한 것이다.[355]

---

354) Armstrong, "Semper Reformanda," 119-122.
355) Armstrong, "Semper Reformanda," 121-122.

테오도르 베자
교회를 위해 길 위에 서다
Dieudonné de Bèze

10
하나님의 말씀에 붙잡힌 양심의 저항

성 바돌로매 축일의 대학살

Chapter 10

하나님의 말씀에 붙잡힌 양심의 저항

백성들은 필요하다면 무력을 동원해서라도
타락하고 부당한 명령을 내리는 관료에게 저항해야 한다.

> 오 하나님, 위대하고 강하신 하나님, 항상 동일하신 하나님,
> 저의 사로잡힘을 하감하옵소서. 저의 약함을 강함으로,
> 두려움을 기쁨과 확신으로 바꾸어주시고,
> 사로잡힘을 자유로 바꾸어주소서.
> ─ 앙투안 드 샹디외의 기도 ─
>
> 그리스도인은 부요한 그림이라오.
> 거기서 주님은 그의 지혜와 그의 모든 재화의 놀라운 부와,
> 흔히 아름다움에 대해 상상할 수 있는 것을 발견하신다오.
> ─ 성 바돌로매 축일의 대학살로 인해 순교한
> 장 르 마송을 기리며, 베자의 시 ─

진리를 향한 여정은 목숨을 건 투쟁이었다. 종교전쟁이라는 무대는 인간의 상상을 넘어서는 만행의 장이 되었다. 학살, 암살, 고문, 처형 등 가톨릭을 대표하는 기즈 가문과 위그노의 증오는 인간의 죄악만을 드러낼 뿐이었다. 기즈 가문은 위그노들을 자루에 넣어 익사시키거나 마차바퀴로 돌려 찢어 죽였다. 바퀴가 천천히 회전할 때 바퀴살에 묶인 팔다리가 쇠막대에 의해 찢겨 나가게 만들었다.

　악은 악을 낳을 뿐이다. 위그노들도 가톨릭 수도원을 불지르면서 안에 있는 사람들이 밖으로 나가지 못하게 명령을 내렸다. 더 비참한 것은 한 무리 사람들을 어깨까지 땅속에 묻어 놓고, 큰 나무 공을 굴려 땅속에 묻힌 사람들의

죽음의 승리

머리를 맞추는 놀이, 즉 구주희(볼링) 놀이를 했다는 것이다.[356] 오랜 전쟁은 땅을 폐허로 만들었고, 그들의 신앙과 경건을 말살시켜버렸다. 인간의 심연에 존재하는 악의 본성이 이제 역사의 장으로 등장한다. 기독교 역사상 '가장 악명 높고 무시무시한 사건'으로 기억되는 성 바돌로매 축일의 학살을 만나게 된다.

위그노의 군대는 왕실의 군대를 이기기에는 수적으로 열악했다. 정면에서 싸워 전세를 뒤집을 수 있는 가능성은 전혀 보이지 않았다. 심지어 그들을 도와주러 온 독일 용병들도 돈을 주지 않으면 싸우지 않겠다고 엄포를 놓았다. 군대를 이끄는 지도자 콜리니 제독은 난처한 상황에 빠지게 되었다. 어떻게 해야 할까? 돈을 마련하는 데 시간이 걸리면서 전세를 유리하게 만들기에는 이미 늦어버렸다. 왕실에서 쏘는 대포를 피하기 위해 움푹 판 협소한 곳에서 시간을 보낼 수밖에 없었다. 최악의 상황이었다. 그들은 접근해 오는 가톨릭 기마병에 대항하여 힘을 냈지만 흑색 기마군단이 폭풍우처럼 쳐들어와 힘없이 단숨에 전투는 끝나고 말았다. 이 전투가 바로 1569년에 벌어진 몽콩투르 전투이다. 참패였다. 위그노 부대의 지도자 콜리니 제독은 반역자가 되

---

356) Alison Grant, Ronald Mayo, 조병수 옮김, 『프랑스 위그노 이야기』 (용인: 가르침, 2018), 30.

었을 뿐만 아니라 이단의 괴수가 되어 현상금이 걸렸다. 심지어 파리에서는 그의 인형을 만들어 교수형에 처했다고 한다. 이런 절망의 순간에 콜리니는 이렇게 고백했다. "사람들이 우리에게서 모든 것을 앗아갔다. 하지만 하나님을 진정으로 즐거워하는 것 자체가 우리의 만족과 행복이 될 것이다." 처참한 패전을 맛본 그의 고백이 이것이라니 대단한 신앙고백이지 않은가.

올바른 신앙을 위한 투쟁에서 그는 그 자신이 바라보아야 할 목표를 분명히 알았다. 그 전쟁이 참된 신앙을 위해서 그리고 올바른 예배를 하나님께 드리기 위해서 일어난 것임을 그는 잊지 않았다. 그는 또다시 일어나 전쟁에 임한다. 하나님께서는 그의 발걸음을 이끌어주셨다. 그리하여 1년도 채 되지 않아 그는 승리를 얻었을 뿐만 아니라 1570년 가톨릭과 생제르맹 평화협정을 맺게 된다. 이전의 협정과 비교해보면 이 협정은 위그노의 위상이 높이 격상된 평화협정임을 알게 된다. "앙부아즈 칙령에서는 종교전쟁의 핵심 진원지 중 하나인 도시에 대한 언급이 빠졌지만, 생제르맹 칙령에는 도시 내부에서 개혁파식 예배가 허용되었고, 라로셸(La Rochelle), 라샤리테(La Chaarité), 코냑(Cognac) 그리고 몽토방의 정치적·군사적 지배권이 위그노 측에 양도되었으며, 위그노들의 기본권(관직 소유. 평등한 법 적용. 재산권)이 인정되는 등 위그노를 프랑스의 정식 구성원으로 받아들이는 듯한 여러 조항이 포함되어 있었다."[357] 이처럼 생제르맹 칙령을 통해 위그노파는 강력한 군사적·정치적 공동체로 공인되었다. 하지만 이는 프랑스의 대다수를 차지하는 가톨릭 공동체를 불안으로 몰아넣고 긴장을 더욱 격화시키는 배경이 되었다.

성 바돌로매 축일의 대학살

성 바돌로매 축일의 학살(1572)은 생제르맹 평화협정으로써 이루어진 제3차 종교전쟁(1568.8.-1570.8.)의 종식을 영구히 하고자 거행된 왕족 간의 정략결혼에서 비롯되었다. 위그노는 샤를 9세의 여동생 마르그리트 드 발루아(Marguerite de Valois)와 위그노 왕족인 앙리 드 나바르(후일 앙리 4세)의 결혼으로 올바른 예배의 자유를 원했다. 한편 왕 샤를 9세와 그의 어머니 카트린은 가톨릭 귀족을 통제하고, 위그노파를 회유하여 종교적 문제의 결정권자가 왕 자신임을 천명하고자 하였다. 결혼은 1572년 8월 18일에 거행하기로 예정

---

[357] Mark P. Holt, *The French Wars of Religion, 1562-1629*, (Cambridge: New York: Cambridge University Press, 2005), 70.

되었다.

결혼식에 참석하기 위해서 수백 명의 위그노가 파리에 입성하였다. 이 결혼식은 위그노들에게 희망의 표지였다. 이 결혼식을 통해 그들은 위그노의 권위를 확고하게 하고 싶었다. 또한 그들은 플랑드르 전쟁을 재개하고자 하였다. 따라서 콜리니 제독이 왕 샤를 9세를 설득하였다. 왕 샤를 9세는 콜리니 제독을 '이 시대의 최고 지휘관'이라고 칭할 뿐만 아니라 그를 '아버지'라고 부르기도 했다.[358] 콜리니 제독은 왕의 정치적 신뢰를 회복했을 뿐만 아니라 심리적 회복까지 얻어냈다. 이런 예상치 못한 상황에 왕후 카트린은 안절부절못하였다. 왕에게서 콜리니 제독을 멀리 떨어뜨려 놓는 것이 급선무였다. 8월 18일 무더운 여름날, 3일간의 거대한 결혼식이 거행되었다.

앙리 4세와 마고 왕비

결혼에 참석한 신부와 신랑은 서로 다른 마음을 가지고 있었다. 결혼서약은 노트

---

358) Alison Grant, 『프랑스 위그노 이야기』, 39-40.

르담 성당 밖에서 이루어지고, 신부는 성당 안으로 들어가 미사에 참석했으나, 신랑 앙리 드 나바르는 성당 주변을 돌아다녔다. 성당 안에서 이루어진 혼배 성사에 앉아 있어야 하는 신랑은 신부의 오빠인 앙주 공(후에 앙리 3세)이 대신 맡았다. 정치적 정략결혼은 그림에서 서로 다른 곳을 바라보는 두 사람의 시선에서 그대로 드러난다. 다른 곳을 바라보는 두 사람이 함께 있는 그곳에서 불운의 서곡이 울려 퍼진다.

콜리니 제독은 8월 22일 아침 11시경 루브르궁을 떠나 몇 블록 떨어지지 않은 자신의 숙소로 향했다. 15여 명의 호위군사가 그를 따랐다. 그때 두 발의 총성이 울렸다. 그는 곧바로 숙소로 옮겨졌다. 총을 쏜 집으로 들어가 확인하였으나 암살범은 이미 도망하고 없었다. 누가 콜리니 제독을 암살하려 한 것일까? 이 사실을 알게 된 샤를 9세는 신속하게 이 사건의 진상을 밝히라고 명령했다.

샤를 9세가 콜리니 제독을 병문안하러 가자 위그노들은 병문안 온 왕에게 암살의 배후를 규명해 달라고 항의했다. 파리에는 위그노 귀족들이 파리를 공격할 것이라는 소문이 퍼져 나가고 있었다. 왕은 위협감을 느꼈다. 콜리니 제독을 쏜 사람은 기즈 가문과 친한 귀족 모르베의 영주 샤를 드 루비에(Charles de Louviers, Sieur de Maurevert)였다. 그는 이미 1569년에도 콜리니 제독을 암살하려 한 자였다. 범인이 밝혀지자, 암살을 명령한 왕후 카트린과 기즈 가문은 신속하게 이 사건에 대처해야 했다. 누가 범인인지 위그노들이 알게 된다면 분노를 터뜨릴 것이 분명했기 때문이다. 그녀는 아들 앙리와 측근들을 불러들여 대책을 모의하고 그들의 지지를 얻어냈다. 왕의 승인을 받기 위한 열띤 토론 끝에 이들은 왕에 대항하여 반역을 음모하는 위그노에게 폭력을 사용하는 것이 옳다는 데 뜻을 모았다. 샤를 9세는 이미 위그노의 반란에 위협감을 느끼고 있었고, 위그노의 군대가 파리에 주둔해 있는 상황에서 그의 공포감은 더욱 강렬해졌다. 이미 1560년에 위그노 과격파가 프랑수아 2세를 납치하려는 앙부아즈 음모와, 1567년 위그노들이 자신과 어머니를 납치

콜리니 제독 암살 사건

하려던 사건이 있었기 때문에 위그노에 대한 경각심은 이미 있었다. 결국 왕의 명령이 내려졌다.

1572년 8월 23일 성 바돌로매 축일의 대학살은 콜리니 제독을 죽이는 데서 시작한다. 왕의 명령을 받은 군사들은 콜리니 제독이 누워 있는 침실로

갔다. 한밤중에 들려온 말발굽 소리에 잠을 깬 콜리니 제독은 즉각 위험을 감지했다. 문을 두드리는 소리에 그는 동료들에게 이렇게 말했다. "나는 오래전부터 죽을 준비를 끝냈습니다. 하지만 여러분은 모두 도피하여 목숨을 구해야 합니다. 나를 구하려고 할 필요가 없습니다. 나를 하나님의 자비에 맡기겠습니다."[359] 결국 암살자들에 의해 콜리니 제독은 죽음을 맞이하고, 그의 시체는 창문 밖으로 던져졌다. 시체는 기즈 공작이 기다리고 있던 마당에 떨어졌다.

성 바돌로매 축일의 학살로 인한 박해를 피해 제네바로 피신한 위그노 목사 굴라르(Simon Goulart, 1543-1628)는 콜리니 제독이 죽임 당하는 장면을 다음과 같이 전한다.

> "[그들은] 신의 노여움 속에서 장군의 가슴을 향해 한 발을 쏘았고, 다시 장전한 뒤 머리에도 총알을 박았다. 그들은 몰려들어 장군을 공격했고, 결국 장군은 땅에 쓰러져 죽었다. 당시 다른 가톨릭 귀족들과 함께 아래층에 있던 기즈 공작은 총소리를 듣고 '일을 마무리했느냐!'라고 큰 소리로 외쳤다. '했습니다!'라는 대답을 들은 기즈 공작은 이를 믿을 수가 없었는지 직접 자신

---

359) Alison Grant, 『프랑스 위그노 이야기』, 44.

의 눈으로 확인하고자 장군의 시체를 아래로 던지라고 했다.…머리에 총알을 맞아 피가 얼굴을 가렸기 때문에 기즈 공작은 장군의 얼굴을 손수건으로 닦아냈다. '이 얼굴을 알아.'라고 공작은 말했고, 그는 가련한 시체의 얼굴을 발로 짓이겼다.…로마의 교황과 로렌 추기경에게 보내기 위해 느브로 공작의 근위병이 장군의 머리를 잘랐다. 장군의 저택 주위에 있던 군중들은 치욕스럽게도 시체의 손과 사지를 잘랐고, 절단되고 피가 낭자한 시체는 폭도들의 손에 넘어갔다. 시신은 3일 동안이나 온 도시를 끌려 다니다가 결국 몽포콩에 있는 교수대에 거꾸로 내걸렸다."[360]

콜리니 제독의 죽음을 시작으로 파리는 피바다가 된다. 군인들은 위그노들이 사는 집과 숙소에 들어가 잠을 자고 있는 사람들을 칼로 찌르고 총으로 쐈다. 그뿐만 아니라 시체를 길거리에 질질 끌고 다녔으며 강물에 던져버리기도 하였다. 창문에 횃불을 두어 학살의 현장을 밝혔다.

이 장면은 거리에서만 이루어진 것이 아니었다. 샤를 9세

---

[360] Simon Goulart et Jean Crespin, Historie des martyrs persecutez et mis à mort pour la vérité de l'Evangile depuis les temps des apostres jusques à present (Héritiers d'Eustache Vignon, 1608), 704, 박효근, "생 바르텔르미 대학살과 폭력의 재구성," 「서양사론」 123(2014), 185-186 재인용.

성 바돌로매 축일의 대학살, 프랑수아 뒤부아(1529-1584)의 작품
(오른쪽 위) 기즈 공의 병사들이 콜리니 제독을 죽인 후 시신을 창문으로 던지는 모습. (왼쪽 중앙) 시신의 신원을 확인하는 장면. 이 그림에서는 사건이 콜리니 제독의 암살로 시작되었으나 대학살로 이어졌음을 보여준다.

는 나바르의 앙리와 그의 사촌 콩데를 불러들였다. 그는 "미사를 드리겠소, 아니면 이 자리에서 죽겠소!"라고 소리를 질렀다. 가톨릭 신앙으로 회귀하든지, 아니면 죽음의 길을 선택해야 하는 결단의 순간이다. 콩데는 신앙을 바꿀 수 없다고 지체하지 않고 답했다. 하지만 앙리 드 나바르는 시간을 달라고 요구했다. 두 사람은 개종을 요구받으며 4년 동안 왕궁에 머무른다. 이제 왕궁은 감옥이나 다름없었다.

심연의 슬픔을 넘어서

성 바돌로매 축일에 벌어진 대학살에 대한 당시 유럽의 반응은 제각각이었다. 가톨릭 국가인 에스파냐의 국왕 필리페 2세는 기쁨을 주체하지 못하고 환희의 찬송가를 불렀다고 한다. 기쁨의 환호는 에스파냐뿐만 아니라 로마 교황청에서도 들려왔다. 영국의 엘리자베스 여왕은 엄청난 학살에 분노를 금치 못하였지만, 그녀의 관심은 자국의 이익에 있었다. 그녀는 프랑스와 협력하여 에스파냐에 대항하여 싸워야 했기 때문이다. 이 소식에 가슴 아프게 반응한 곳은 제네바였다. 파리의 대학살이 일어난 일주일 후 사부아에 도착한 용병이 소식을 전달해주었다. 베자는 자신이 지금까지 걸어온 격정의 삶 가운데서도 느끼지 못한 커다란 슬픔을 경험하였다.361) 성 바돌로매 축일의 학살은 적어도 위그노들에게 하나의 좌절이었다. 제1차 종교전쟁으로 박해를 받았을 때도 위그노들은 자신들의 신앙이 올바른 길이라는 확신이 있었다. 미래에 하나님께서 정하신 때에 위그노의 개혁교회가 로마 가톨릭의 옛 교회를 대체할 것이라는 믿음이 있었다. 하지만 성 바돌로매 축일의 학살 이후 위그

---

361) Kingdon, *Geneva and Consolidation*, 200.

노들은 깊은 상실에 빠져들었다.

"나는 항상 인간에게 닥친 재앙이란 신께서 자신의 교회를 정화하시기 위한 천벌이자 매질이라 믿었고, 그 결과 [신도들 중] 누가 하나님의 자녀인지 분명히 알 수 있도록 징표를 내려주신다고 믿었다. 지금 벌어진 천벌이 우리의 교회를 완전히 파괴했고, 더 이상 재건할 수 있다는 희망조차 보이지 않는 상황에서 나는 이제 지금의 현상을 하나님의 진노의 증거라 여길 수밖에 없다. 이는 마치 하나님께서 우리 믿음과 그 예배를 얼마나 거부하고 저주하는지 이런 수단을 사용하여 보여주신 것과 같다. 이렇게 우리들을 내치시고 또 내치시는 것을 보면, 이 교회는 무너뜨리고 로마 가톨릭교회를 세우시려고 마음먹으셨다는 생각이 든다."[362]

땅이 꺼지는 절망이었다. 하지만 베자는 그대로 주저앉아 있을 수 없었다. 베자와 제네바의 목회자들은 주일예배 때 고국에서 벌어진 참상을 제네바의 성도들에게 알렸다

---

362) Hughes Sureau Du Rosier, Confession et recognissance, touchant sa cheute en la papaute et les horrible scandales par luy commis (Basel, 1574), 7. Barbara Diefendorf, *The Saint Bartholomew's Day Massaacre: A Brief History with Document*, (Bedford/St. Martin, 2009), 131에서 재인용.

(1572.8.31.). 제네바 시 전체는 혼돈으로 빠져들었다. 시의회는 즉각 이 문제에 대처하기 위해 임시 소의회를 열었고, 편지를 써서 베른에게 정치적 위험을 알렸다.363) 다음날 제네바의 목회자들은 위정자들이 프랑스에서 박해당하는 자들을 위해서 무언가를 해야 한다고 독려하였고, 특별기도회를 열어 하나님의 진노가 사라지기를 함께 기도하자고 제안하였다.364)

고국 땅에서 전해지는 학살에 대한 소문은 제네바를 불안으로 몰아갔다. 나바르의 앙리와 콩데가 독살당했다는 소문까지 돌았다.365) 이 소문은 하늘이 무너지는 소식이었다. 프랑스 개혁교회를 이끌 지도자를 잃게 되었으니 말이다. 파리에서 일어난 학살 소문은 제네바까지 전쟁의 늪으로 끌어들였다. 로마 가톨릭 군대가 제네바를 공략할 것이라는 소문과 함께 베자도 암살하려 한다고 제네바 시민들을 위협하였다.366) 이런 소문은 파리에서 벗어나 피난 온 위그노들이 파리에서 벌어진 대량학살의 현장을 생생한 이야기로 들려주었을 때, 곧 소문이 현실로 드러날지 모른다는 두

---

363) Scott M. Manetsch, *Theodore Beza and the Quest for Peace in France 1572-1598* (Leiden: Boston: Brill, 2000), 32.
364) Manetsch, *Beza and the Quest for Peace in France*, 33.
365) *CB* 13, 181.
366) *RC* 67, 137. Manetsch, *Beza and the Quest for Peace in France*, 33.

려움을 가중시켰다. 1572년 9월 4일 제네바 소위원회가 임시 파견원을 통해 독일에 보낸 편지에 파리의 대량학살은 다음과 같이 묘사되었다. "프랑스 전역은 무고한 사람들의 피로 목욕하고 있으며 죽은 시체가 쌓여 있습니다. 무자비하게 살해당한 귀족과 평민, 여인과 아이들의 함성과 신음으로 가득 차 있습니다."367) 이토록 엄청나고 경악할 만한 학살을 저지른 자들이 이제는 제네바와 베자의 목숨을 노린다는 소문이 돌자 베자는 임박한 죽음 앞에서 자신의 모습을 다시 한 번 생각하는 계기가 되었다. 베자는 불링거에게 다음과 같은 편지를 써서 자신의 심경을 고백하였다. "이것이 아마도 당신에게 보내는 마지막 편지가 될 것입니다. 이 학살은 일반적 공모가 숨겨져 있다는 것이 아주 명백합니다. 암살자들은 나를 죽이려 하고 있습니다. 나는 삶보다는 죽음을 더 많이 생각하고 있습니다."368)

프랑스의 대학살로 인해 수많은 피난민들이 제네바로 몰려들었다. 베자와 제네바 목사회는 위그노들에게 적절한 도움을 주고자 노력하였다. 그들은 특별기도회를 열어 그들의 안위를 위해 기도할 뿐만 아니라 각 지역의 시민들과 외국교회에게 사면초가에 빠진 프랑스 위그노 피난민들을 위

---

367) Manetsch, "Theology of the French Reformed Churches," 44.
368) *CB* 13, 179.

한 모금을 부탁하였다. 제네바 시의원들은 거의 100여 명에 달하는 프랑스 난민을 위해서 물질적으로 도움을 주었다. 실제적으로 그들이 제네바에 정착하여 시민으로서 살아갈 방도를 마련해주었다. 특히 프랑스의 위그노 성직자들에게 그들이 모일 수 있는 장소를 마련해주었고, 그들 가운데 두 명, 다내우(Lambert Daneau)와 앙투안 드 샹디외(Antoine de Chandieu)에게는 교회에서 돌아가며 설교를 할 수 있도록 하였다. 앙투안 드 샹디외는 제네바 아카데미에서 프랑스의 위그노 학자들이 일할 수 있도록 배려하였다.

박해를 피해 내려온 프랑스의 목회자들을 통해 가톨릭교회의 참상을 들은 제네바에서는 수많은 질문이 던져졌다. 왜 하나님께서 올바른 개혁의 길을 걸어가려는 자들에게 그렇게 큰 고난을 허락하시는 것일까? 하나님 앞에서 엄청난 죄를 범한 그들을 왜 벌하지 않으시는 것일까? 이러한 질문에 대해 베자는 개인적으로 보내는 편지에서 박해 가운데 그리스도를 위해 목숨을 잃은 위그노들을 순교자로 여겼을 뿐만 아니라, 바벨론 포로 시절 하나님께서 남겨 두신 '남은 자'로 그들을 표현하였다.[369] 반대로 샤를 9세는 하나님께서 택한 이스라엘 민족을 박해한 사악한 이집트의 바로

---

369) Manetsch, *Beza and the Quest for Peace in France*, 52-53.

왕에 비유하였다. 기즈 가문의 기즈 공도 날카로운 언어로 "근친상간의 무신론자이자 사기꾼, 존속살인범, 가장 사악한 악을 대표하는 왕자"라고 비난하였다. 왕후 카트린은 아들의 왕권을 빼앗아 교회의 진리를 반대하는 자로서 사탄이라고까지 표현하였으며, 프랑스에서 벌어지는 박해의 주범을 왕후 카트린으로 보고 그녀를 '아달랴, 이세벨'로 비유하여 질타하였다.[370] 그러면서 베자는 성경이 들려주는 이스라엘의 역사 이야기에서 하나님께서 선택한 이스라엘 민족을 고난 가운데서 잊지 않고 이끌어내셨다는 사실을 상기시켰다. 이집트에 포로로 있던 이스라엘 민족을 가나안 땅으로 이끄신 이야기, 바벨론 포로에서 이끌어 다시금 예루살렘에서 예배드리게 하신 이야기를 들려주었다. 그리고 당시 제네바로 피난 온 위그노들과, 두려움에 떨고 있는 제네바의 성도들에게 하나님께서 하신 두 가지 약속을 들려주었다. 하나는 테르툴리아누스의 명언인 "순교자의 피가 교회의 씨앗이다."라는 격언을 따라서 "십자가 아래를 벗어난 교회는 결코 승리를 할 수 없다."라고 자주 이야기했다.[371] 하나님께서는 하나님의 백성에게 자신의 소명을 주시고, 고난을 통해서 그것을 이루신다. 또 하나는 창세기 22장의

---

370) Manetsch, *Beza and the Quest for Peace in France*, 52-53.
371) Manetsch, *Beza and the Quest for Peace in France*, 54.

아브라함 이야기에 나오는 "주님께서 준비하십니다."라는 구절이다. 베자는 하나님께서는 선택한 자들을 위해 준비하시고 복을 주신다는 하나님의 약속을 확증하기 위해서 자주 이 구절을 인용하였다. 하나님께서 아브라함을 위해서 희생제물을 준비하신 것처럼, 아브라함의 영적 아들들을 위해 구원을 베풀어주실 것이라는 희망의 메시지를 선포한 것이다.

제네바의 개혁자들은 고국 프랑스에서 벌어진 참혹한 학살을 기록으로 남기고자 하였다. 왕 샤를 9세의 '수치심 없는 거짓말'을 바로 알릴 뿐만 아니라 위그노의 역사에서 가장 비참하지만 꼭 기억해야 할 중대한 사건을 기억하기 위해서였다. 이때 출판된 두 작품을 통해서 제네바인들이 이해한 당시 성 바돌로매 축일의 학살을 재조명해보자.[372] 우선 베자가 기록한 것으로 추정되는 작품 『스위스 시의회에서 최근에 행한 연설에 대한 응답』(*Responsio ad orationem habitam nuper in concilio Helvetiorum*, 1573)이라는 책이다. 이는 공식적으로 볼프강 프리스바흐라 불리는 폴란드 사람이 저자로 되어 있다. 또 하나의 작품은 같은 해에 출판된 오트망의 『간단하고 진실된 담화』(*Discours simple & véritable*, 1573)이

---

[372] Manetsch의 *Beza and the Quest for Peace in France*를 정리한 것이다.

다. 이 책은 성 바돌로매 축일의 학살과 그 이후의 박해를 더 자세하게 정치적·종교적 관점에서 서술하였다.

두 저자는 동일하게 학살은 용인할 수 없으며 증오해야 할 사건이라고 주장한다. 우선 프리스바흐는 샤를 9세가 위그노들이 왕권을 탈취하기 위해 음모를 꾸몄기 때문에 학살했다고 한 것은 터무니없는 주장이라고 일축했다. 한 걸음 더 나아가 왕의 주장이 사실이라고 할지라도 위그노의 지도자인 콜리니 제독을 암살하는 것을 넘어 3만 명에 달하는 죄 없는 백성들을 죽인 것은 어떤 이유로도 정당화할 수 없다고 일갈했다.[373] 이렇게 많은 수의 백성을 한꺼번에 몰살시키려 한 것은 개혁교회를 말살하려는 의도로밖에 읽혀지지 않는다고 주장했다. 또한 오트망은 왕실이 제4차 종교전쟁을 막고자 비밀리에 콜리니 제독을 꼭 암살해야 한다고 8월 23일에 모여 의논하면서 "한 시간 안에 왕궁에 있는 모든 적을 진멸해야 한다."라고 말했다고 전한다. 그는 명확하게 학살의 원인이 왕후에게 있으며, 그녀의 명령에 따라서 기즈 공과 그의 군인들이 다음 날 학살을 수행한 것이라고 서술한다. 두 저자는 이 학살이 8월 22일 이전에 계획된 일이 아니라는 데에 동의한다. 그리고 둘 다 이 계획이

---

[373] Responsio ad orationem, 5-6. Manetsch, *Beza and the Quest for Peace in France*, 59.

트리엔트 공의회의 합의를 프랑스에 적용하려는 의도에서 비롯되었다는 것과, 프로테스탄트 지역을 한꺼번에 멸절하는 데 왕실이 동의했다는 점에서 같은 입장을 취한다. 프리스바흐는 이 학살은 "트리엔트 공의회의 열매"이자 "로마가톨릭교회가 계획한 사건 중 첫 번째 유혈 사태"라는 표현을 사용하기도 하였다. 오트망도 1572년 여름에 교황이 프랑스에 사절단을 비밀리에 보내 이슬람교도와 프로테스탄트 이단자들을 제거할 임무를 수행하게 될 트리엔트 공의회에 참여하도록 왕을 설득하였다고 본다. 왕은 이 제안을 수락해야 하는지 주저했지만, 강력한 교황의 영향으로 승낙했다는 것이다. 이로써 프랑스 법정이 '교황의 화장실'이 되었을 뿐만 아니라, 왕후 카트린과 같은 고향 출신의 관료들이 이 사건을 지휘하게 되었다고 주장했다. 여기서 프리스바흐는 특정한 사람에게 학살의 책임을 지우기보다는 학살에 대한 왕실의 설명이 사건과 모순을 이룬다는 것을 보여주었다. 이와 달리 오트망은 학살의 주범으로 왕후 카트린과 이탈리아 출신의 관료들을 지목하여 비난하였다. 이로써 성 바돌로매 축일의 대학살이라는 역사적 사건을 하나님의 섭리의 관점에서 해석하는 역사해석의 틀이 마련되었다.

백성들에 대한 위정자의 권한[374]

성 바돌로매 축일의 대학살은 베자에게 얽혀 있는 실타래를 던져주었다. 만약 이단자로 결정된 자가 일반 개인이 아니라 황제, 왕, 군주, 공작 등과 같은 사회지도자급이라면 어떻게 해야 하는가? 국가의 주요 관직을 담당하고 있는 귀족 계층의 일원이 시민들에게 이단의 논리대로 시민을 교육하고 시민들로 하여금 자신의 거짓 가르침을 지지하는 의견을 가지도록 한다면 어떻게 해야 하는가? 프랑스에서 종교전쟁이 촉발되고, 위그노들이 이단으로 정죄되어 탄압을 받는 상황에서 이들에게 인내하라고만 해야 하는가? 양심적 위그노들과 교회는 다른 나라로 피신하는 것 외에 다른 대안은 없는가? 수없이 던져지는 이러한 질문에 대해서 개신교 지도자들은 답을 해야 하는 상황에 직면하게 되었다. 이에 위그노 학자들이 일련의 작품을 출판하게 되는데, 프랑수아 오트망(François Hotman)의 『프랑코갈리아』(*Francogallia*, 1573), 베자의 『백성들에 대한 위정자의 권한』(*Du Droit des Magistrats sur leurs subjets*, 1574), 필립 드 뒤플레시스 모르네(Philippe Duplessis-Mornay)의 저작이라 추정되는 『반폭군론』

---

374) 양신혜, "베자의 국가 저항권에 대한 이해", 『갱신과 부흥』, 24(2019). 다시 정리해서 싣는다.

(*Vindiciae constra Tyrannos*, 1579)이 차례로 발표된다. 사실 제네바 행정장관 로제트(Roset)는 폭군에 대한 베자의 사고가 당시에 혁명적이었기 때문에 책을 출판하지 말라고 권면하였다. 백성 스스로 선출한 지도자를 쓰러뜨릴 수 있다는 책의 내용은 일종의 '봉기 신학'이요 '혁명의 신학'이었기 때문이다.[375] 그래서 그는 이 책을 1574년에 익명으로 하이델베르크에서 출판하게 된다.[376] 사실 베자의 책은 오트망의 책보다 덜 학문적이며, 더 정치적 성향을 지닌다.[377] 오트망은 프랑스의 기본법과 관련하여 역사적 논증을 시도한 반면, 베자는 좀 더 폭넓게 성경역사와 자연법을 들어 변증적 색채를 드러내고 있다. 그는 이 책을 1550년 마그데부르크 신앙고백서의 새로운 편집판으로 여겼다.[378] 그렇지만 베자가 제안한 저항 이론은 당시 유럽 각국에서 일어난 종교적 자유를 찾기 위한 저항의 근거가 되었을 뿐만 아니라,[379] 근대사회 형성에 끼친 영향이 지대하기에 여전히 그의 책은 역사적으로 의미를 지닌다.[380]

---

375) Wright, *Theodore Beza*, 34.
376) 콩데(Condé)에게 프랑스를 공격할 수 있도록 증원군을 부탁하기 위해 간 하이델베르크에서 익명으로 출판하게 된다는 설과, 프랑스 리옹에서 무기명으로 출판하게 되었다고 주장하는 학자들도 있다. Shawn D. Wright, *Theodore Beza The Man and the Myth* (Chrisian Focus: Glasgow, 2015), 34.
377) Manetsch, *Beza and the Quest for Peace in France*, 67.
378) Introduction to Beza, *Right of Rulers*, 1-5.

베자는 로마서 13장 1절과 4절을 근거로 정치적 직책과 질서가 하나님의 뜻에 따라서 이루어졌다는 것을 전제한다. 하나님께서 정치적 권위의 직책과 질서를 부여한 것은 '이생에서의 질서와 평화와 평온함'을 가질 뿐만 아니라 '하나님께 영광이 되는 삶'을 살 수 있도록 하기 위해서이다. 베자는 여기에서 하나님께서 주신 직분과 백성들에 의해서 선출된 직분자를 구분한다. 백성들을 위한 국왕의 직임은 하나님이 주신 것이지만, 백성들의 최고위정자로서 국왕은 백성들이 선출한다. "백성들은 위정자에 의해서 존재하는 것이 아니라 반대로 백성들을 위해서 위정자가 선출된다."[381] 그러므로 위정자와 백성의 관계는 목자와 양 떼, 선생과 제자의 관계이다. 목자는 무리를 지키는 자로서 존재하지, 무리가 목자를 위해서 존재하는 것이 아니다. 이는 선생이 학생을 위해서 존재하는 것과 같다.[382] 베자는 성경에서 그 실례를 찾

---

379) Robert Kingdon, "Reactions to the St. Bartholomew Massacres in Geneva and Rome," in *The Massacre of St. Bartholomew: Reappraisals and Documents*, ed. Alfred Soman, International Archives of the History of Ideas, no. 75, 25-51 (The Hague: martinus Nijhoff, 1974), 29.
380) 베자는 폭군을 '찬탈자와 권력남용자'로 구분한다. "법률상 자기들에게 속하지 않은 권력을 무력이나 사기로 찬탈하는 자들은 합법적인 왕이 아니다." 이 책에서는 이런 찬탈자로서 폭군에 대한 논의는 생략한다. 합법적으로 권력을 얻은 국왕이 권력 남용자로서 폭군이 되는 경우에 제한하여 논의를 진전시켜 나갈 것이다.
381) Franklin, *Rights*, 104.
382) Franklin, *Rights*, 104.

는데, 사울과 다윗이 하나님에 의해서 선택되었을 뿐만 아니라 사무엘에 의해서 임명되었다는 점에 주목하였다.[383] 그래서 최고위정자로서 왕의 직무는 십계명의 두 부분으로, 왕은 하나님께 영광을 돌리는 의무와 이웃과의 관계에서 평화를 유지하기 위한 직무를 지닌다. 비록 다윗의 후손들은 가족의 혈통에 의해서 세습되었지만, 재임자와 관련하여 선택된 자로, 백성의 선택에 의존한다. 하나님은 인간을 위해서 이 땅의 정치적 직책을 만든 '창시자'이자 '보증인'이시다. 하나님께서 권력을 세우시지만, 권력자를 선출하는 것은 백성들이다. 그래서 백성들에게 지배자를 선출하기 위해 투표하고 동의하는 권리를 주어야 한다. 이것이 정치적 언약 관계의 필수 조건이다. 이로써 최고위정자로서 왕과 사적 개인으로서 백성은 언약의 관계에 들어선다. 베자는 이 주장을 입증하기 위하여 고대 이스라엘, 그리스, 로마, 프랑크 부족, 프랑스 왕조의 역사와 에스파냐, 폴란드, 이탈리아, 잉글랜드 등에서 이루어진 국왕의 축성식에서 최초 계약의 흔적을 논증하였다.[384]

정치적 언약관계에서 백성은 국왕이 자신의 의무를 이행

---

[383] Franklin, *Rights*, 104.
[384] Franklin, *Rights*, 115-124. 『프랑코갈리아』란 책에서 오트망은 상당히 길게 역사적 과정을 설명한다. 베자의 설명은 이에 대한 축소판이다. 『권리와 자유의 역사』, 208.

하는 조건에서만 국왕에게 복종할 의무를 지닌다. 이는 중세의 개념에 그 기원을 가지고 있지만, 국왕은 최초의 계약에 따라서 공공의 안녕과 이익을 보호해야 하며, 백성은 국왕에게 복종해야 한다는 양측의 상이한 의무를 강조한다. 하나님께서 세운 국왕은 신적 권위를 보증 받지만, 백성의 동의를 받는 절차를 통해서 그 권한이 제한된다. 이러한 지배자와 백성의 상호 견제가 지배자의 압정과 폭정에서 벗어날 수 있다는 약속의 조건을 만들어낸다. 여기에서 베자는 약속의 두 조건에 주목한다. 첫째, 위정자와 백성은 하나님으로부터 소명을 받은 자로서 모두 하나님의 법의 지배를 받는 자이다. 세상의 법과 하나님의 법이 충돌할 때, 하나님의 법이 우위권을 지닌다.[385] 둘째, 백성이 위정자로부터 기인하는 것이 아니라는 점을 분명하게 제시함으로써 위정자가 백성들을 위해서 일해야 한다는 정당성을 담보한다. "나는 백성이 위정자로부터 기인하는 것이 아니라, 그보다는 오히려 군주나 몇몇 영주들에 의해서 지배되기를 희망하는 백성이 그들의 위정자들보다 앞서 있으며, 따라서 백성들이 위정자들을 위해서 창조된 것이 아니라 역으로 위정자들이 백성들을 위해서 창조되었다고 말한다."[386]

---

385) Franklin, *Rights*, 102.

최고의 위정자로서 왕과 백성들의 정치적 언약 관계에 근거하여 국가 구성원으로서 각자 개인은 하나님과 그의 나라와 연결되어 있는 의무와 맹세를 양심적으로 수행해야 한다. 그렇기 때문에 위정자와의 약속이 깨어질 때 저항이 가능하다. 그러므로 "왕을 선출할 권리를 가진 자는 그를 폐위할 자격도 있다."387) 하지만 베자는 여기에서 주요한 하나의 전제를 내세운다. 위정자의 권력을 하나님께서 직접 제정하셨다는 사실이다. 그러므로 이를 어느 누구도 함부로 저항할 수 없다. 이를 판단할 수 있는 척도는 하나님께서 직접 주신 십계명의 두 가지, 믿음의 하나님의 법과 이웃 사랑의 자연법이다.388) 십계명은 베자에게 보통법으로서 만민법(ius genitium, ius commune)이다. 시대와 국가에 따라서 십계명은 다양하게 나타나지만 그것은 국가공동체를 세우는 법체제의 기본인 것이다. 그러므로 국가의 위정자는 하나님께서 주신 십계명에 기초한 국가 공동체의 질서를 유지하

---

386) Beza, 박건택 옮김, "신하들에 대한 위정자들의 권한," 428, 441. 이러한 생각은 당시 위그노 정치학자인 오트망의 주장과 맥을 같이한다. "백성은 왕 없이도 존재할 수 있다…그러나 백성 없는 왕이란 상상조차 할 수 없다." "왕은 다른 시민들과 마찬가지로 죽는다. 그러나 왕국은 영원하며 최소한 원칙적으로는 소멸하지 않는다." Hotman, "Francogallia," Julian H. Franklin (ed. a. trans.), *Constitutionalism and Resistance in the Sixteenth Century* (Pegasus: New York, 1969), 79.

387) Franklin, *Rights*, 103.

388) Franklin, *Rights*, 101.

는 임무를 받게 된다. 즉 국가의 위정자는 국가 공동체를 유지하기 위한 능력과 권위를 가질 뿐만 아니라 그 직위에 따른 책임과 의무를 지게 된다. 그러므로 국가의 위정자들은 맡겨진 직무를 십계명에 따른 신법과 자연법에 따라 시행해야 한다.

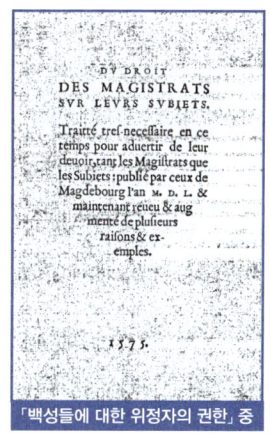

「백성들에 대한 위정자의 권한」 중

베자가 모든 나라에 보편적으로 나타나는 만민법으로서 십계명을 주장하게 된 신학적 근거는 영혼이 지닌 희미한 이성의 역할이다. "첫 사람의 타락이 동물들과 구별되는 인간의 특징인 지성과 의지를 제거하지 않았다는 것에 하나님께 감사해야 한다."[389] 타락 이후에도 인간에게 하나님의 빛이 희미하게 남아 있어서 인간은 기독교 국가의 법체계를 세울 수 있다. 키케로의 『국가론』(*De re publica*)이 그 실례이다. 그리고 이런 사유는 로마서 2장 14-15절에서 엿볼 수 있다. 하나님께서 이스라엘 민족에게 주신 모세의 법이 이방인에게도 주어지는데, 그것이 마음에 새겨진 법으로서 자연법이다. 이 법이 이방인의

---

[389] Theodre Beza, I. Harmar (trans.), *Master Beza's Sermons upon the First Chapters of the Canticles of Casnticles* (Oxford, 1587), 1.4.2.

윤리적 행위를 판단하는 척도의 역할을 한다. 따라서 베자는 이스라엘 민족이 모세의 법을 통해서 옳고 그름을 판단한 것처럼, 이방인들도 자연적 법을 양심에 비추어 윤리적 판단에서 잘못을 범했다는 대조로 설명한다.390) 여기에서 베자의 관심이 선과 악의 윤리적 판단에 있음을 알 수 있다.

그렇다면 어떻게 올바른 윤리적 판단이 가능한가? 타락 후 희미해진 이성은 선과 악을 선택하는 상황에서 잘못된 방향을 제시하기 때문에 올바르게 우리 사회에 적용하기 위해서는 성령을 통한 양심 본래의 기능이 회복되어야만 한다. 성령을 통하여 그리스도의 의가 우리에게 전가됨으로써 우리는 이 땅에서 올바른 길을 걸어가게 된다. 그러하기에 올바른 법의 적용 내지 실천은 그리스도와 연합된 존재가 되었을 때 가능하다.

> "첫째는 바울이 로마서 8장에서 말한 바와 같이 '아빠 아버지'라고 확신하면서 내적으로 외칠 때, 하나님의 자녀라는 고백은 전적으로 성령을 통한 내적 증언이다. 둘째는 믿음으로 말미암아 일어나는 그리스도와의 연합이 진정한 영적 결합의 효과를 나타낸다. 이것은

---

390) Beza, *Annontationes*, 1598, pt. 2, 15-16.

마치 몸과 결합된 영혼이 몸에 작용하여 영향을 줌으로써 나타나는 '공상과 환상'의 문제가 아니다. 그럴지라도 그리스도께서 신자들 안에 거하실 때, 그분의 능력은 중생과 성화를 일으키고, 그들을 '본성적 부패'에서 자유롭게 하며, 의지를 결정하게 하고, 의를 갈망하도록 이끈다."391)

그리스도와 연합된 자는 진정한 영적 결합이 이루어진 존재로서 하나님의 뜻을 구하는 자이다. 그래서 베자는 양심의 '자연적 형평'과 '자연적 공정'을 중시한다. 인간이 아무리 타락했더라도 자연의 공통적 법칙은 여전히 인간에게 남아 있다는 것이다. 그렇기 때문에 역사 속에서 자연적 법의 흔적을 엿볼 수 있다. 하지만 이 법은 올바른 길을 잃었기에 그리스도와의 연합과 하나님의 뜻은 올바른 방향 설정에서 필수 요소이다.

베자는 저항의 주체가 최고위정자의 정치적 언약관계의 합법성에 따라서 달라진다고 말한다. 불법적 폭력에 의한 국왕에 대항해서는 국가의 구성원으로서 사적 개인에게 저항의 이유가 주어진다. 하지만 합법적 절차를 거쳐 선출된

---

391) Beza, *Christian Faith*, 4.13.

국왕이 폭군이 되었을 때는 저항의 조건이 국가의 임무에 따라서 달라진다. 이 맥락에서 베자는 언약에 의해 선출된 최고위정자와 사적인 백성 사이에 존재하는 완충지대로서 하급위정자에게 저항의 자리를 매긴다. 하급위정자는 "법을 관리하는 일을 맡건 전쟁 행위를 담당하건 간에 군주 제도 안에서 왕보다는 나라의 관료로 불리는 국가의 공적 책임을 맡은 사람"들이다.[392] 공작, 백작, 남작과 같은 귀족, 시장, 영사, 지방행정관과 시의회 의원 등의 시 행정관들이 여기에 속한다. 하급위정자들은 국가공동체 안에서 법과 법에 의한 질서를 보호하며, 법의 질서가 손상되지 않도록 예방하는 역할을 수행해야 한다.

여기서 문제는 하급위정자들이 어떻게 이 의무를 수행하는가이다. 따라서 베자의 시선은 이제 국왕과 구별된 국가의 관료로서 직무를 담당하는 자들에게로 돌아간다. 이들은 분명 상관에 의해서 임명되고 명령을 받아 임무를 수행하지만, 그들은 본래 통치자에 의존하는 것이 아니라 주권을 우선시하는 임무가 주어졌음을 인지해야 한다.[393] 왜냐하면 통치자 자신이 그의 주권 시행이 실제로 착수되기에 앞서 그의 서약에 붙여진 조건하에서 주권에 충성을 맹세하

---

392) Franklin, *Rights*, 110.
393) Franklin, *Rights*, 111.

기 때문이다. 이는 마치 국왕 자신이 후에 관료들에게서 서약을 받는 것과 같다. 그러므로 "이 인준은 새로운 권한을 주는 것이 아니라 교체의 발생으로 인한, 단순히 옛 권한에 대한 새로운 인정일 뿐이다. 이로 말미암아 왕과 나라의 관료들 사이에 상호 의무가 있음이 분명해진다."[394] 그러므로 나라의 모든 통치는 국왕의 수중에 있지 않으며, 마치 하급 관리들이 그들의 등급에 따라서 각자의 몫을 맡으며 서로서로에게 모종의 조건 가운데 있는 것같이, 국왕은 통치의 최고 등급일 뿐이다. 따라서 국왕이 자신의 직무를 올바로 수행하지 않고 폭군이 되었을 때, 국왕의 올바른 직무 수행을 도와야 할 중간계층 관리들에게 국왕을 폭군으로 만든 책임이 있게 된다. 최고위정자로서 국왕이 약속의 조건을 깨고 자신의 임무를 공평하고 정직하게 수행하지 않는 것에 대한 책임은 약속관계에 의한 임무를 수행해야 할 하급위정자에게도 주어지는 것이다.[395] 하급위정자의 임무는 최고위정자로서 국왕이 정치적 통치자로서 자신에게 맡겨진 임무와 책임을 완수하도록 돕는 것이기 때문이다. 베자의 하급위정자의 저항은 '직분'에 따른, 직분의 올바른 임무 수행에 달려 있다.

---

394) Franklin, *Rights*, 111.
395) Franklin, *Rights*, 132.

베자는 저항의 조건을 합법적 군주가 폭군으로 바뀌었을 때라고 제한한다. 그렇다면 베자가 생각하는 폭군은 어떤 자인가? 왕으로서 최고위정자는 백성을 위해서 존재하기 때문에 백성의 권위를 먼저 내세운다. 최고위정자는 백성을 위해서 존재한다. 누군가를 위해서 존재한다는 것은 존재의 목적이 그 누군가를 향해 있다는 것이다. 그 존재의 온전함을 드러내는 것이 그 목적이며, 그것이 그를 위하는 사랑의 자세이다. 따라서 백성의 본분이 잘 드러나도록 만드는 것이 최고위정자에게 주어진 임무이다. 선생은 학생을 위해 존재한다. 학생이 존재함으로써 선생이 창출된다는 뜻이다. 학생으로 인해 생겨난 관계 형성으로 그 관계가 유지될 때, 선생에게 그 권위가 지속된다. 선생은 학생이 학생의 자리를 지킬 수 있도록 관계를 통해서 주어진 임무를 수행할 때 권위가 따른다. 그러므로 최고통치자가 그 의무에서 벗어나거나 위정자들이 그들의 의무에서 이탈할 때 그들에게 경고하고, 또한 필요한 경우에는 단호하게 진압하는 것이 합법적이다.[396] 최고위정자와 국가의 구성원으로서 백성들은 서로의 합의하에 이끌어낸 약속을 '공평하고 정직하게' 지켜야 할 의무가 있다.[397] 그러므로 하급위정자

---

396) Franklin, *Rights*, 107.
397) Franklin, *Rights*, 124.

는 최고위정자로서 왕이 그의 임무를 제대로 행하였는지를 판단해야 한다.

베자는 최고위정자로서 국왕에 대항하여 합법적으로 저항할 수 있는 조건으로 세 가지를 언급한다. 첫째, 왕의 명령이 국가의 공평과 보편적 법인 자연법에 기초한 정치적 체제에 명백하게 어긋날 때 저항할 수 있다. 공평과 자연법에 기초한 정치적 체제는 국가를 유지하는 기본법으로서 확실하고 확고하기 때문에 이 법에 어긋나는 행위를 허용해서는 안 된다. "사실 비록 인간이 타락했지만, 그 안에 남아 있는 준칙들과 공통 원리들에 기초하는 정의의 보편 규칙은 너무도 확실하고 확고하기 때문에 명백히 그것에 반대되고 어긋나는 것은 어떤 것도 인간들 사이에서 선하거나 유효해서는 안 된다."[398] 베자는 최고위정자로서 국왕이 국가의 기본법을 위반하는 행위를 한다고 판단하는 객관적 기준으로의 자연법을 제시한다. 이 법은 십계명에 기초한 것으로, 기독교 공동체의 헌법적 기초로서 이를 척도로 삼아 국왕의 명령을 판단해야 한다.

둘째, 최고위정자에 대항하는 무력 저항은 마지막에 선택하게 되는 수단이다. 왕의 명령이 법에 어긋난다는 개인

---

[398] Franklin, *Rights*, 124.

적 확신에 도달했을 때, 그가 할 수 있는 모든 수단을 통해서 방법을 강구해야 한다. 여기서 베자는 합법적인 정치체제로서 프랑스의 삼부회에 주목한다. 그는 어떤 문제가 발생할 때 합법적인 공적 권위와 공동의 합의에 의해 해결할 수 있도록 합법적인 위정자에게 호소한다. 하급위정자가 개인적 양심의 확신에서 저항을 시작할 것이 아니라 국가의 합법적 조직체(Estat)의 논의와 합의를 통해 정당성을 확보하는 것이 중요하다.[399] 하급위정자가 임의로 저항을 판단하는 것이 아니라 양심의 확신에 따라서 최고위정자가 바른 목표를 찾아 걸어갈 수 있도록 합법적으로 호소해야 한다. 이로써 베자가 합법적인 저항의 정당성을 담보하기 위한 조건으로서 두 번째로 언급한 다른 모든 처방을 시도한 후에 무장을 해야 한다. 왕이 폭정을 행하고 있다는 것은 어느 누구든지 그 양심에 따라서 판단할 수 있다. 하지만 그것이 자신의 임의적 판단이 되어서는 안 된다. 국왕의 임무를 신중하게 고려해야 하며, 지나치게 개인적 호기심으로 접근해서는 안 된다. 스스로 최고위정자의 명령이 올바른 것인지를 판단하여 그 명령대로 수행해야 하는지를 고민하고, 객관적 법 체제에 위반되는지를 판단해야 한다.[400] 그리고 개

---

399) Franklin, *Rights*, 113.
400) Franklin, *Rights*, 101.

인의 판단을 넘어서 공공의 판단이 될 수 있는 여러 방법을 찾아야 한다.

저항의 목소리

저항에 대한 급진적 목소리가 프랑스 파리 시내에 울려 퍼졌다.

> "우리는 단지 하나님에 대해서만 예외 없이 완전히 복종할 뿐이다. 이는 곧 타락하고 부당한 영주나 관리에 의해 규정된 칙령에 어떤 경우라도 복종할 필요가 없다는 결의와 연결된다. 결과적으로 백성들 역시 타락하고 부당한 왕에게 복종할 수 없다는 의식을 낳는다.…그렇다면 그들에게 저항해야 하는가, 그리고 어떤 이유에서 저항할 수 있는가 하는 문제가 남는다. 부당한 왕에게는 단순히 복종하지 않을 뿐 아니라 저항해야 하기 때문이다. 이런 말을 한다고 해서 내가 열광적이고 과격한 재세례파를 옹호한다고 생각해서는 안 된다. 그들이야말로 관료들에 의해 처벌되어야 할 존재라는 데 모두가 동의할 것이다. 또한 백성들이 저항해야

만 한다고 주장하는 나의 의견이 분파주의적 반역에 동조하는 것으로 해석되어서는 안 된다. 백성들은 필요하다면 무력을 동원해서라도 타락하고 부당한 명령을 내리는 관료에게 저항해야 한다. 실제로 관료들의 선동적 계획에 대한 저항이야말로 치안 불안을 타파하고 질서를 회복하는 수단이기 때문이다."[401]

베자의 저항이론은 프랑스에 남아 있던 위그노들로 하여금 왕실의 군대에 대항하여 총을 들게 하였다. 그리하여 제4차 종교전쟁이 일어나게 되었다. 위그노의 도시 라로셸이 정부가 임명한 행정관을 거부하자, 1573년 2월 11일부터 전쟁이 시작되었다. 2만 8,000명이라는 어마어마한 숫자의 왕군이 라로셸을 침공하였다. 1,500명이라는 적은 수의 위그노의 군력으로 성을 지켜낸다는 것은 불가능한 일이었다. 혹독한 겨울을 거치면서 1만 2,000명이라는 사상자를 내었다. 처참한 패배였다. 그렇지만 침공의 지도자 앙리 3세가 폴란드의 왕으로 선출되면서 라로셸은 제한적이나마 종교적 자유를 얻게 되었고, 위그노 사면권을 얻어 다섯 달 동

---

[401] *Le reveille-matin des françois, et de leurs voisins, composé par Eusebe Philadelphe Cosmopolite, en forme de Dialogues, Edinburgh, 1574.* Diefendorf, *The Saint Bartholomew's Day Massaacre: A Brief History with Document*, 138.

안이나 지속된 포위공격을 버텨냈다. 반면 중부에 위치한 작은 마을 상세르(Sancerre)는 1573년 1월부터 8월까지 저항하였다. 마을 사람들은 나무뿌리와 고양이, 개, 쥐를 먹고, 심지어 종이를 먹으면서 항전하였다. 그러나 그들은 결국 가톨릭에 점령되고 말았다.

저항의 윤리

베자의 저항론이 지닌 특징은 최고위정자와 사적 개인의 정치적 언약을 그 주제로 적극 끌고 들어왔다는 데 있다. 언약의 조건은 '~을 위한 존재'라는 약속의 표현이기에 그 약속의 파기는 저항의 근거가 된다. 여기에서 베자는 왕의 폭정에 대항할 수 있는 주체를 고민하고, 누가 적법하게 저항할 수 있는가에 대한 답변을 내놓았다. 중세 저항이론이 폭군을 정교하게 정의하고, 그에 대한 저항권을 과감하게 선포하였지만, 명확하게 누가 저항할 것인지에 대한 문제까지 다루지는 않았다. 중세에서 저항이 가능한 주체는 왕보다 더 높은 계급의 황제나 교황뿐이다.[402] 그런데 베자는 국

---

402) 임승휘, "프랑스 신교도 모나르코마크의 정치이론 (1572-1584)," 「프랑스사연구」 (2006), 18.

가의 계급에 왕권을 제한할 수 있는 조직체를 논의의 중심으로 끌어들여 저항의 주체로서 자리매김을 시도하였다. 이런 저항의 자리를 마련한 것은 근대국가로의 토대가 되지만, 베자가 바라본 왕국은 세습제에 근거한 왕정체제, 정확하게 말하자면, 제한된 왕정체제, 백성의 동의에 의해서 이루어지는 체제이다. 프랑스의 왕정체제는 국왕과 사적인 개인 사이에 체결된 계약에 기초한다. 국왕을 위해 백성이 창조된 것이 아니라 백성을 위해 국왕이 만들어졌다. 여기에서 저항의 근거가 제시되며, 국왕과 백성의 정치적 언약 관계를 파기하는 행위를 판단하는 기제가 중요시된다.

베자의 관심은 하급위정자의 저항의 정당성을 담보하는 근거로서 자연적 법의 올바른 적용에 있다. 다시 말해서 베자는 옳고 그름, 정당성과 부당함을 판단하는 기준에 그 관심을 둔다. 그는 하나님의 형상의 흔적인 이성과 양심에 근거하여 자연법의 보편성을 인정하여, 국가의 구성원으로서 백성들 각자가 윤리적 판단의 주체이자 저항의 주체라는 존재론적 인식을 확장하였다. 백성 각자는 옳고 그름을 판단하는 주체이다. 여기서 옳고 그름을 판단하는 능력은 그리스도와 연합된 존재라는 존재론적 인식에서 시작한다. 이 땅을 살아가는 존재로서 우리는 하나님의 심판대 앞에 서야 할 존재로서 그날을 소망하며 걸어가야 한다. 그렇기 때문에 이 땅에서 우리는 그리스도께서 이루신 구원의 은혜를 받은 자로서 올바른 삶을 살아야만 한다. 그리스도와 연합한 자에게는 윤리적 판단의 기준인 율법이 새롭게 다가온다. 베자는 그의 신앙고백서에서 다음과 같이 기술한다.

"일단 우리의 상황이 바뀌면, 율법의 선포가 우리 안에서 다른 형태로 작동하게 됩니다. 이전에는 우리를 두렵게 했다면, 지금은 우리를 위로하기 시작합니다. 율법이 지금까지 우리가 받아야 할 정죄를 드러내는 데 사용되었다 할지라도 지금은 우리를 선한 행위로 이끌어 선한 행위를 하며 이 땅에서 걸어가게 합니다. 이전에는 율법이 단단하고 견딜 수 없는 멍에라고 여긴 반면, 지금은 우리에게 달콤하고 즐거운 것이 되었습니다. 이런 유익 가운데 한 가지는 예외입니다. 여전히 우리에게 가장 큰 슬픔이 남아 있습니다. 아직 우리는 육체를 가지고 있으며, 여전히 영에 대항하여 싸워야 하기 때문입니다. 우리가 원하고 소망하는 것을 우리는 완전하게 이룰 수 없는 존재입니다. 우리의 양심에서 소리치는 하나님의 영의 확실한 증거인 믿음이 율법의 저주를 예수 그리스도의 피로 말끔하게 씻어주십니다. 우리는 믿음으로 그와 연합되었기 때문입니다. 그리고 우리에게 하나님의 영이 마지막에는 승리할 것이라는 확신을 주십니다. 그래서 우리에게 남아 있는 슬픔은 어떤 절망으로도 증가되지 않습니다. 대신 우리는 하늘에 계신 우리 아버지를 향해 부를 수 있게 되었고, 그로부터 우리는 더욱더 강하게 되었습니다. 참된 회심이나 인내는 확실한 단계에 이르러 완성됩니다. 또는 다른 곳에서 이미 언급한 것처럼, 시작할 때 나타나는 회심, 죄에 대한 깊은 자각(보편적으로 회개) 그리고 인간의 외적·내적 교정을 통해서 참된 인간으로 끝맺습니다."[403]

베자는 여기에서 올바른 윤리적 행위를 위한 주요한 근거를 제시한다. 첫째, 예수 그리스도와의 연합이다. 이는 윤리적 행위의 필수적인 전제조건이다. 둘째, 하나님의 뜻과 일치해야 한다. 하나님의 뜻은 율법에 계시되었다. 이때 율법은 모세에게 주신 계명과 창조 때 하나님께서 주신 자연의 법을 넓은 의미에서 포괄한다. 이 율법에 따른 질서가 본성상으로 주어졌고, 이 질서의 회복은 성령과 믿음이 없이는 불가능하다. 본성과 조화가 지닌 궁극적인 목적은 하나님과의 화해와 교제이다. 셋째, 처방은 병을 치료하기 위

---

403) Beza, *The Christian Faith*, 4.29.

해서 하는 것인데, 처방을 한 후 오히려 병이 더 깊어지지 않도록 무엇이 합법적인지, 그리고 적절한 방법으로 시행하고 있는지를 판단한 후에 저항해야 한다.[404]

위그노의 저항에 대한 이해는 이전에 앙부아즈 사건과 비교할 때, 첫째, 저항의 권리에서 그 의무로 강조점이 이행한 것을 알 수 있다.[405] 둘째, 저항은 이제 국가나 개인의 문제가 아니라 전체의 문제가 되었다. 국왕과 왕국, 인민은 하나의 불가분의 통일체를 이루기 때문이다. 그러므로 국가의 최고권위자로서 국가를 대변하는 임무를 맡은 왕이 국가 전체의 이익을 대변하지 못한다고 판단될 때, 저항의 정당성이 확보된다.[406] 여기에 국가의 기본법이 주요 판단의 척도로 등장하게 되고, 법 체제 안에서 부여된 직책의 임무와 책임이 강조된다.

---

404) Franklin, *Rights*, 130.
405) Myriam Yardeni, "French Calvinist Political Thought, 1534-1715," in Menna Prestwich (ed.), *International Calvinism 1541-1715* (Oxford, 1985).
406) 임승휘, "프랑스 신교도 모나르코마크의 정치이론," 11.

테오도르 베자
교회를 위해 길 위에 서다

Dieudonné de Bèze

11
갈등과 고뇌의 시간

몽벨리아르 성

Chapter 11

갈등과 고뇌의 시간

올바른 예배를 향한 열망은 불씨가 되어

> 이 교리는 악인과 사탄이 어떤 계획을 세웠든지,
> 우리를 어떻게 대적하든지
> 하나님의 통치를 벗어나는 것은 하나도 없으며,
> 하나님이 명하지 않으신 것은 하나도 없기에
> 하나님의 백성에게 위로를 주는 뛰어난 교리입니다.
> 왜냐하면 참새 한 마리도 하나님의 명령과 뜻이 아니면
> 땅에 떨어지지 않기 때문입니다.
> ― 베자의 설교문

성만찬 논쟁

고국 프랑스에서 벌어지는 피비린내 나는 종교전쟁의 틈바구니에서 베자는 또다시 길을 떠난다. 피난을 온 위그노들에게 거주를 허락한 군주를 찾아가 예배의 자유를 부탁하기 위함이다. 하지만 그는 여전히 역사의 깊은 골 앞에 서 있는 자신을 발견하게 된다. 프로테스탄트 안에서의 갈등을 낳은 성만찬의 논제가 또다시 수면 위로 올라온 것이다. 이는 종교개혁의 주요 논제이자 뿌리 깊이 곪은 주제이다. 로마 가톨릭교회에서 행하는 미사의 핵심은 성찬이었다. 그렇기 때문에 성찬 개혁, 즉 로마 가톨릭의 화체설에 대한 저항은 교회의 본질을 회복하는 예배의 개혁이었다. 당시 로마 가톨릭교회는 성찬의 빵과 포도주가 실제로 그리스도의 몸과 피로 변한다는 화체설을 주장하였다. 이 주장은 성찬의 물질적 빵과 포도주를 그리스도의 몸과 피로 여겨 숭배하는 교회 타락의 길을 열었다.

로마 가톨릭교회의 미사에 대항한 교회 개혁은 프로테스탄트의 시작이자 출발점이었다. 하지만 성찬 논쟁은 프로테스탄트 내부의 갈등과 분열의 씨앗이 되었다. 그 시작이 바로 루터와 츠빙글리로 시작된 마르부르크 회담(1529)이다. 이는 올바른 예배를 향한 열정이 낳은 결과였다. 츠빙글리는 "이것은 나의 몸이다"라는 예수의 말씀을 문자적으로 받아들일 수 없었다. 그의 사유는 우선 몸은 유한하므로 한 장소에 머물러 있어야 한다는 사실에서 출발한다. 그러면 부활하신 예수 그리스도는 하늘에 계셔야만 한다. 여기에서 질문이 생긴다. 어떻게 하늘에 계신 그리스도께서 이 땅에 존재할 수 있는가? 츠빙글리는 이 질문에 대한 정직한 답을 찾고자 하였다. 그래서 그는 이 땅에서 성만찬의 빵과 포도주를 먹고 마심을 영적인 먹고 마심으로 이해하였다. 이와 달리 루터는 그리스도께서는 하나님이시자 인간이라는 전제에서 출발하였다. 따라서 부활하신 그리스도의 몸은 하나님과 연결되어 있으며, 하나님이 계시는 곳이라면 어디에든 있을 수 있다(편재설, uniquität)고 주장하였다. 이는 성만찬의 빵과 포도주에 그리스도의 신성이 함께 있다는 신학적 토대가 되었다. 이러한 성찬에 대한 상이한 이해에서 일어난 루터와 츠빙글리의 논쟁은 프로테스탄트의 내적 갈등과 분열로 이어졌다.

　루터는 1530년 아우크스부르크 회담에서 성찬에 대하여 합의를 도출하였다. 하지만 이 회담 이후 루터주의자와 스위스 종교개혁자들의 분열은 더욱 깊어졌다. 두 진영의 화해와 합의를 위해서 부처가 동분서주하여 비텐베르크 일치신조(1536)를 이끌어냈지만 이 신조는 루터를 중심으로 하는 종교개혁자들에게도, 스위스 개혁교회의 개혁자들에게도 받아들여지지 않았다. 칼빈은 이후 성찬의 일치를 위하여 불링거와 성만찬일치(1549년 취리히 협정, Tigurinus, Consensus)를 이루어냈다. 하지만 이는 베스트팔과 헤시오스를 중심으로 하는 루터주의자들의 반발을 불러일으켰다. 이로써 칼빈의 노력은 개혁교회의 일치에서 머무르게 되었다. 성만찬 일치를 위한 양측의 노력은 양 진영의 골을 더욱 깊게 만들었을 뿐만 아니라 오히려 분열을 더 강화시키는 결과를 낳았다.

성만찬으로 인한 루터주의자들과 칼빈주의자들의 갈등은 후원과 동역이 필요한 시기에 서로에게 곪은 종기와 같았다. 베자는 프랑스에서 박해받은 고국의 프로테스탄트들을 위해서 마치 위급상황에서 취해야 하는 응급조치처럼 성찬론의 문제를 다루었다. 1557년 베자는 고국 프랑스에서 박해받는 신앙의 동료인 위그노들을 위해 신성로마제국으로 길을 떠났다. 그리고 그해 5월 파렐과 함께 프랑크푸르트(Frankfurt)와 괴핑겐(Göppingen)에서 안드레아와 딜러(Diller)를 만났다.[407] 그때 베자는 안드레아와 성찬론 합의를 도출하였다. 하지만 불링거와 버미글리는 괴핑겐 신앙

---

407) Jill Raitt, *The Colloquy of Montbéliard: religion and politics in the sixteenth century* (New York: Oxofrd University Press, 1993), 51.

고백의 성찬론에서 그리스도의 실체(res)의 현존을 언급하고 있다고 혹독하게 비판하였다. 그리스도의 실체가 빵과 포도주에 현존한다는 주장은 하나님께서 약속한 실체로서 믿는 자에게든 믿지 않는 자에게든 연합되어 영향을 끼칠 수 있게 되기 때문이다.[408]

> "우리는 주의 만찬에서 그리스도의 은혜뿐만 아니라 바로 인간이신 아들의 실체를 고백합니다. 이것으로 나는 우리에게 부어주신 그의 참된 육체(영원한 말씀이 그의 몸에 영원한 일치를 가정하고, 그 안에서 그는 태어나고, 우리를 위해서 고난을 받고, 부활하시고, 하늘로 올라가셨다.)와 참된 피를 고백합니다."[409]

이미 잘 알려진 것처럼 스위스의 종교개혁자들은 성례에서 표징과 그 표징이 지시하는 것과의 연합을 성찬의 본성으로 이해하였다. 이로써 성찬의 빵과 포도주가 지시하는 것과 믿는 성도와의 육체적 연합이 아닌 영적 연합의 자리를 마련하였다. 그러므로 이 연합을 신체적 의미를 넘어서 장소적인 그리스도의 임재로 이해하지 않았다. 단지 성

---

408) *CB* 2, 244.
409) *CB* 2, 243-248.

령의 능력을 통해서 나타난 효력으로서 연합을 이해하였다.[410] 하지만 그리스도의 실체가 현존한다는 고백은 그 실체가 믿는 자와 믿지 않는 자, 둘 다에게 영향을 끼칠 수 있다는 것을 전제하기 때문에 불링거와 버미글리는 이 신앙고백서를 수용하기가 어려웠다. 여기에서 그리스도의 '실체'를 어떻게 이해하는지가 논쟁점으로 부각되었다.

1557년 괴핑겐 신앙고백에서 베자는 그리스도의 현존이 루터파와의 논쟁의 핵심이 아님을 재빨리 간파하였다. 논쟁의 핵심은 현존의 방식이지, 현존 자체가 아니었다. 칼빈과 마찬가지로 베자는 그리스도의 현존 방식이 공간적이거나 물질적이기보다는 성례적이며, 우리와 연합의 방식은 '영적'이라고, 다시 말해 성령의 역사에 의해 성취된다고 가르친다. 이때 베자는 '영적 임재'가 그리스도의 능력만이 함께한다는 것으로 오해받는 것을 염려했다. 그리스도의 능력은 그리스도 자신으로부터 분리할 수 없으며, 그리스도의 몸 자체는 '영적'이라 말할 수 없다. 영적 임재는 그리스도의 몸과 피를 현존케 하시는 성령의 역사를 말한다.[411]

실체에 대한 논쟁이 프로테스탄트 안에서 불씨로 작용하

---

410) *CB* 2, 245.
411) Mathison, *Given for You*, 57-58 & 61.

게 되자, 로마 가톨릭교회는 루터파가 스위스 종교개혁자들과 합의를 도출한다면 보름스(Worms) 회담을 하지 않겠다고 통보하였다. 하지만 페르디난트(Ferdinand) 왕은 적어도 이슬람 제국과의 지속적인 전쟁으로 인해 최소한의 합의를 통해서 병력을 강화할 필요가 있었다. 그래서 로마 가톨릭교회와 아우크스부르크 신앙고백서를 따르는 자들을 초대하여 신학논쟁을 하도록 하였다. 하지만 이 논쟁은 오히려 루터파 내에서의 불일치를 확인하면서 불발되고 말았다. 그 불화는 로마 가톨릭 신학자인 피터 카니시우스(Peter Canisius)가 아우크스부르크 신앙고백서의 두 판본, 즉 변경판과 비변경판에 대한 설명을 요청하면서 시작되었다. 이로써 이 논쟁은 루터파 내의 분열, 즉 예나의 플라키우스 일리리쿠스(Flacius Illyricus)와 멜란히톤의 후계자들의 불일치로 일단락 지어졌다. 이 논의의 중심에 아우크스부르크 신앙고백서 열 번째 항목이 있었다.

> "주의 만찬에 관하여, 교회는 그리스도의 참된 몸과 피가 빵과 포도주에 참으로 현존하며, 성찬에 참여하는 자들에게 나누어진다고 가르친다. 교회는 이와 다른 교훈을 가르치는 자들을 인정하지 않는다."[412]

여기에서 '참으로 현존한다'라는 문구의 의미가 논쟁의 중심으로 등장한다. 멜란히톤은 이 문구를 '그리스도의 몸과 피의 실재적 임재'(Realpräsenz Christi)로 이해했으나, 『아우크스부르크 신앙고백서 개정판』(Confessio Augustana Variata)에서 이 표현을 삭제하였다. 이것이 루터파 안에서의 갈등을 유발하였다. 그리하여 보름스 회담에서 예나의 신학자들과 멜란히톤의 후계자들이 불일치를 확인하였다. 예나에서 온 신학자들이 보름스를 떠나고 난 뒤, 이 회담에 참여하기 위해서 스위스의 종교개혁자인 윌리엄 파렐, 존 뷔데, 가스파드 카르멜, 테오도르 베자가 왔다. 이들은 프랑스에 투옥된 위그노 135명을 위해 독일 군주에게 프랑스의 왕 앙리 2세와의 중재를 부탁하였다. 그리고 프랑스에서 고통 받는 위그노들을 위해서 독일 군주의 도움이 필요했기 때문에 합의문에 서명하였다. 신학적 합의가 없이는 어떤 정치적 차원의 원조도 불가능했기 때문이다.[413]

10번 조항을 제외하고 서명이 이루어졌는데, 스위스의 종교개혁자들은 우선 로마 가톨릭교회의 성찬 교리를 정죄하고, 바울이 가르치는 대로, 즉 빵은 육체와 함께 있다

---

412) Philip Schaff, 박종숙 옮김, 『교회사전집』 7 (고양: 크리스챤다이제스트, 2004), 601.
413) 루터파의 멜란히톤, 브렌츠, 피스토리우스, 딜러, 마르바흐, 카르그, 안드레아가 10월 8일에 서명하였다. 이 문서에는 세르베투스와 재세례파, 리베르틴파, 에피쿠로스파, 교황 우상숭배자들을 특별히 정죄하였다. *CB*, 2, 116-117.

(panis est koinonia corporis)는 것을 따른다고 확정하였다. 하나님의 아들은 진실로 현존하고 믿음으로 먹는 자들을 그의 구성원으로 만든다. 브렌츠와 안드레아를 포함한 루터파도 이 진술에 서명하였고 추후에 성찬식을 다루기를 희망했다. 개혁교회의 칼빈주의자들과 루터파의 대표단은 프랑스의 위그노들을 위해서 팔츠의 오트하인리히(Ottheinrich)와 팔츠 선제후 볼프강, 뷔르템베르크의 공작인 크리스토프, 헤세의 영주 필립에게 편지를 보냈다. 로레인 추기경이 보낸 특사의 간섭 때문에 어려움이 있었음에도 불구하고, 그들은 다음 봄에 그 요구에 흔쾌히 응답하였다.[414)

루터파의 관점에서 보름스 회담은 실패라고 할 수 있으나[415)] 개혁파의 입장에서는 어떤 점에서 성공적이었다고

---

414) Hans Petri, "Herzog Christoph von Württemberg und die Reformation in Frankreich," *Blätter für Württembergische Kirchengeschichte* 55(1955): 5-64.

415) 독일의 프로테스탄트 군주 중 특히 뷔르템베르크의 크리스토프와 선제후 존 프레더릭을 제외한 독일의 프로테스탄트 군주들은 보름스 회담을 실패로 인정하지 않았다. 그들은 논쟁을 초래할 신학자들이 없는 가운데 프로테스탄트의 연합을 순조롭게 진행시키고자 하였다. 저지대 사쏘니의 공작 존 프레더릭과 예나 신학자들은 기독교의 정통주의를 고수하는 유일한 자로서 그들 자신을 명명하고 계승하였고, 그들이 이단이라고 명한 자들을 정죄하였다. '아디아포리스트'라는 이름으로 필립파와 멜란히톤을 지지하는 자들이 이단에 포함되었다. 거룩한 만찬의 교리를 지지하기 위해서 예나 신학자들은 그리스도의 편재성을 포함하였다. 이는 많은 루터파뿐만 아니라 개혁파에게도 받아들여지지 않는 교리이다. 이는 루터파 안에서 분열이 촉진되고 있다는 것을 언급하는 것으로 만족한다. Raitt, *The Colloquy of Montbéliard*, 53.

할 수 있다. 1561년 1월에 독일의 프로테스탄트 군주들이 1530년 아우크스부르크 신앙고백서의 변경판 10조항에 따라서 이해될 수 있다고 주장하였기 때문이다. 이로써 적어도 개혁파에게는 독일의 프로테스탄트 군주에게 동맹자로서 그리고 아우크스부르크 신앙고백의 지지자로서 도움을 요청할 수 있는 가능성이 남아 있게 되었다. 로마 가톨릭교회가 보름스 회담에서 사용한 이 방법은 4년 뒤에 푸아시 회담에서 위그노들이 '아우크스부르크 평화협약을 수용하지 않는다'라고 하여 회담 자체를 무산시키는 책략으로 사용되었다.[416] 이후 독일의 프로테스탄트 군주들은 연합 진영을 형성하기 위해 나움부르크(Naumburg, 1561.1.)에서 성찬론에 대한 논의를 계속하였고, 팔츠 지역에서 루터파와 개혁파의 갈등은 선제후 프리드리히 3세가 루터주의자의 논제를 반대하고 개혁파의 성찬 이해로 통합하려고 노력하면서 그 해결의 가닥을 잡았다.[417] 프리드리히 3세는 신성로마제국의 분열된 갈등을 넘어서 1566년 아우크스부르크 제국의회를 통해 일치를 이끌어내고자 하였다.

선제후 프리드리히 3세는 프로테스탄트 신앙의 기초이자 하나님의 약속으로서 그리스도의 충분성은 믿음으로 이

---

416) Raitt, *The Colloquy of Montbéliard*, 54., 245.
417) 남규, 『우르시누스 올레비아누스, 하이델베르크 요리문답서의 두 거장』을 참조하라.

해된다는 명제를 통합의 원칙으로 삼았다. 이외의 다른 교리들은 '주변논쟁'(Neben disputationen)으로 치부하였다.[418] 그는 이러한 논쟁은 프로테스탄트의 연합을 위한 주요 논제가 되지 않으며, 오히려 관용을 가져야 한다고 주장하였다. 그러면서 그는 이런 상황을 베드로와 바울이 서로 일치를 보지 않고 서로 관용한 것과, 히에로니무스와 아우구스티누스가 서로 분열 없이 서로 반대를 주장했던 것으로 비유하였다.[419] 이성적인 방법이었지만, 그의 동료인 츠바이브뤼켄(Zweibrücken)의 볼프강(Wolfgang)은 이러한 입장을 받아들이지 않았다. 결국 선제후 프리드리히 3세는 모든 교리에서 일치를 원했음에도 불구하고, 이 제국의회는 변경판을 허용하는 것으로 결론을 내렸다. 이로써 개혁파의 신앙을 지닌 팔츠 지역도 신성로마제국에 포함될 수 있는 근거가 마련되었다. 하지만 여전히 신성로마제국의 루터주의자와 스위스 칼빈주의자의 갈등의 씨앗은 남아 있었다.

이처럼 종교개혁의 분열을 낳은 성찬론 논쟁은 올바른 예배를 향한 열망의 불씨였다. 그러하기에 프랑스에서 박해받는 위그노들을 위해 길을 떠나야 했던 베자에게 성찬

---

418) Hollweg, *Der Augsburger Reichstag von 1566*, 139.
419) Hollweg, *Der Augsburger Reichstag von 1566*, 139. Jill Raitt, *The Colloquy of Montbéliard*, 57.

에 대한 논의는 주요 임무였다. 베자는 프랑스에서 박해받고 있는 위그노들을 위한 실질적인 도움을 위해서 끊임없이 신성로마제국의 루터파 종교개혁자들과의 정치적 협력뿐만 아니라 신학적 합의를 도모해야만 했다. 이제 또다시 길을 떠나야 하는 일이 베자에게 주어진다. 베자는 프랑스가 종교전쟁으로 긴장상태에 있는 상황에서 몽벨리아르로 떠나게 되었다.

몽벨리아르 회담

몽벨리아르는 독일 뷔르템베르크(Württemberg) 공국에 속한 신성로마제국의 도시로 다른 주변 도시들과 달리 루터파의 신앙을 따르고 있었다. 몽벨리아르 회담(Colloque de Montbéliar, Colloquy of Montbéliard, 1586)에 대한 멀러의 평가에 따르면, 루터파와 개혁파의 "견해 차이가 너무 폭넓어서 회담 이후 논쟁은 지속적인 문서로 출판되었다. 회담에 참여한 자들은 서로 승자라고 주장했다. 루터파는 그들의 입장이 개혁파라는 것을 증명하면서 회담의 내용을 자신의 입장에서 출판하였다. 베자는 개혁파의 입장의 우위를 암시하면서 루터파 문헌에 대하여 개혁된 입장을 표명하였다

몽벨리아르 성

다."420) 고국 프랑스에서 행해지는 박해를 떠올리며 그곳의 개혁파에게 실제적인 도움을 주고자 하는 베자의 노력을 엿볼 수 있다. 하지만 성찬론 회담은 어떤 긍정적 결과를 도출할 수 없었다. 어쩌면 이 회담의 결말은 이미 회담 이전부터 예상된 결과였는지도 모른다. 베자의 논쟁자로 초빙된 안드레아는 이미 개혁교회를 돕기 위한 손길을 거부한 적이 있을 뿐만 아니라 개혁신앙에 반대하는 논쟁에 참여하여 논쟁의 불을 지피기도 하였기 때문이다. 그럼에도 불구하고 베자가 이 회담에 참여한 이유는 무엇일까? 왜 클레망(Clervant)은 안드레아가 회담에 참여하도록 독려한 것일까? 그 이유는 명확하다. 만약 위그노들과 루터파 사이의 신학적 차이에서 합의를 도출한다면, 독일 제국의 제후들이 프랑스를 도우러 올 것이었기 때문이다.421)

무스쿨루스(Abraham Musculus)가 베른으로 보낸 편지(1586년

---

420) Muller, "Theodore Beza(1519-1605)," 217-218.
421) Raitt, *The Colloquy of Montbéliard*, 50.

3월 9-10일)에는 다음과 같이 적혀 있다. "우리가 야콥 안드레아와의 회담을 결코 거절할 수 없다는 주장에 저는 동의합니다. 심각하게 논의되어온 쟁점들이 이러한 방식으로 해결될 것이라고 기대하지는 않지만, 우리의 적대자들뿐만 아니라 반그리스도와 위협적인 동역자들의 위험을 알기 때문에 그들이 우리와 더 확고하게 연합을 해야 할 필요성이 있다는 것을 깨닫게 되길 기대합니다."[422] 몽벨리아르 회담을 통해 고국에서 박해받는 위그노들에게 실제적으로 도움을 줄 수 있는 합의가 도출되기를 바라지만, 그 어떤 합의를 도출하는 것이 어렵다는 것을 그는 직감하고 있었다. 따라서 베자는 믿음의 적대자이자 반그리스도적 성향을 지닌 자들을 명확하게 인지하고, 동일한 신앙을 고백하는 자들의 연합의 필요성을 알리는 것만으로도 회담의 길을 떠나는 것이 필요하다고 여겼다.

1584년에 프랑스의 국왕 앙리 3세의 동생인 앙주 공 프랑수아(1554-1584)가 죽음을 맞이하게 되면서 나바르의 앙리(앙리 4세)가 왕위에 오르게 되었다. 이에 로마 가톨릭교회는 반대의 목소리를 내기 시작했다. 그는 위그노를 옹호하는 국왕이었기 때문이다. 교황도 나바르의 앙리를 파문

---

[422] Archives Tronchin, vol. 5, fol. 204-205. 2월 5일에 받은 편지에 대한 답장이다.

하였고, 왕위계승과 관련하여 어떤 권한도 없다는 것을 선언하였다. 하지만 나바르의 앙리는 위그노들의 유일한 출구이자 희망이었다. 따라서 프랑스의 정치적·종교적 대결구도에서 열세인 위그노들은 혼돈으로 들어가게 되었다. 기즈 공 앙리와 그의 형제들이 이끄는 신성동맹은 자신들이 프랑스 종교의 수호자임을 천명하였고, 에스파냐의 군사적 지원에 의존하여 프랑스의 독립을 위협하였다. 그럼에도 불구하고 이를 제어할 힘이 앙리 4세에게는 없었다. 그가 기대할 수 있는 것은 독일의 프로테스탄트 제후들의 지원과 영국 엘리자베스 여왕의 후원이었다. 즉 프로테스탄트 국가의 국제적 후원이 필요한 상황이었다. 이들에게 프랑스의 상황을 알려서 프로테스탄트의 공동의 적이 누구인지 명확하게 알리고 공동의 적에 대항하는 정치적 연대의 필요성을 촉구할 필요가 있었다.

하지만 이에 대항한 로마 가톨릭 측의 공격도 만만치 않았다. 1585년 로마 가톨릭 측의 '거룩한 동맹'은 앙리 4세에게 네무스 조약(Treaty of Nemours)을 공표하도록 설득하였다. 이는 위그노들에게는 절망이었다. 프랑스는 "하나의 왕, 하나의 믿음, 하나의 법"(un roi, une foi, une loi)만을 허용한다[423] 는 이 조약은 프랑스에서는 오직 가톨릭교회만을 허용한다는 것을 내용으로 삼고 있었기 때문이다. 이는 위그노교도들이 프랑스에서 거주하기를 원한다면, 로마 가톨릭 교도로 개종해야 한다는 것을 의미하는 것이었다. 이로써 로마 가톨릭과 위그노의 갈등은 고조되었고, 프랑스는 또다시 전쟁의 위기에 빠지게 되었으며, 수많은 위그노 교도들은 독일과 스위스 등으로 망명을 떠나야만 했다. 이 조약은 로마 가톨릭 동맹에 대한 앙리 4세의 패배를 뜻하는 것이었다. 1585년 7월 27일 식스투스 5세는 심지어 비밀리에 나바르의 앙리(앙리 4세)를 폐위시켜 프랑스의 왕권계승에서 제외시켰다. 결국 앙리 4세는 1585년 10월 7일 조약의 조건을 오히려 더 강화시켜 위그노들이 프랑스를 떠나는 기간을 두 주로 단축시켜야만 했다.[424] 위그노들에게 절망이 공표된 것이다. 그들에게 남은 것은 신앙의 자유를 찾아서 떠나는 길밖에 없었다.

프랑스를 떠나 순례자의 길을 걸어가는 위그노들에게는 이 땅에서 숨을 돌릴 수 있는 안식처가 필요했다. 그런

---

423) 이 조약에서는 일곱 가지를 협약하였다. (1) 이전의 모든 평화협정을 대신한다. (2) 로마 가톨릭교회 이외에 다른 어떤 종교도 프랑스에서는 제외된다. (3) 다른 종교의 주교들은 한 달 안에 왕국을 떠나야 한다. (4) 이단자에게는 어떤 공적 임무도 허용되지 않는다. (5) 6개월 안에 왕의 모든 신하는 가톨릭 신앙을 고백하든지 왕국을 떠나야만 한다. (6) 동수의 신구교도로 구성된 재판부(chambres mi-parties)는 폐쇄되어야 한다. (7) 무슈 평화협정(the Peace of Monsieur)에서 위그노에게 승인된 장소에서의 항복자가 요구된다. Jesen, *Diplomacy and Dogmatism*, 70, Raitt, *The Colloquy of Montbéliard*, 8.

424) Raitt, *The Colloquy of Montbéliard*, 46.

데 몽벨리아르가 그 안식처를 제공하였다. 백작 프리드리히(Frederick)는 자신의 도시를 지나가는 통로로 허용하였을 뿐만 아니라, 심지어 그들이 거주하도록 허락하였다. 하지만 도시가 프랑스에서 넘어온 위그노 피난민들로 가득하게 되자, 몽벨리아르는 내외적으로 갈등에 직면하게 되었다. 우선 가톨릭 신앙을 가지고 있는 관리들이 불안을 느꼈고, 이들은 프리드리히에게 편지를 써서 프랑스 가톨릭 신앙에 대항하는 위험한 사람들에게 피난처를 제공하지 말 것을 요청하였다.[425] 심지어 발루아 왕조의 왕 앙리 4세는 프랑스 피난민이 몽벨리아르에 정착하는 것에 불만을 던지는 신성로마제국의 루돌프 2세에게 편지를 썼다. 그는 몽벨리아르가 프랑스로 용병을 보내는 전초기지로 사용되는 것을 두려워하였다.[426] 프리드리히는 어떤 대답을 해야 할지 곤란하였다. 그래서 팔츠의 요한 카시미르에게 조언을 요청하였다. 카시미르는 루돌프 2세에게 몽벨리아르에 거주하는 프랑스인들은 당분간 거하는 것이고, 이들은 부르고뉴에서 온 자들로 정직한 자들이며, 그 외 다른 무리들은 지식인이자 상공인으로 군인이 아니라 단지 불쌍한 피난민들일 뿐이라고 긴 변명의 글을 썼다.[427] 이때가 1586년 1월 20일이

---

425) Raitt, *The Colloquy of Montbéliard*, 46.
426) Raitt, *The Colloquy of Montbéliard*, 9.

었다. 황제 루돌프 2세는 1585년 12월 16일에 '평화적인 방법으로' 당장에 복종하고 프랑스의 피난민들을 멀리 보내라고 경고하였다. 만약 이를 따르지 않는다면, 프리드리히는 루돌프 2세의 분노를 사게 될 것이고 그에 상응하는 처벌을 받게 될 것이라고 하였다.[428] 프리드리히는 정치적으로 난처한 상황에 처하게 되었다.

또한 몽벨리아르는 내적으로도 신앙의 갈등을 초래하게 되었다. 프리드리히의 아버지는 개혁신앙을 가지고 있었고, 그의 삼촌이자 뷔르템베르크의 공작 루드비히(Ludwig)는 확고한 루터파 신자였다. 프리드리히는 아버지가 가진 개혁신앙과 그 지역이 공인한 루터파 신앙 사이에서 갈등하게 되었다. 그는 루터파 신앙을 튀빙겐에서 야콥 안드레아(Jacob Andreae)에게 배웠다. 안드레아는 칼빈주의자들의 정체성이 츠빙글리의 신학에 토대를 두고 있기 때문에 아우크스부르크 평화협약에 동의하지 않는다고 가르쳤다.[429] 하지만 프랑스에서 온 위그노들은 아우크스부르크 신앙고백을 승인하기 때문에 황제의 영토에서 공식적으로 머물 수 있다고 주장하였다. 그래서 프리드리히는 공식적으로

---

427) Raitt, *The Colloquy of Montbéliard*, 46.
428) Raitt, *The Colloquy of Montbéliard*, 46.
429) Raitt, *The Colloquy of Montbéliard*, 8.

프랑스의 위그노들을 인정하였던 것이다. 이로써 내외적으로 문제에 봉착하게 되었다. 이런 상황에서 프랑스 피난민들은 프리드리히에게 프랑스 개혁교회의 신앙고백에 따라서 성찬을 나누는 것이 허락되는지 그리고 독일어가 아닌 프랑스어로 이루어지는 예배를 드려도 되는지 물었다. 하지만 프리드리히가 이를 거절하면서 이 문제가 공론화되었다. 프리드리히는 피난민들에게 아우크스부르크 신앙고백서에 서명하기를 요구할 뿐만 아니라, 1577년 안드레아가 작성한 협의일치신조(Formula of Concord)에도 서명할 것을 요구하였다. 이 협의일치신조는 1530년 아우크스부르크 신앙고백을 재확인하였고, 칼빈주의자들을 비난했다.430)

이러한 상황에서 나바르의 앙리는 프랑스 내의 전쟁이 임박했다는 긴장감이 고조되면서 신성로마제국과의 연합이 절실해졌다. 그는 팔츠의 공작 요한 카시미르(John Casimir)를 불러 프랑스를 도우러 올 독일 군대를 요청하고, 스위스에도 동일한 요청을 하였다. 영국의 여왕 엘리자베스는 용병을 사도록 10만 파운드를 카시미르에게 원조하였다.431) 그런데 몇몇 독일 선제후가 나바르의 앙리에게 아우크스부르크 신앙고백 비변경판을 수용해야 한다는 조건

---

430) Raitt, *The Colloquy of Montbéliard*, 10.
431) Raitt, *The Colloquy of Montbéliard*, 8.

을 내세웠다. 이에 나바르의 앙리는 이 회담을 통해서 로마 가톨릭 측의 거룩한 동맹에 대항하여 공동으로 대처하는 것이 신학적 차이보다 더 중요하다는 것을 입증해야만 했다.[432] 이러한 배경에서 몽벨리아르 회담이 성사되었다.

하지만 몽벨리아르 회의에서 루터파와 개혁파의 성찬론 논쟁은 차이만을 확인하는 결과를 낳았다. 그렇다면 루터파와 개혁파가 합의를 도출하지 못한 논쟁점은 무엇인가? 우선 마르부르크 회담 이후로 합의를 보지 못한 성찬의 제정사에 대한 이해에서 합의를 도출하지 못하였다. 루터주의자들은 이 말씀을 문자적으로 이해한 반면, 개혁파는 이를 비유 내지는 말씀의 상징으로 여겼다. 안드레아와 베자는 초대교회의 교부들이 '실체적으로', '본질적으로'란 단어를 사용하고 있다는 것을 인정하였고 그 의미가 다양하다는 것도 수용하였다. 그런데 베자는 '입으로'와 '감각적으로'란 단어가 교부들의 언어가 아니기 때문에 거부한 반면, 안드레아는 '감각적으로'는 거부하고 '입으로'는 수용하였다. 그리고 베자는 루터주의자들이 먹는다는 두 행위를 혼동하고 그리스도의 몸의 본질을 입으로 먹는 빵의 본체로 간주하고 있음을 지적한 반면, 안드레아는 그리스도의 몸

---

432) Raitt, *The Colloquy of Montbéliard*, 9.

의 본질을 표징하는 빵과 포도주에 강조점을 두었다. 베자의 주요 원칙은 "그리스도께서 말씀을 듣고 성례를 받는 자들에게 그리스도 자신을 제공하신다."라는 사실이었다. 이 둘이 실제로 작용할 수 있는 것은 성령의 간섭하심으로 믿음이 그리스도의 실재와 그리스도인을 연합시키는 것이다. 구약과 신약에서 외적 차이는 존재하지만 내용적 측면에서의 구별은 없으며, 신약성경의 성례가 더 위대한 것은 특별하고 그 본체인 그리스도가 나타나기 때문이다. 말씀과 성례의 주된 차이는 말씀은 '들음'이라는 청각을 통해서 전해지지만, 성례는 오감을 통해서 이루어진다는 데 있다. 성례의 본질에서 차이가 있는 것이 아니라 그 '명료성'의 정도와 양심에 호소에서의 강렬함에서 차이가 날 뿐이다. 믿음이 없다면 성찬에 참여하는 자에게 나타나는 결과는 동일하다. 따라서 베자는 루터주의자들이 입으로 그리스도의 몸을 먹은 것이 아니며 말씀과 성찬 둘 다를 오용했다고 지적하였다.

둘째, 베자는 표징과 표징이 지시하는 실재와의 연합 형식을 하나님의 언약에서 찾는다.

> "표징이 지시하는 실재가 신적 제정에 의한 표징과 연합된 형식은 표징의 명칭을 설명하며 하나님의 언약

에 의존하고 있다는 것을 나타낸다. 이러한 관계는 인간적이고 일상적인 관계에서 위치를 지닌다. 그러나 표징이 지시하는 실재의 수용 방식은 진실로 우리가 사도들과 더불어 고백하는 것처럼 위대한 신비이다. 그래서 세밀하게 검토하는 것이 아니라 믿어지는 것이고 경배되는 것이다." [433)

베자는 그리스도의 몸과 피가 본질적으로 빵과 포도주와 함께 존재하지만 단지 보이는 형상에서 차이를 나타내는 것이라고 한다. 더 이상 신비로운 현존은 존재하지 않고 순수한 본질의 현존이 있게 된다. 여기에 본질에 대한 다른 이해가 있는데, 베자는 관계의 범주를 도입해서 실재가 자연적이든(베드로와 반석) 또는 초자연적이든(신앙으로 그리스도와 연합한 베드로) 둘의 관계를 본질적으로 허용한다. 이런 연합의 범주를 통해서 표징의 본성과 표징이 지시하는 실재의 본성이 유지된다.

"우리는 하나님이자 인간인 그리스도를 고백한다. 그렇지 않으면 결코 중재자가 될 수 없으며 실제로 이

---

433) Raitt, *The Colloquy of Montbéliard*, 80. *Acta* 32.

땅에 내려오시기 전에는 인간이 아니었을 분이시다. 그렇지만 우리는 그가 환상적 의견이 아닌 아브라함의 신앙으로 존재했고(사물의 본체라고 하는 것은 존재하지 않는다.) 다른 거룩한 족장들이 현존했던 것처럼 실제로 그리고 유효하였다."[434]

베자는 아우구스티누스를 인용하면서 결론을 내린다. "옛날 구약의 성례는 우리 시대의 실체(in re)와 같다. 단지 그 표징에서 다를 뿐이다."[435] 베자는 예수 그리스도와 그의 은혜는 서로 분리될 수 없으며 믿음으로 성찬에서뿐만 아니라 세례에서도 마음으로 받아들인다고 주장한다. 이 땅을 살아가면서 완전한 믿음은 가능하지 않기 때문에 사실 성찬이 믿음을 강화시킨다. 하지만 이러한 대답은 안드레아의 비난에 대한 적합한 대답은 아니다. 불완전한 믿음은 다양하게 해석될 수 있으며, 안드레아는 믿음의 완전이 아니라 수찬자의 정신적 능력에 대해 물은 것이었기 때문이다. 즉 문제는 신학적이자 목회적인 것이었다. 수찬자의 믿음 상태에 대한 심사는 개인적으로 성찬에 참여하기에 마음으로나 양심으로 적절한 상태에 있는지를 판단하는 일

---

434) Raitt, *The Colloquy of Montbéliard*, 80. Acta 33-34.
435) Raitt, *The Colloquy of Montbéliard*, 80. Acta 33-34.

이다. 이로써 확신에 대한 문제가 제기된다.

베자는 몽벨리아르 회담에서 성찬론과 관련하여 어떤 합의를 이루어내지 못하였다. 결과적으로 이 회담은 목적한 바를 이루지 못하였다. 안드레아가 회의를 정리하여 결과를 발표하였을 때, 스위스 목사들 중 루터파의 사무엘 후버는 예정론에서 베자와 무스쿨루스(Musculus)가 제안한 전택설교리가 표명된 것을 보고서 매우 충격을 받았다. 그는 베른 당국에 무스쿨루스를 위험인물로 고발하였다. 이에 베른 당국은 이 문제를 연구하기 위해 1587년 9월 2일 후버와 무스쿨루스 사이에 토론회를 개최하였다. 거기에서 후버는 보편주의를, 무스쿨루스는 제한주의를 주장하였다. 토론회가 성과 없이 끝나자 1588년 4월 15일부터 18일까지 베른에서 다시 논쟁이 개최되었다. 이때 베자에게 공적 교리를 옹호할 임무가 맡겨졌다. 회의를 주관한 세 사람의 스위스 대표는 몽벨리아르에서 표명된 교리가 정통임을 베자가 증명했다고 선언했으며, 후버는 면직되었다. 이 논쟁은 가톨릭과의 대결구도를 넘어서 루터파도 개혁교회의 대결 대상으로 등장하여 이 회담의 대결구도는 개혁교회 대 가톨릭 대 루터파의 삼자 대결로 나타난다. 루터파는 이제 칼빈주의자들보다는 로마 가톨릭교회와 연합하는 경향을 지님으로써 오히려 칼빈주의자와 대결구도를 띠게 되었다.

성찬론 논쟁은 성찬제도에서 축성의 말씀의 권위에서 출발한다. 루터파와 개혁교회는 그리스도는 그가 말하는 것을 행하신다는 것을 의미한다는 점에서 축성의 말씀의 권위에 동의한다. 문제는 어떻게 신적인 전능과 지혜가 임하는가이다. 개혁교회는 하나님이 말씀한 것을 행하시고 그가 약속한 것은 인간의 이성을 넘어서는 방식으로 이루실 수 있다고 논증하였다. 이 지점까지는 루터파도 동의하였으나, 루터파와 개혁교회의 차이는 성만찬에서 제기된 성령의 임재 방식을 넘어서 그리스도의 인성에 대한 문제와 세례 그리고 예정론에 대한 신학적 논쟁으로 확대되어 그 깊은 골만을 확인하였을 뿐이다.[436]

---

[436] Raitt, *The Colloquy of Montbéliard*, 49. 몽벨리아르 회담에 초대를 받은 베자는 성찬에 대한 논의 이외에 부가적으로 추가된 논의사항, 즉 기독론, 세례, 교회에서 음악과 미술의 사용, 예정에 당황했다고 한다. Wright, 202.

테오도르 베자
교회를 위해 길 위에 서다

Dieudonné de Bèze

12
마지막 시기

노년의 테오도르 베자,
1605년 무명 작가의 초상화

Chapter 12

마지막 시기

그대는 내가 아플 때나 건강할 때나
항상 내 곁에 있어 준 신실한 친구였소.

"만일 우리가 이 거룩한 도시 즉 교회의 한쪽 측면을 방어하기
위해 지나치게 노력하다가 반대의 다른 측면에서
적군의 명백한 공격을 무시한다면,
이것은 얼마나 터무니없는 일이 될 것인가.
따라서 우리는 반드시 이런 사탄의 미혹적인 책략,
즉 한편으로 교의를 변호하기 위해 지나친 관심을 쏟다가…
다른 한편으로는 기독교 종교의 목적이자 궁극적 목표인
실천적 신앙을 상실하지 않을까 삼가 조심해야 한다.
— 베자의 편지 중, 1582

칼빈의 죽음 이후 베자는 제네바의 사역에 집중하게 된다. 그는 목회자로서 교회를 세우고, 제네바 아카데미의 학문적 영역의 확장과 위상을 높이기 위하여 노력했다. 그리고 그것은 결실을 맺었다. 그렇다고 그의 여정이 승승장구한 것만은 아니다. 굽이굽이마다 잠복해 있던 복병들이 그의 발목을 잡았다. 그때마다 그는 하나님의 섭리의 위로 속에서 인내하였다. 베자의 인생에 숨어 있던 복병은 제네바 내부뿐만 아니라 가시 박힌 새끼손가락처럼 그가 평생 지고 갈 고국이었다.

> "내가 산 몇 마리의 암탉이 한 달이 채 되기도 전에 열다섯 마리의 병아리를 낳았다네.
> 그러나 인애하신 그리스도 당신께 나는 지난 77년의 인생을 살면서 무슨 열매를 드렸는가?
> ……
> 오, 주님, 나를 용서하소서.
> 나의 겸손한 기도는 다만 당신이 나의 암탉이 되고 내가 당신의 병아리가 되는 것뿐입니다."[437]

---

437) Manetsch, 『칼빈의 제네바 목사회의 활동과 역사』, 205.

1572년 성 바돌로매 축일의 대학살은 위그노 1세대 지도자 콜리니 제독과 잔 달브레 왕비의 죽음을 가져왔다. 이제 위그노 집단은 존폐라는 절체절명의 위기에 처하게 되었다. 하지만 위기가 또 다른 기회라고 했던가! 그 기회를 잡기 위해서 그들은 살아남아야만 했다. 죽느냐, 사느냐라는 존재의 위기 앞에서 살아남는 것이 그들의 목표였다. 이러한 상황 속에서 나바르의 앙리는 하나님이 세우신 2세대 지도자인 듯 보였다. 하지만 하나님께서 보이시는 섭리의 길이 늘 명확하게만 다가오지는 않았다. 강제적이지만 가톨릭으로 개종했다가 다시 되돌아온 그에게 프랑스 위그노의 미래가 달려 있었다. 그는 훗날을 도모하기 위해 살아남아야만 했다. 하지만 신앙의 정조를 지키지 못했던 그에게 달린 프랑스 위그노의 운명은 비바람에 흔들리는 촛불과 같았다.

　베자에게 고국 프랑스는 가시 박힌 채 살아야 하는 아픈 손가락이었다. 생존을 위하여 가톨릭으로 개종한 나바르의 앙리의 전략이 안타까웠다. 그는 1576년에 다시 위그노 신앙으로 개종하였다. 라로셸의 위그노 교도들 앞에서 가톨릭교회로 개종한 것을 후회한다며 공개적으로 회심하였다. 다음 해에 그는 베자와 접촉하고자 시도하였고, 베자에게 네락으로 와서 조언해주길 청하기도 하였다. 이 요청에 베자는 그의 나이와 교회의 임무로 인해 이제는 오랜 시간 여행하는 것이 힘들다고 거절하였다.

나바르의 앙리는 생존을 위해서 로마 가톨릭으로 개종했다가 어떻게 다시 위그노로 돌아오게 된 것일까? 위그노 세력은 1574년 왕위계승권 1순위가 된 알랑송 공작 프랑수아(François de France, duc d'Alençon, 1555-1584)의 정치적 야망과 결탁하였다. 카트린 메디치의 네 번째 아들인 프랑수아는 어머니의 중앙집권에서도 소외된 자였다. 그런데 그가 왕위계승권을 확보하고 난 후에 권력 주변부를 맴돌고 있던 세력들과 규합하였다. 그때 알랑송 공작 프랑수아가 앙리 드 나바르에게도 손을 내밀었다. 이로써 위그노의 전선이 다시금 형성되었다. 앙리 드 나바르의 개종과 함께 이루어진 군사적 연대로, 1576년부터 벌어진 5차 종교전쟁부터 1580년에 마무리된 7차 종교전쟁까지 세 차례의 종교전쟁은 모두 프랑수아가 이끈 말콩탕(les Malcontents) 세력과 앙리 드 나바르의 위그노 진영의 정치적·이데올로기적 연대를 기반으로 진행되었다.438)

퐁네프 다리 위의 앙리 4세 동상

베자는 적어도 앙리 드 나바르가 위그노 신앙에 따라서 그의 임무를 충실히 수행하여 현안문제를 해결할 수 있으리라 판단했다. 첫째, 나바르의 앙리가 위그노의 신앙을 보호하기 위해서 가톨릭에 대항하여 전쟁을 이끌 수 있는 지도자라 판단했다. 이전에 한 로마 가톨릭으로의 개종은 생존을 위한, 미래를 위한 일보 후퇴였을 뿐이다. 그가 파리에서 탈출하자 곧 개혁신앙으로 개종했다는 것은 그가 여전히 개혁신앙의 토대 위에 있다는 것을 반증한다. 베자는 앙리 4세에게 위그노의 신앙을 지닌 왕으로서 무엇을 해야 하는지 17가지를 적어서 보내기도 하였다.[439] 둘째, 개혁신앙으로 개종한 후 나바르의 앙리는 베자의 친한 동역자들인 앙투안 드 샹디외(Chandieu)와 귀족 모르네(Philippe Duplesis-Mornay)를 기용했다. 1580년대 중반에 샹디외는 프랑스와 제네바를 번갈아 왕래하면서 앙리 드 나바르의 군

---

438) 많은 역사학자들은 이 시기에 이루어진 나바르의 앙리의 개종이 참된 신앙에서 비롯된 것인지를 두고 연구를 해왔다. 이후에 그는 로마 가톨릭으로 또다시 개종하기 때문이다. 연이어 이루어지는 개종을 어떻게 해석할 것인지가 주요하다. 신앙은 없으면서 정치적 목적으로 종교를 이용한 것인지, 내면의 신앙을 가지고 있으면서 전략적으로 개종을 택한 것인지, 앙리 드 나바르에 대한 연구가 필요하다. 적어도 분명한 것은 베자에 대한 그의 신의와 존경은 베자가 죽을 때까지 이어졌다는 사실이다.

439) Beza to Henry IV, [n.d.], in Gottlieb Brettschneider, ed., *Johannis Calvini, Theod. Bezae, Henrici IV regis, aliorumque illius aevi hominum litterae quaedam nondum editae* (Leipzig, 1835), 175-179. Manetsch, *Beza and the Quest for Peace*, 202-204.

목과 고문으로 사역했다. 그는 이미 프랑스 신앙고백서를 작성하는 일뿐만 아니라 프랑스 개혁교회 총회를 이루는 일에 베자와 함께한 바 있었다. 그에 대한 베자의 애정이 얼마나 깊었는지는 1591년 3월에 샹디외가 갑작스럽게 열병으로 하나님의 부름을 받게 되었을 때 베자가 보낸 편지에서 확인할 수 있다. "제네바와 다른 여러 곳에서 벌어진, 이처럼 큰 슬픈 상처의 결과가 무엇인지를 이해하는 사람들이 흘린 눈물로 강을 만들 수도 있을 것입니다. 개인적으로 말하자면, 할 수만 있다면 내 목숨과도 바꿀 수 있는 친구를 잃어버렸습니다. 하지만 이것이 하나님의 뜻이기에 오직 하나님의 이름만 영광 받으시기를 소원합니다."[440] 베자는 자신이 신뢰하는 동역자가 나바르의 앙리 곁에서 그의 내각의 일원으로 함께 일하고 있기에 많은 것을 기대하였다. 적어도 나바르 드 앙리가 잘못된 표적을 향해 나갈 때, 바른 조언을 해주면서 그가 하나님의 소명을 잘 감당하도록 이끌 것이라 생각했다. 위그노 집단과의 화해와 신뢰를 회복하기 위한 이와 같은 노력은 적중했다. 셋째, 나바르의 앙리는 베자를 전적으로 신뢰했다. 그는 어머니 잔 달브레를 통해서 알게 된 베자를 믿고 따랐다. 그래서 베자에

---

[440] Manetsch, *Beza and the Quest for Peace*, 215-216.

게 정기적으로 편지를 보내 정치적으로나 종교적으로 도움을 구했다. 게다가 그는 베자가 프랑스 위그노들의 정신적 지주가 되어줄 뿐만 아니라 독일과 스위스 도시연합체와의 중재를 위해 힘써줄 것을 기대했다. 1580년대 중반에는 나바르의 앙리가 은퇴한 베자에게 1년에 500리브르를 지불하기 시작한 것으로 보아 베자에 대한 신뢰가 지속되었음을 알 수 있다.[441] 베자도 나바르의 앙리에게 고국에 있는 위그노들의 운명을 걸 수밖에 없었다. 1584년 앙리 3세의 형제 알랑송 공작의 죽음으로 나바르의 앙리가 왕의 계승자로 추정되기 시작하면서 그가 위그노의 희망으로 부상했기 때문이다. 1586년부터 베자는 정기적으로 그의 지혜와 종교적 헌신, 영웅적 리더로서의 성격을 높이 평가하기 시작하였다. 더 나아가 주변의 스위스 도시들과 독일 연맹에 군사적 후원을 요청하기도 하였다.[442] 이후 정치적인 격변의 시기를 겪게 되면서 1580년대에 베자는 앙리 드 나바르의 형식적 후원자가 된다. 베자는 앙리에게 그의 적들로부터 왕국을 구하기 전에 하나님을 신뢰했던 구약의 다윗 왕을 비유로 들면서 격려하였다. "왕이시여! 저는 다윗 이후

---

441) Manetsch, *Beza and the Quest for Peace*, 176-177 참조. 베자는 앙리 드 나바르에게서 5-6년 동안 생활보조금을 받았다.
442) Manetsch, *Beza and the Quest for Peace*, 178-179 참조.

로 하나님의 섭리가 당신을 통하여 나타난 것보다 더 분명하게 나타난 왕이 있었는지 의심합니다. 다윗의 예를 통해서 얻은 귀중한 보화를 조심스럽게 보존하십시오. 그는 하나님을 공적으로 예배하기 위한 임무에 대한 열정이 결코 사그라지지 않았습니다. 오히려 그는 쉼 없이 처음부터 마지막까지 그의 임무를 이루기 위해서 일했습니다."[443]

베자의 앙리 드 나바르를 향한 신뢰와 소망은 1593년 그가 로마 가톨릭으로 개종하기 전까지 이어졌다. 그해 여름 프랑스에 있던 제네바의 외교관이 급하게 베자에게 왕의 공식적인 회심을 위한 예식이 임박했음을 알렸다. 그는 다시 앙리 드 나바르에게 닥친 영적 싸움에 대해 조언을 써서 보냈다. 그의 어머니 잔 달브레를 기억하고 의로운 왕 다윗을 상기하라고 말이다. 편지 마지막에 그는 시편 101장을 써서 앙리가 읽고 묵상하도록 하였다. 하지만 앙리 드 나바르가 자신의 회심을 포기하도록 만들지는 못하였다.

베자는 나바르의 앙리가 종교적 입장에서 정치적으로 바르게 판단하기를 소망하였다. 그래서 그가 바른길을 가지 못한다고 판단이 될 때면 단호하게 비판하였다. 1580년 가을에 앙리 드 나바르가 장 카스미르나 콩데도 없이 일방적

---

443) Beza to Henry IV, 1592. 12. 3-13. Geneva, MHR, ms. Tronchin, vol. 2, fol. 17.

으로 7차 종교전쟁을 종식시키기 위해서 비밀리에 플레스 협정에 서명할 때였다. 베자의 분노가 폭발하였다. 베자는 앙리에게 편지를 써서 지금의 휴전이 분별력 없는 결단이고 개혁교회의 안전을 위협하는 일이라고 알렸다. 이에 앙리 드 나바르는 베자에게 자신의 군사결정을 방어하면서 회유의 회답을 보냈다. 그는 국가의 도덕적 기준을 증진하기 위한 베자의 임무를 신뢰하며, 이외에 자신에게 솔직하고 편안하게 아버지처럼 조언을 해달라고 요청하기도 했다.[444] 하지만 베자의 의심은 여전히 남아 있었다. 1583년 한 친구에게 보낸 편지에서 베자는 "왕자를 신뢰하지 말라!"라는 당시 널리 알려진 구호를 확증하였다.[445]

> "전쟁과 타협 중 무엇을 선택할 것인가 하는 논쟁은 그동안 끊임없이 지속되어 왔다. 이는 결국 국왕이 개종을 하는 순간까지 지속될 참이었다. 그러나 국왕이 개종을 결정하면서 단순히 정치적 문제나 가톨릭의 위협만을 고려했다는 주장은 사실과 다르다. 또한 일에 대한 피로감이나 쉬고 싶다는 욕망 때문에, 또는 외국

---

444) Navarre to Beza, 1581. 2. 1., *CB* 22, 28-31.
445) Beza to Gwalther, 1583. 11. 5., *CB* 24, 298. Manetsch, *Beza and the Quest for Peace*, 112.

의 폭군들로부터 자유로워지기 위해 개종을 선택한 것도 아니다. 심지어 매우 바람직해 보이긴 하지만, 백성들의 평안을 위해서 개종을 택한 것도 아니다. 국왕의 속내를 나만큼 잘 아는 사람은 없을 것이라 생각하는데, 이런 내가 보기에 그가 개종을 선택한 것은 이와는 다른 이유 때문이었다. 이제 와서 고백하자면 나 역시 다른 사람들과 마찬가지로 그의 개종에 영향을 미치지 못했다. 나는 칼빈주의 신도이긴 하지만, 가장 현명한 개혁파 목사들이 은밀히 고백한 바와 마찬가지로 하나님께서는 가톨릭교회 역시 프로테스탄트 교회만큼이나 존중하신다고 믿는다. 그러나 왕께서는 스스로 가톨릭 신앙이 더 확실해 보인다고 여기시게 되었다. 항상 순수하고 진솔한 국왕의 성향을 고려해 볼 때, 그가 이 문제에 대해 진심이 아니었다면 그토록 평생 동안 본심을 감추고 살 수는 없었을 것이다.…또한 이미 당시에는 실제로도 많은 사람들이, 심지어 프로테스탄트 목사들마저도 국가의 안녕과 평화를 위해 그리고 두 종파의 미래를 위해 국왕의 개종이 절대적으로 필요하다는 데 동의하고 있었다."[446]

이 글로 짐작컨대 앙리 드 나바르의 개종이 17세기 프랑스의 정치적 변혁의 갈림길에서 주요했음을 알 수 있다. 개인의 개종이 위장에 불과했는지 그것을 판단할 수 있는 객관적 증거는 없으나, 앙리 드 나바르의 개종이 프랑스 국가의 평화와 안녕을 위한 중대한 해결책이었다는 것을 짐작하고도 남는다. 동시대 프랑스인들은 왕을 신뢰할 수밖에 없었고, 왕에 대한 백성으로서 절대적 복종을 바쳐야만 했다.

낭트 칙령

1589년 앙리 4세가 왕관 없이 왕좌로 등극한 이후 위그노들은 생클루 선언(Saing-Cloud)을 통해서 양심의 자유를 얻었다. 그러나 위그노들은 이에 만족할 수 없었다. 그들은 자신의 권리를 보장받기 위해서 왕에게 압력을 행사하여 1591년 망트(Mantes) 칙령을 얻어낸다. 여기에는 위그노에게 완전한 양심의 자유, 고위재판소를 소유한 3,500개의 영지에서의 예배의 자유와 모든 공직에로의 접근 허용, 가톨릭 교도와의 결혼 허용, 통합된 법정에서 공명정대한 재판을

---

446) Maximilien de Béthune, *Mémoires de Sully, principal ministre de Henri-le-grand*. T. 1(Paris: J. F. Bastien, 1788), 519-521. 박효근, "프랑스종교개혁과 위그노 여성의 역설," 「여성과역사」 19(2013), 168-169 재인용.

낭트 칙령

받을 자유가 포함되었다. 그러나 위그노들은 불안했다. 왕에게 계속 압력을 가하여 더 큰 자유를 얻고, 더 구체적인 권리를 담보하고자 하였다. 이러한 정황을 당시의 문서를 통해 살펴보자.

"1594년에 생트푸아(Sainte-Foy)에서 모인 위그노파 대표들은 9개 지방의 연합을 결성하여 보다 적극적으로 정치적 행동과 불복종이라는 전략을 취하였다. 이후 1595년 스뮈르(Saumur), 1596년 루딩(Loudun), 1597년 방돔(Verdôme)에서 정치적 모임을 가진 위그노들은 이전 칙령들에 대한 불만을 가지고 있었다. 이들은 절대적인 예배의 자유, 학교와 목사들의 봉급을 위한 국가보조금, 재산권에 대한 확증을 보장하는 새로운 칙령을 요구했다. 그들은 고위관직의 개방과 전쟁 중 입은 손해에 대한 국가의 배상을 원했고, 이러한 요구가 받아들여지기까지 협상도 해산도 하지 않을 것이라고 위협했다. 그러면서 비밀리에 영국과 네덜란드와 협상하여 원조를 얻어내고자 시도했다. 게다가 1597년 6월 샤텔

레호(Châtelerault)에서 개최된 위그노파 대표회의는, 만일 왕이 새로운 칙령을 거부한다면 군사적 지원을 철수하겠다고 위협했다. 스페인과 전쟁 중에 있던 왕은 또 다른 전쟁으로 전력을 분산시켜서는 안 되는 상황이었기에 결국 1597년 7월 25일 위그노들과의 협약에 사인했다. 결국 전쟁 중이라는 위급함 때문에 왕은 1597년 8월 위그노가 모일 수 있는 모든 장소에서 예배의 자유를 인정했다. 그리고 교사들과 목사들의 월급을 위해 45,000에퀴를, 수비대의 유지를 위해 연간 180,000에퀴의 보조금을 인정했다. 위그노들은 더 많은 것을 요구하고자 했다. 그러나 전쟁이 프랑스에게 유리하게 돌아가면서 위그노의 도움이 거의 필요 없어진 상태가 된 앙리 4세가 1598년 2월 협상을 거부한다면, 그들과 상담 없이 새로운 칙령을 규정하겠다고 위협했기 때문에 위그노들은 더 이상의 정치적 모임을 가지지 않겠다고 하면서 낭트 칙령(1598.4.13.)에 합의했다."[447]

1589년부터 1594년까지 왕의 군대가 파리를 포위하고 있

---

[447] David Potter, ed. and trans. The French Wars of Religion; Selected Documents (MaCmillan Press LTD, 1977), 248-249. 김충현, "낭트 칙령에 나타난 국가와 교회와의 관계," 6-7.

었다. 로마 가톨릭의 리그파가 파리뿐만 아니라 주변의 여러 도시, 부르즈, 리옹, 낭트, 툴루즈 등을 지배하고 있었다. 가톨릭의 저항은 더욱 거세졌다. 프로테스탄트 신앙을 가진 왕을 허용할 수 없었다. 이들은 국왕 시해의 정당성을 담보하는 신학적 이론을 형성하였을 뿐만 아니라 왕의 대리자 나바르의 삼촌(Charles de Bourbon)을 적극 후원하기로 하였다. 이상하게도 불법과 폭행을 행하는 왕에 대한 저항을 위해 위그노들이 제기한 이론들을 가톨릭 신학자들이 고스란히 수용하고 있었다. 이들은 앙리 3세를 암살하기 위하여 위그노의 신학적 논리를 제기하였다. 대표적인 리그의 이론가 "성직자 장 부쉐(Jean Boucher)는 신의 뜻을 부정할 경우 그리고 백성과의 계약을 위반한 경우 폭군으로 규정될 수 있다고 주장하였다. 인민과의 계약을 위반한 폭군은 교회나 삼부회의 정상적인 재가를 받아 폐위되어야 하지만 하나님의 뜻을 위반한 폭군에게는 죽음이 어울리는 처벌이라고 규정하였다."[448]

베자는 1590-1591년에 걸쳐 '그리스도의 고난과 부활'을 설교하였고, 1592년 6월 24일 설교에서는 앙리 4세의 등극 이래 화제가 되고 있는 로마 교회와 개혁파 사이의 화해에

---

448) 박효근, "프랑스 종교개혁과 위그노 여성의 '역설'," 151.

조심할 것을 권면하였다. 그러면서 어떤 값을 치러서라도 평화를 얻겠다는 생각에 경종을 울리고 빛과 어두움의 중립지대를 찾는 중도파들을 비난했다. 1593년 앙리 4세의 개신교 포기는 베자의 가슴을 아프게 했으나, 그럼에도 불구하고 그는 왕이 낭트 칙령을 반포할 때까지 그의 평화적 행동을 지지했다. 실제로 베자가 앙리 드 나바르의 행동에 실망한 것은 분명하다. 베자는 앙리 드 나바르가 정치적·군사적 사건에서 교회의 관심에서 벗어나 지나치게 자기 이익만을 추구하는 어리석은 결정을 하고 있다고 생각했다. 베자가 볼 때 앙리는 그의 아버지 앙투안의 인성을 너무 많이 닮고 어머니 잔 달브레의 성품은 거의 닮지 않은 것 같았다.

개신교 포기를 선언하던 그날이 프랑스의 국왕으로 등극한 앙리 4세에게는 어떤 의미였을까? 그는 자신의 종교적 양심에 따라서 그날 의식을 행한 것일까? 이 문제를 판단할 수 있는 객관적 증거가 없기에 이는 단지 하나의 수수께끼로 남아 있다. 이 문제는 프랑스의 종교적 연합이 어떤 종교적 이념 아래에서 이루어졌는지를 판단하는 단서가 되기 때문에 주요하다. 이 사건이 베자에게는 충격이었다. 베자는 독일에 있는 친구에게 "우리에게 가장 좋은 것을 줄 것이라 예상했던 왕으로부터 전혀 기대하지 않았을 뿐만 아니라 위험스러운 그의 타락으로 우리가 얼마나 심각하게 흔들렸는지 모릅니다."449)라고 편지를 보냈다. 이 글에서 그가 얼마나 실망했는지 충분히 짐작할 수 있다. 나바르와 함께 생대니(St. Dennis) 교회로 간 가정 사제 앙투앙(Antoine de La Faye)은 이날을 "하나님을 두려워하는 모든 자가 잊을 수 없고 혐오스러운 날이다."라고 적어 베자에게 보냈다.450) 그는 적어도 양심적 개종이라는 한 줄기 빛을 보았다. 그렇기에 프랑스 위그노의 신앙의 자유를 위해 단초를 놓을 사람으로 여전히 앙리 4세에게 기댈 수밖에 없었다. 그는 "이 불행한 왕자에게 동정을 가집시다. 한 사람으로서 매우 심각하게 타락했지만, 오랜 시간 동안 모든 유혹에 대항해온 자입니다. 모든 성도는 진심으로 하나님께서 그를 바로 일으켜 세우시고 이 참혹한 상황에서 그에게 측은한 마음을 가지도록 기도해야 합니다."라고 시의회에 편지를 보냈다.451) 베자 역시 여전히 앙리 4세에게 확실하게 프랑스 개혁교회의 미래를 기대하고 있었던 것으로 보인다. 10월말 경 베자는 왕의 회심이 영원한 것이 아니라 잠정적인 임시방편이길 바란다고 표현했다.452) 그러면서

---

449) Beza to Constantine Fabricius, 1593. 8. 22-9. 1, Nuremberg, Staatsarchiv, E. Laden Akten, fol. 279. Manetsch, *Beza and the Quest for Peace*, 52.
450) Antoine de La Faye to Beza, 1593. 7. 25, in *BGSHPF* 5(1857): 27.
451) Beza to Ministers of Zurich, 1593. 8. 9-19.
452) Manetsch, *Beza and the Quest for Peace*, 259-261.

그는 나바르를 사사 시대의 삼손에 비유하였다. 자신의 생애 마지막에 블레셋을 무찌르고 이스라엘에게 평화를 돌려주기 위해서 자신의 생명을 희생한 삼손의 삶을, 개혁교회의 평화와 자유를 위해서 자신의 양심을 제물로 바친 나바르의 희생으로 여겼다. 적어도 베자는 나바르가 어떤 정치적 술수나 로마 가톨릭의 신앙을 확신하고 회심한 것이 아니라고 여겼다.[453] 그는 앙리 4세에 대한 신의를 가지고 있었다.

하지만 1595년에 앙리 4세는 로마 가톨릭으로부터 사면을 받게 되었다. 이것은 프랑스의 위그노에게는 가장 비참한 일이었다. 이제는 개혁교회의 앞날을 누구에게 의탁할 수 있단 말인가? 그들이 지금까지 믿고 의지해온 왕이 로마 가톨릭으로 개종했을 뿐만 아니라 교황으로부터 사면까지 받게 되었으니 말이다. 왕의 대관식이 이루어진 후 개혁교회의 노회들은 왕에 대항하여 자신들의 길을 이끌어갈 새로운 지도자를 선출하는 문제를 논의하였다. 이런 상황에서 베자는 평화를 위한 중재자로서 역할을 수행한다. 베자는 프랑스의 위그노들에게 앙리 4세가 전쟁보다는 협상을 통해서 문제를 해결해 나갈 것이니 그에 대한 신의를 저

---

453) Beza to Grynaeus, 1593. 8. 25.-9. 4. Basel, Universitätsbibl., Kirchen Archiv, C. I.2, Bd.II, fols. 225-226.

버리지 않도록 독려하였다.[454] 그러자 앙리 4세는 자신에게 지속적인 지지와 인간적 신뢰를 보내준 베자에게 감사의 편지를 직접 적어서 보냈다.[455] 스위스에 거주하고 있는 프랑스의 외교관은 베자에게 프랑스의 위그노들의 격한 감정을 달래는 역할을 해달라고 부탁했다. 그는 베자를 거의 매주 만났다. 왕은 일단 프랑스 왕국 전체를 다스리게 되면, 위그노에게 주어진 종교적 임무를 완수하겠다고 약속했다.[456] 베자는 나바르가 약속을 지킬 것이라 믿었다. "앙리 4세가 또다시 가톨릭교회뿐만 아니라 위그노의 왕이 될 것이라고 단언했습니다. … 이보다 더 인간적이며 현명한 왕이 이제껏 있었는지 알지 못하겠소!"[457] 앙리 4세가 약속한 바를 실행할 것이라 믿은 베자는 개혁교회 총회에 편지를 써서 시민의 복종과 영적 인내를 요구하였다. 그러면서 1521-1561년 사이에 프랑스에 복음이 들어오게 된 것은 검을 통해서가 아니라 믿음과 인내와 고통을 통해서였다는 점을 상기시켰다. 그리고 30여 년의 전쟁을 거치면서 지금 우리 개혁교회가 앙갚음을 피하고 다시금 평화의 길로 되

---

454) Manetsch, *Beza and the Quest for Peace*, 265-272, 308-336 참조.
455) Geisendorf, *Thédore de Béze*, Genève, 26-27. Raitt, "Theodore Beza," 1519-1605, 90.
456) Nicolas Brulart of Sillery 1594. 4. 14. *CB* 35, 89-90.
457) Beza to Constantine Fabricius, 1594. 9. 4. *CB* 35, 139.

돌아가야 한다고 주장했다. 앙리 4세가 최소한의 종교적 자유를 우리에게 허락하는 정도에서 '악에 상응한 선'에 만족해야 한다고 그리고 프랑스 왕국과 개혁교회를 위해서 하나님의 자녀들에게 인내를 주시어 복을 누리게 하시는 하나님의 섭리에 전적으로 우리 자신을 복종시켜야 한다고 권면하였다.[458]

앙리 4세에 대한 베자의 신의는 프랑스 위그노파의 입장이 극단으로 가고 있었음에도 불구하고 지속되었다. 예를 들어 왕의 귀중품에 세금 지불하기를 거절하였고, 위그노파의 주요 인물들은 에스파냐의 필리페 2세와의 전쟁을 포기하겠다고 위협하였다. 그리고 다시금 전쟁을 불사하겠다고 위협하였다.[459] 하지만 1598년의 낭트 칙령으로 베자의 신임이 정당한 것으로 판명되었다. 낭트 칙령을 통해서 앙리 4세는 위그노에게 예배의 자유를 허락하였다. 베자와 제네바 시의회는 낭트 칙령과 프랑스와 에스파냐의 평화조약 소식에 열광했다. 베자는 멀리 보헤미아에 있는 친구에게 보내는 편지에서 시편 118편 23절을 인용하며 이 감격적인 소식을 전하였다. "이는 여호와께서 행하신 것이요 우리 눈에 기이한 바로다." 1599년 1월에 앙리 4세는 파리 고등

---

458) Manetsch, *Beza and the Quest for Peace*, 268-271.
459) Holt, *French Wars of Religion*, 161-163.

법원 앞에서 자신의 신앙을 다음과 같이 고백하였다. "내게 가톨릭 신앙을 끌어대지 말지어다. 과인은 그대들보다 더 가톨릭을 사랑한다. 과인은 그대들보다도 더 가톨릭적이며, 교회의 장남이다."[460]

"나는 너희에게 칙령의 내용을 확인해줄 것을 요청한다. 이 칙령에는 적[개혁]의 종교를 믿는 사람들에게 무엇을 허용해주었는지 그 내용이 담겨 있다. 이 모든 것은 평화라는 대의를 위한 것이다. 나는 이미 외국과의 분쟁으로부터 평화를 이룩했고, 이제 내 왕국 안의 사람들에게 평화를 제공하고자 한다. 너희는 단지 나의 지위 때문에라도 나에게 복종할 의무가 있다. 이는 나의 신민 모두에게 부여되는 의무이며, 특히 고등법원 판사들이라면 더 말할 것도 없다.…나의 가톨릭 신앙에 대해 어떤 의혹도 갖지 말라. 나는 너희들보다 훨씬 더 이를 사랑한다. 나는 너희들보다 더 진실로 가톨릭적이다. 나는 교회의 장자이며, 이 자격은 너희 중 누구도 가질 수 없는 것이다."[461]

---

460) 임승휘, "프랑스 종교전쟁과 관용개념의 탄생," 310.

여기서 가톨릭이란 가톨릭의 두 의미, 즉 보편교회로서의 의미와 이 땅의 로마 가톨릭교회를 염두에 둔 유희적 표현이었을까? 참된 교회의 회복을 위한 보편교회의 의미에서 그는 가톨릭이라고 한 것일까? 이때까지 프랑스가 가톨릭 국가인 것은 분명하다. 앙리 4세의 평화 조치는 위그노에게 종교적 자리를 마련해주었다. 베자는 위장 개종에 대한 신의가 낭트 칙령으로 열매를 맺었다고 믿었기에 적어도 앙리 4세의 '가톨릭적'이라는 말의 의미를 되새겼을 것이다. 앙리 4세는 로마 가톨릭 세력과의 연대뿐만 아니라 위그노와의 신의라는 두 마리의 토끼가 보편교회라는 울타리 안에서 평화롭게 지낼 수 있도록 새로운 국가정치체제를 만들었다.

마지막 길목에서

고국의 불안정하고 위태로운 상황을 때로는 분노로, 때로는 한 가닥 남은 실오라기를 붙잡는 심정으로 그렇게 지켜보는 동안 베자도 세월의 흐름을 막을 수 없었다. 나이

---

461) Berger de Xuvrey ed., Recueil de lettres missive de Hinri IV, V (Paris, 1850), Mack P. Holt, *The French Wars of Religion*, 167 재인용.

가 들어 베자는 목사회의 직분을 포함하여 많은 공적 직무를 그만두었으나 강단에서 설교는 계속하였다. 하지만 그는 이 땅에서 같이 종교개혁의 길을 걸어간 동역자들, 프랑스의 비레(1571), 잔 달브레(1572), 취리히의 불링거(1575), 팔츠 지역의 프리드리히 3세(1576), 우르시누스(1583)와 올레비아누스(1587) 등을 하나님께로 보내야만 했다. 죽음 이후의 소망을 바라보지만 이 땅에서 이별이 주는 슬픔은 너무도 컸다. 그는 종교개혁에 매진한 친구들을 먼저 보낸 뒤에 사랑하는 아내마저도 하나님 곁으로 보내야만 했다. 1588년 부인 클로딘이 갑작스럽게 세상을 떠난 것이다. 자녀가 없었기에 그의 외로움은 더했다. 엄청난 충격에 빠진 베자는 친구에게 사랑하는 아내를 잃은 비탄을 다음과 같이 편지로 적어 보냈다.

"그는 아내로서 지녀야 하는 덕목들을 물려받은 여인이었습니다. 나는 그녀와 39년 5개월 28일을 함께 조화를 이루며 살았습니다. 그녀는 정규적인 과정을 받지 못했습니다만 놀랄 만한 많은 덕목들을 소유하고 있었습니다. 나는 그녀가 지닌 덕목들을 알았고, 이것으로 그녀의 단점들을 견디는 것이 쉬웠습니다. 이 세상에서 나에게 일어날 수 있는 일 가운데 이보다 더 비참한 일은 없을 것입니다.…내가 곧 70이 되어가기 때문에 도움이 필요할 이때 나는 신뢰할 만하고 헌신적인 아내를 잃었습니다. 그렇지만 주님의 이름을 찬양합니다."462)

베자는 친구의 권유로 4개월 후에 카트린(Catherine Del Piano)과 재혼했다. 베자와 부인 카트린의 나이는 무려 스물일곱 살 차이가 났다. 현대인의 눈에는 사별 후 4개월 만에 재혼한 사실이나 스물일곱의 나이 차이는 놀랍고도 낯선 일이다. 하지만 그 당시에는 인생에서 노년기를 지낼 때 많은 어려움이 있었기 때문에 15년에서 20년 정도의 나이 차이를 두고 결혼하는 것은 보편적인 경향이었다. 아내에 대한 베자의 사랑은 1597년에 출판된 『포에마타』까지 이어진다.

> "나의 클로딘, 내 망명생활의 신실한 동반자, 지난 40년 동안 다양하고도 변화무쌍한 시간을 행복하게 살아준 그대여…그대는 꽃다운 나이에 나와 한 몸이 되었소. 그대는 내가 아플 때나 건강할 때나 항상 내 곁에 있어준 신실한 친구였소. 그 어떤 아내도 남편의 사랑을 이처럼 받은 적이 없으며, 그 어떤 아내도 당신만큼

---

462) Beza to Constantine Fabricius, April 30-May 10, 1588; translated in Manetsch, *Calvin's Company of Pastors*, 111.

남편을 헌신적으로 사랑한 이도 없었소."

노년의 테오도르 베자, 1605년 무명 작가의 초상화

베자의 마지막 소원이자 유언은 자신의 시신을 "너무나 긴 시간 동안 나와 함께 살아주고 도와주었으며 참되고 신실한 그리스도인 아내로서 모든 종류의 의무를 수행한 작고한 사랑스러운 나의 첫째 아내 클로딘 데노즈 곁에 묻어 달라는 것"이었다.[463] 아내에 대한 그의 사랑은 변치 않았다. 하지만 1587년부터 시작된 제네바의 불안한 상황으로 인해 베자는 슬픔에 싸여 있을 수 없었다. 사부아(Savoie)에 강력한 군주인 샤를 에마뉘엘(Charles Emmanuel)이 등장하여 레만호 도시를 넘보고 있었다.

"1587년 1월에 제네바는 사부아에 의해서 2년 동안 포위되어 있었습니다. 사부아는 오랫동안 작은 공화국과 레만호의 좋은 언덕 꼭대기 사령부를 갖고자 열심을 내었습니다. 그리하여 사부아는 항구를 닫는 데 성공했

---

463) Manetsch, 『칼빈의 제네바 목사회의 활동과 역사』, 215.

고, 부정확하게 부산물들이 너무나 천천히 하늘의 성벽을 쌓은 도시에 들어왔습니다. 학생들은 학교로 되돌아갈 수 없었고 제네바도 교수들에게 월급을 줄 수 없었습니다. 베자는 거의 단독으로 학교를 운영하였고, 낮은 곡물가격과 가난한 자들을 위한 모금을 호소하는 목사회도 이끌었습니다. 이 시기에 욥기에 대한 주석은 가장 적절하다 할 수 있을 것입니다. 왜냐하면 욥기는 한편으로는 분노에도 불구하고 충실성에 대한 모형을, 다른 한편으로는 하나님에 대한 충성과 섭리에 대한 설교의 내용을 제공하기 때문입니다."[464]

불안정한 긴 기간은 결국 1589년 3월 30일, 사부아와의 전쟁으로 치달았다. 거의 4년에 가까운 전투의 초반은 성문 앞에서 이뤄졌다. 제네바의 위급한 상황을 보며 베자는 제네바에서 사부아 왕국과의 전쟁을 불러일으킨 도덕적 타락을 한탄하였다.

"특별히 이 전쟁이 생산해 놓은 도덕적 방종으로 하나님의 이름이 얼마나 모독을 당합니까! 얼마나 많은

---

464) Raitt, "Beza, Guide for the Faithful Life", 85.

충격적인 저주와 욕설이 난무합니까! 얼마나 많은 참람한 일들이 자행됩니까! 하지만 누가 신경이나 씁니까? 그 누가 이들을 바로잡으려 노력이라도 하고 있습니까? 도대체 누가 기꺼이 이 일을 알리고 범죄자들을 대항하여 싸우겠습니까?…그렇다면 하나님의 개혁된 교회라는 자부심을 가진 우리들이 과연 어떻게 핑계할 수 있겠습니까?…우리가 이 하나님의 진노를 피하기 위해 슬픈 눈물을 흘리며 외쳐야 하지 않겠습니까?…아아, 참으로 그러해야 하지 않겠습니까!"465)

전쟁으로 인해 베자의 경제적 어려움은 더욱 심해졌다. 1591년 소의회 회의록은 "베자 선생에게 약간의 도움이 필요하다."라고 적고 있다.466) 1594년에 그는 수전증으로 인해 글을 쓰는 데 어려움을 겪었다. 다음 해에 그는 시의회에 제네바 아카데미의 두 번째 의장을 보충하고 신학과 관련한 그의 교수 직책을 교대할 자를 요청하였다. 그리고 1595년 76세의 나이로 은퇴하였다. 하지만 그의 영향력은 여전하였다. 그는 은퇴 후 가르치는 일과 설교의 의무에서 벗어났지만 모든 활동을 그만두지는 않았다. 제네바 교회

---

465) Manetsch, 『칼빈의 제네바 목사회의 활동과 역사』, 324.
466) RC 86, fol. 235r~v. Manetch, 『칼빈의 제네바 목사회의 활동과 역사』, 231.

와 시의 중요한 결정은 그의 자문 없이 이루어지지 않았다. 하지만 1597년에 그의 건강은 더욱 쇠약해지고, 경제적으로도 어려움을 겪었다. 그는 자신의 도서관을 폴란드(Count de Zastrizill)에 팔았고, 1598년에는 칼빈에게서 받은 책을 고타 도서관(Library of Gotha)에 팔았다. 1599년에는 더 이상 학생들을 가르칠 수 없을 정도로 몸이 쇠약해지고, 2년 후에는 부정기적으로 목사회에 참석할 정도가 되었다. 하지만 그는 목회자로서 소명의 자리가 하나님의 손에서 온 것임을 잊지 않았다. 동역자들에게 "거룩한 업무는 결코 사고팔 수 없는 것이며 그의 종들을 통해 하나님의 손에서 주어지는 것"이기 때문에 돈을 바라고 교회를 섬기는 종교 상인이 되지 말자고 하였다.

사부아의 샤를 에마뉘엘과의 전쟁이 재발되자 베자는 1600년 11월 25일 프랑스의 앙리 4세를 만나 도움을 요청했고, 프랑스 왕은 사부아를 치기 위해 군대를 일으켰다. 1600년 12월 앙리 4세는 제네바 부근까지 와서 81세가 된 베자를 불렀다. 그러고는 신하들 앞에서 베자를 자기의 아버지이자 친구라고 부르면서 따뜻하게 껴안았다. 앙리 4세는 네락에서 베자와 만남을 가진 이후로 그를 아버지라고 불러오고 있었다.[467] 그들은 지나간 이야기들을 비롯해 몇 시간 동안 이야기를 나누었고, 베자는 앞으로 또 다른 30년 동안 왕을 섬기고 개혁교회를 위해 일을 하고 싶다는 희망을 피력했다. 마지막으로 그 두 사람은 프랑스의 미래에 대해 이야기했고, 베자는 낭트 칙령을 꼭 지켜줄 것을 왕에게 부탁했다.[468] 아마도 베자와 앙리 4세의 이러한 신뢰관계가 1596년 예수회가 베자와 제네바가 다시 가톨릭으로 돌아왔다고 헛소문을 내는 단초를 제공했으리라 여겨진다. 이 소문을 이용하여 교황 클레멘트 8세는 베자와 제네바를 가톨릭으로 개종시키기 위해 1597년에 프랑수아 드 살르(François de Sales)를 제네바에 보냈다. 이 주교는 이미 제네바 인근 샤블레(Chablais)를 가톨릭으로 개종시킨 바 있었기에 교황은 그에게 기대를 걸었다. 하지만 그를 설득하지 못하였고 로마 가톨릭의 시도는 실패로 돌아갔다. 사부아의 수장 에마뉘엘은 2,000명의 부대를 모아서 제네바를 1602년 12월 11-12일 밤에 침략한다. 이 놀라운 일을 에스칼라드(l'Escalade)라고 부른다.

베자는 사부아의 침공을 물리치는 에스칼라드의 밤을 지켜보는 기쁨을 누렸다. 제네바의 평화를 목격한 83세의 베자는 하나님께 감사의 기도를 올렸다. 베자는 자신에게 맡

---

467) Jill Ritt, "Theodor Beza," 93.
468) Scott M. Manetsch, "Theodore Beza (1519-1605) and the Crisis of Reformed Protestantism in France," *The Theology of the French Reformed Churches: From Henry IV to the Revolcation of the Edict of Nantres*, 56.

1602년 사부아의 제네바 침공(bataille de l'Escalade)
에스칼라드 축제는 제네바 최대 축제로 지금도 이 날의 승전을 기린다.

겨진 사명을 그의 숨이 남아 있는 순간까지 성실하게 수행하였다. 프랑스 고국에 있는 신앙의 동지 위그노들은 앙리 4세의 통치 아래서 제한적이지만 자유롭게 예배를 드리게 되었다. 제네바도 사부아 가문으로부터 평화를 얻음으로 개혁신앙에 토대를 둔 기독교 도시를 만드는 데 매진할 수 있게 되었다.

베자는 하나님께서 맡기신 일의 열매를 바라보며 1605년 10월 13일 86세를 일기로 교회의 종탑이 설교를 알리는 시간에 눈을 감았다. 그는 칼빈과 마찬가지로 플렝팔레(Plain-

생 피에르 수도원

Palais) 공동표지에 묻지 말라고 하였다. 사부아 사람들이 베자의 시신을 탈취해 로마로 가져가겠다고 협박하여 행정관들은 그를 생 피에르 수도원에 묻었다.[469]

1610년에 제네바를 방문한 비텐베르크 사역자 발렌틴 안드레아(Valentin Andreae)는 후일 "제네바에 있는 동안 나는 내가 살아 있는 한 영원히 기억하고 간절히 바라고 싶은 어떤 엄청난 것을 목도했다."라고 썼다.

---

469) New Schaff-Herzog Encyclopedia, s.v. "Beza, Theodore,; Mathison, *Given for You*, 57.

"일주일 동안 제네바 시민들의 생활과 심지어 가장 사소해 보이는 범죄도 면밀하게 관찰했는데, 그 도시 안에는 특별한 장식품으로서 어떤 도덕적 규율이 자리하고 있었다.…모든 종류의 저주, 맹세, 도박, 사치, 싸움, 분쟁, 혐오, 사기 등은 금지되었고 더 중한 범죄 역시 거의 들어본 적이 없었다. 도덕적으로 깨끗한 이런 삶은 얼마나 영광스러운 기독교의 장식품인가!"[470]

베자는 오직 하나님만을 섬기며 하나님께서 맡기신 사명을 감당하고, 그의 선생이자 영적 아버지 칼빈처럼 이름도 없이 역사의 뒤안길로 물러났다.

---

[470] Manetsch, 『칼빈의 제네바 목사회의 활동과 역사』, 346.

테오도르 베자
교회를 위해 길 위에 서다
Dieudonné de Bèze

13
한국교회와 베자

Chapter 13

한국교회와 베자

당당하게 바람을 맞으며 나갈
용기와 기도가 필요한 시대

베일에 싸여 있는 사람

베자는 칼빈의 이름 뒤에 가려져 단지 칼빈의 후계자 내지 계승자로만 알려져 있다. 그렇지만 이제 칼빈주의의 어두움을 낳았다는 그에 대한 오해를 해명해야 할 시간이 되었다. 학문적 연구를 통해서, 그의 목회자로서의 삶과 신학적 해명을 통해서 그가 칼빈의 신학을 어떻게 발전시켰는지를 정당하게 평가해야 할 때가 되었다. 베자에 관해 지금까지 우리에게 주어진 것은 몇 되지 않는 그의 생애에 대한 글이 전부이다. 하지만 우리는 종교개혁의 역사를 후대에 남기려고 노력한 그를 기억해야 한다. 그가 남긴 역사의 자료는 믿음의 선배의 유언이자 소망이었다. 이제 우리는 신앙의 선배가 남긴 유산을 보존하여 우리의 후손에게 남겨줄 준비를 해야 한다.

우리가 베자에 주목해야 하는 이유는 첫째, 그가 칼빈의 신학적 후계자로서 개혁신학을 '하나의 운동'으로 널리 퍼뜨린 신학자이기 때문이다. 다시 말해서 그는 칼빈이 발판을 놓은 개혁신학을 전 유럽으로 대중화시킨 인물이다. 그가 이런 거대한 성과를 낼 수 있었던 것은 그가 신학자로서 학문성을 갖추고 있었을 뿐만 아니라 실천적 행동가였기 때문이다. 베자는 다종파 사회에서 종교적 관용과 평화를 위해 실제로 외교적 노력을 한 실천가였다. 일례로 1557년 그는 프랑스 위그노들을 박해하는 프랑스 왕정에게 항의하도록 독일인들을 설득하기 위해 스트라스부르와 보름스를 방문하였다. 1559년에는 프랑스 위그노를 변호하기 위해 하이델베르크를 방문하였고, 1560년 앙부아즈 개신교 음모사건 이후에는 네락으로 가서 나바르의 왕과 여왕 곁에서 정치적 조언자로 활약하여 여왕인 잔 달브레가 공개적인 신앙고백을 하도록 이끌었다. 그리고 다음 해 프랑스 왕정의 카트린 드 메디치가 가톨릭과 개신교의 감정이 악화되자 자신의 정권을 유지시키기 위해서 푸아시 평화회담을 성사시켰을 때 칼빈이 아닌 베자가 개신교 대표로 참석했다. 종교적 평화를 위한 베자의 국제적 노력은 이후 근대국가 형성을 위한 정치·철학적 논의의 발판을 제공하였다. 이처럼 그가 이룬 종교개혁 정신의 발전과 성과는 영국에서 종교개혁을 이끈 크롬웰의 경우와 분명한 대조를 이룬다.

둘째, 베자는 칼빈 연구의 주요 주제 중 하나인 '칼빈과 칼빈주의자의 연속성과 불연속성'을 판단하는 척도로서 논쟁의 중심에 있기 때문이다. 이 주제는 칼빈과 17-18세기 정통주의의 토대 위에 서 있는 장로교회의 정체성과 직접적으로 연결되어 있기 때문에 칼빈학자들의 관심의 대상이 되어왔다. 특히 베자의 예정론은 지금까지 칼빈과 정통주의 시대의 칼빈주의자들과의 연속성과 불연속성을 다루는 주요 주제로 다루어져왔다. 그 이유는 정통주의 시대 신학의 특징이라고 일반적으로 알려져 있는 "효과로부터 원인으로 거슬러 올라가는 시도보다는 오히려 원인으로부터 유추되는 효과"로의 논증이 베자의 책 『예정론 도식』(Tabula Praedestinationis)에서 잘 드러나기 때문이다. 그래서 에른스트 비처(Ernst Bizer), 바질 홀(Basil Hall)은 베자의 예정론이 그리스도 중심적인 입장이라기보다는 칼빈의 예정론보다 더 엄격하고, 더 논리적이며, 더 예정론 중심적인 특성을 드러낸다고 간주하여 칼빈과 베자의 불연속성을 주장하였다. 이와 달리 멀러(R. Muller)와 아셀트(van Asselt)는 개혁파 정통주의자들이 종교개혁자들의 신학적 내용을 단순히 반복한 것이 아니기 때문에 불연속성이 있다고 할 수 있으나, 신학적 형식과 내용에서 종교개혁자들과 연속성이 있다고 주장한다. 이후 이러한 해석은 하나의 유행처럼 칼빈 연구에서 칼빈과 칼빈주의자의 연속성과 불연속성을 판단하는 척도로서 역할을 수행하게 되었다. 이처럼 베자가 칼빈과 이후의 칼빈주의적 신학 해석에 끼친 영향이 큼에도 불구하고 지금까지 한국 신학계에서 이루어진 베자에 대한 연구는 미미하다. 단지 그의 생애와 관련하여 그의 신학을 소개하는 한두 편의 논문[박건택, "베자(1519-1605): 개혁파 정통신학의 선구자". 임원택, "칼빈의 후계자, 베자"]과 다른 종교개혁자들과 비교하여 베자의 신학을 다룬 박사학위논문 한 편[임도건, "후기 종교개혁 사상연구: P. 멜란히톤, M. 부처, H. 불링거, T. 베자"(2012)]에 불과하다.

우리의 자리

한국에 복음이 들어온 이후 이제 기독교는 가장 큰 종교가 되었다. 하지만 목회자의 윤리적 타락과 영적 부패로 인해 교회는 타락의 길을 걸어가고 있다. 목회자의 성적 타락과 대형교회의 세습으로 인한 욕망의 늪이 마치 중세 말의 교회를 목도하고 있는 듯하다. 이제는 교회의 자정 능력이 의심스러울 지경에 이르렀다. 강력한 권징이 시행되길 요망하나 현실은 멀다. 사회가 던지는 담론에도 교회는 대응할 힘조차 없는 듯하다. 오히려 사회가 던지는 질문에 교회가 분열하고, 동성애, 양심적 병역 거부에 대한 신학적·실천적 논의는 교회를 혼돈으로 몰아간다. 어떻게 그리스도인으로 이 땅에서 살아가야 하는지에 대한 가장 기초적인 질문에 교회가 흔들린다. 답을 찾지 못한 채 헤매고 있다.

한국교회가 직면한 문제에서 가장 두드러진 문제는 우리가 서 있는 자리에 대한 인식의 부재이다. 우리는 우리 사회가 가진 정교분리가 무엇을 의미하는지 제대로 알지 못한 채 방황하고 있는 듯하다. 여전히 이승만 대통령이 던진 기독교국가 건설 구호가 선거철마다 등장하니 말이다. 일제 강점기와 민족전쟁 6.25로 무너진 이 땅에 일민주의에 토대를 둔 기독교국가 건설이 새록새록 정치바람으로 기독교인에게 일어난다. 이를 반대하는 목소리도 또한 거세진다. 심지어 이승만 정부를 매도하는 목소리가 높아지고 있다. 한국역사에 끼친 기독교에 대한 부정적 평가를 진지하게 받아들여 다시 재해석해야 할 시점에 도달했다.

이런 인식의 부재는 역사인식과 밀접하게 연결되어 있

다. 역사에 대한 인식은 지금 우리의 자리를 읽는 거울이기 때문이다. 기독교의 관점에서 우리의 자리를 어떻게 바라볼 것인지에 대한 진지한 고민이 필요한 시대이다. 정부와의 밀착형 기독교라는 비판 앞에서 국가를 어떻게 바라보아야 하는지에 대한 질문에 우리는 진지하게 대답해야 한다. 1948년 5월 27일, 국회의 전원이 일어서고 이윤영 목사가 기도를 드린 역사적 사건에 대한 기독교적 재해석이 요구되는 시점이다. 민주국가에서 기독교의 자리를 '권력유착'과 '반공'이라는 두 프레임으로 규정짓는 역사해석에 어떻게 답변할 것인지 한국사회에서 기독교가 나아갈 방향에 대한 새로운 정립이 요구된다.

한국교회는 1970-1980년대 민주화를 거치면서 '국가 저항'이라는 거대 담론 앞에서 좌파와 우파로 나뉘는 아픔을 감수해야만 했다. 사회·정치적 경향에 따른 색깔 논쟁은 그대로 교회의 분열로 이어지게 되었다. 이 분열의 골은 로마서 13장 1-7절 해석의 차이로 인해 더욱 깊어지게 되었다. 하나님께서 세우신 국가에 복종해야 한다는 우파와 기독교인의 사회적 책임을 강조하는 좌파의 대립은 민주화를 거치면서 더욱 극명해졌다. 그 대립은 지금도 교회의 '하나 됨'을 방해는 요소로 작용하고 있음을 보게 된다. 이 대립을 극복할 수 있는 방안을 찾기 위하여 지금까지 칼빈이 국가 저항을 어떻게 바라보고 있는지를 중심으로 연구가 이루어졌고, 이 논의를 넘어서 최근에 종교개혁자 베자의 적극적인 국가 저항권을 다룬 일련의 논문이 발표되었다.[471] 이 논문들은 텍스트 분석에 근거한 '국가저항'의 이론화를 시도하고 있다. 아쉬운 점은 칼빈의 후계자로서 베자가 적극적 저항권을 주장하게 된 정치적·사회적 배경과 그 당시의 신학적 논쟁에 대한 베자의 답변이 지닌 시대적 한계에 대한 거리두기가 이루어지지 않았다는 사실이다. 이 역사적 거리두기는 지금 이 시대의 문제를 해결하려는 시도의 토대가 되기 때문에 이에 대한 이해가 선행되어야 하리라 생각된다. 지금이 바로 기독교인으로 바로 서서 당당하게 바람을 맞으며 나갈 용기와 기도가 필요한 시대이다.

베자에게 묻고 답을 얻다

여전히 혼돈의 숲에서 헤어 나오지 못하는 한국교회에게

---

[471] 이상웅, "존 칼빈과 칼빈주의자들의 저항신학," 「진리와 학문의 세계」 21(2010): 73-116, 전봉준, "위그노들의 정치사상," 「개혁논총」 17(2011): 75-119. 단지 아쉬운 점은 프랑스의 역사와 연관한 설명이 생략되고 텍스트를 중심으로 신학적 접근을 한다는 것이다. Scott M. Manetsch, *Theodore Beza and the quest for peace in France, 1572-1598* (Leiden: Boston: Brill, 2000).

던지는 베자의 목소리에 귀를 기울여보자. 첫째, 베자의 삶의 여정에서 눈에 띄는 것은 교회정치이다. 칼빈은 제네바 교회의 신학적 기초를 쌓았고, 이를 몸으로 실행한 자가 바로 베자이다. 베자는 언제나 갈등의 자리에 있었고, 그 갈등 앞에서 고민하며 하나님께 기도하여 답을 구한 목회자였다. 그 갈등을 해결하기 위해서 그는 길을 떠났다. 신앙의 동역자 발도파를 위해서, 고국에서 핍박받는 위그노들을 위해서 그는 신성로마제국의 선제후와 스위스의 각 도시의 목회자들과 시의원들을 방문했다. 그가 고민했던 자리는 지금 우리의 자리와 맞닿아 있다. 교회가 세속사회에서 어떻게 하나님의 법을 존중하며 세상의 소금과 빛의 역할을 할 것인지의 문제가 베자가 걸어간 삶의 여정에 오롯이 남아 있다. 물론 우리는 베자와의 역사적 간격을 인식해야 한다. 그의 자리는 지금 우리의 자리와 동일하지 않다. 그렇기 때문에 그 시대의 한계를 바로 알고, 지금 우리의 삶으로 가져와야 한다. 이 원칙이 역사를 바라보는 출발점이다. 중세에서 벗어나 근대로 넘어가는 이행기에 칼빈이 개혁신학의 포문을 열었다면, 베자는 그 기초 위에 신학적 체계와 교회의 체제를 세웠다. 그렇기 때문에 세속사회에서 그리스도인이 지켜야 할 믿음의 핵심이 무엇인지 그 잣대를 베자의 신학과 삶을 통해서 얻을 수 있을 것이다. 칼빈이 닦은 교회법을 실제로 적용한 그의 사례를 통해서 한국교회 목회자들의 윤리적 타락에 대한 대안을 찾을 수 있으리라!

둘째, 베자는 목회자의 삶에서 경건의 자리를 소홀히 하지 않았다. 목회자의 경건이 목회의 핵심이라는 점을 강조하였다. 경건의 훈련과 신학자로서 인문학적 소양의 균형을 위해 끊임없이 노력한 목회자의 모습을 우리에게 남겨주었다. 그는 끊임없이 성도들의 고민에 귀를 기울였고, 그들이 올바른 판단과 선택을 하도록 길잡이가 되어주었다. 사랑하는 아버지를 위해서 신앙고백서를 작성하였고, 흑사병으로 흔들리는 성도들에게 행동의 지침을 마련해주었다. 그의 윤리적 잣대로서 자연법에 대한 이해는 근대로 넘어가는 길목에서 새로운 버팀목이 되었다. 베자가 어떻게 사회에 실제적으로 하나님의 율법과 자연법의 관계를 적용하고 있는지 살펴봄으로써 하나님의 말씀에 붙잡힌 그리스도인이 어떻게 세속사회의 법적 규범과 조화를 이룰 수 있는지에 대한 답을 찾을 수 있을 것이다.

셋째, 베자는 정교일치의 왕정체제에서 근대로 넘어가는 길목에 서 있던 신학자였다. 그렇기 때문에 국가와 종교가 일치한 왕정체제에서 국가와 종교가 분리된 근대국가로 이행하는 과정에서 그가 어떻게 개혁신학의 토대를 닦았는지 역사적으로 추적하여 그 토대를 얻게 된다면, 정교분리의 한국 사회에서 한국교회가 어떻게 대처해야 하는지에 대한 신학적 답변을 구할 수 있을 것이다. 또한 정교분리를 통해 이루어진 세속화의 결과로 등장한 국가에서 종교가 어떤 의미를 지니는지, 세속화된 국가체제 안에서 기독교의 교리체계를 어떻게 정립해야 하는지 살펴봄으로써 국가와 교회의 관계가 어떤 방향으로 나가야 하는지를 판단하는 주요 척도를 얻을 수 있으리라 여겨진다.

그리고 베자의 저항권에 대한 신학적 해석은 국가와 종교가 분리된 정교분리의 한국 사회에서 교회가 어떤 상황에서 국가에 저항할 수 있는지에 대한 성경해석의 틀을 제공한다. 역사적 간격을 뛰어넘어야 한다는 점을 전제하지만, 국가적 갈등의 문제에 접근하는 위그노들이 제시한 정당성은 국가에 대한 다양한 이해가 한국 사회에 존재하게 된 배경을 이해할 수 있으리라 여겨진다. 그러므로 베자의 책 『시민들에 대한 관리들의 권리』에서 그가 어떻게 국가에 대항하는 저항의 근거를 신학적으로 전개하고 있는지 살펴보고, 한 걸음 더 나아가 당시 위그노 학자들의 글과 비교하여 개혁교회가 국가 저항의 정당성을 어떻게 담보하고 있는지 살펴봄으로써 교회 안에 존재하는 다양한 견해들을 토론의 장으로 이끌어낼 수 있을 것이다.

넷째, 베자는 진리의 확실성에 대한 '회의'가 공론화된 시기에 하나님의 부르심을 받은 신학자이다. 성경이 하나님의 말씀이라는 것을 어떻게 알 수 있는가? 성경의 신뢰성을 담보하는 객관적 증거는 무엇인가? 성경은 진실로 그 자체로 신뢰할 수 있는가? 그리고 우리는 성경의 신적 권위가 존재한다는 것을 어떻게 알 수 있는가? 이 질문들은 성경의 신적 권위에 대한 확실성과 객관적 증거에 집중하게 한다. 종교개혁 시대에도 로마 가톨릭교회와 재세례파, 당시의 인문주의자들과의 논쟁에서 성경의 권위에 대한 문제를 제기하였으나, 이는 교회의 권위와의 대립구도에서 제기된 것으로, 적어도 종교개혁 시대에는 성경의 신적 권위를 의심하지는 않았다. 하지만 이후 정통주의 시대는 성경의 신적 권위에 대한 회의에 대항하여 그 권위를 변증하는 시대였다. 그렇기 때문에 종교개혁 시대에서 정통주의 시대로 넘어가는 과도기의 중심에 있는 베자가 종교개혁과 정통주의의 연속성과 불연속성을 판단하는 주요 논제로 등장하게 되는 것은 당연하다 하겠다.

베자의 이성과 믿음에 대한 이해는 종교개혁 이후에 등장한 합리주의를 이해할 수 있는 토대가 되며, 합리주의에 대항한 정통주의의 교리체계가 어떻게 형성되어 발전되어 나가는지를 이해할 수 있는 기초자료가 된다. 특히 계몽주의 아래에서 등장한 성경의 신적 권위에 대한 논쟁인 성경영감론 논쟁을 이해할 수 있게 된다. 이로써 합리주의의 선구자인 데카르트가 제기한 의심의 철학에 대항하여 정통주의 신학자들이 제시한 객관적 권위로서 성경의 신학적 의미를 이해하게 될 것이다. 이 과정에서 성경의 권위에 대한 이해와 성경해석의 차이로 생겨난 한국교회의 교단 분열뿐만 아니라 현 사회문제인 동성애, 난민인권 등에 대한 교회의 다양한 성경해석의 답을 찾을 수 있으리라 생각된다. 윤리적 행위를 위한 척도로서 이성과 믿음의 역할은 종교 다원화 사회에서 종교적 자유를 위한 이론적 작업일 뿐만 아니라 실천으로 이행하게끔 하는 원동력이다. 그러므로 이 연구는 윤리적 부패와 종교 간의 갈등이 팽배한 한국에서 기독교인의 윤리적 행위를 이끌어낼 수 있는 답변이 될 수 있을 것이다. 그리고 베자의 종교적 자유를 위한 외교적 노력이 종교적으로 다원화된 한국사회에서 교회가 행할 역할에 대한 본을 제공할 것이다.

다섯째, 베자는 기독교에 토대를 둔 다양한 학문의 체계를 마련하고자 하였다. 그는 신학을 중심으로 이루어진 제네바 아카데미를 법학과 의학을 수용하여 종합대학으로 만들었다. 이 확장에서 이루어진 그의 교육철학은 세상에서 기독교인으로서 어떻게 살아가야 하는지, 국가 안에서 그리스도인으로 하나님이 주신 소명을 어떻게 이루어가야 하는지에 대한 답을 제공해주었다. 이는 한국인으로서 국가 정체성과 기독교인으로서 종교적 정체성의 조화를 꿈꾸는 기독교 대학이 가져야 할 목표와 커리큘럼에 대한 방향을 제시해줄 것이다.

하나님께서 앞서가시는 길을 묵묵히 그림자를 밟고 간 베자의 삶처럼 우리도 역시 이 땅에서 묵묵히 그리스도인의 길을 걸어가길 기도한다.

테오도르 베자
교회를 위해 길 위에 서다

Dieudonné de Bèze

편집후기
참고 문헌

Confession de
LA FOY CHRE-
stienne, contenant la confirma-
tion d'icelle, & la refutation des
superstitions contraires.

PAR THEODORE DE BESZE.

Imprimé par Conrad Badius.

M. D. LIX.

AVEC PRIVILEGE.

| 편집후기 |

종교개혁은 어떤 의미가 있는가

1517년 종교개혁이 일어난 이후 시대는 많이 변했다. IT 산업과 첨단과학이 발달한 변화의 시대가 왔다. 그러나 급격하게 발전하는 시대 속에서도 현대인들은 여전히 인생의 문제와 세상의 도전 앞에 방황하고 있다.

종교개혁자들이 고민했던 하나님과 인간과 세상에 대한 깊은 성찰이 다시 이 시대에 절실하게 요청되고 있는 것이다.

세계도 변하고 있다. 유럽과 미국 중심의 세계 질서도 바뀌어 아시아가 점차 세계의 주목을 받고 있다. 특히 한국 기독교에 대한 세계적인 관심과 기대는 대단하다. 어린이와 같았던 한국 교회는 이제 청년으로 성장하고 있다. 이런 맥락에서 한국 기독교인들은 지금까지 전혀 고민해보지 않았던 근원적이고 피할 수 없는 중요한 질문 앞에 서게 되었다.

나는 누구인가? 우리의 신앙은 어디에서 왔는가? 참으로 경건한 기독교인은 어떤 사람들인가? 한국 교회는 어디로 가야 하는가? 이런 질문에 부딪힐 때마다 교회의 역사는 깊은 지혜를 제시해 준다. 다시 종교개혁의 본질로 돌아가자는 것이다. "Ad Fontes(근원으로)!"

종교개혁을 이해하기 위해서는 다각적인 접근이 필요하다. 유럽의 지성사적 흐름을 알아야 하고, 정치, 경제, 사회, 문화적인 배경도 통찰해야 한다. 기독교 교리의 역사도 알아야 한다. 그러나 무엇보다 가장 쉽고 정확하게 이해하는 방법은 그 시대를 치열하게 살아간 종교개혁자들을 이해하는 것이다. 그것은 곧 그들의 삶, 좌절, 고난 그리고 그것을 극복하는 과정에서 역사하셨던 하나님의 일하심을 알아가는 것이다.

종교개혁자 평전 시리즈는 무엇이 다른가

수많은 책들이 출판되지만 그 가운데 지속적으로 선한 영향을 미치는 책은 많지 않다. 신앙서적 또한 예외가 아니다. 그런 점에서 본 평전 시리즈의 차별성과 독특성을 알게 된다면 독자들은 더욱 보람 있게 이 책을 읽을 수 있을 것이다. 몇 가지 특징을 정리해 본다.

첫째, 저자들은 모두 가장 최근에 그 해당 주제로 박사학위를 받은 학자를 엄선하여 심혈을 기울여 저술했다. 급속도로 지식이 축적되는 오늘날 가장 최근의 학문적 정보가 최고의 수준으로 담겨 있다고 볼 수 있다. 따라서 잘 알려지지 않았던 자료들이 폭넓게 활용되어 참신하게 저술한 장점이 있다.

둘째, 단순한 영웅담이 아니라 비평을 가하는 평전이기에 정확하고 유익한 정보를 얻게 된다. 기존 종교개혁자에 대한 책이 간혹 우리 눈에 발견되지만 대부분 인물을 예찬하는 데 반해 본서는 종교개혁자들의 삶과 신학을 학문적이고 객관적으로 연구하고 평가했다.

셋째, 한국의 신학자들에 의해서 직접 저술되었기에 한국 독자들의 정서에 꼭 맞는 책이 될 것이다. 물론 유럽과 미국의 학자들이 저술한 훌륭한 종교개혁자들의 전기나 번역서도 있다. 그러나 서양 저자들은 대부분 서양의 지성사적이고 문화적인 배경을 전제로 하기 때문에 비서양권인 한국의 독자들이 깊이 이해하기에는 한계가 있다.

넷째, 교회를 위한 신학(Theologia Ecclesiae)을 전제로 기획되고 저술되었다. 종교개혁자들의 활동과 그들의 신학은 모두 교회를 건강하게 세우고 교회에 유익이 되고자 하는 방향에서 이해되어야 한다. 그것이 정당한 방법이고 또 현대의 독자들과 목회자들에게도 유익하다.

본 평전은 이러한 원칙을 전제로 저술되었기에 지적인 호기심을 넘어 개인의 경건은 물론 교회 공동체에도 큰 유익을 줄 것으로 기대한다. 일차적으로는 평신도 지성인들이 쉽게 읽어내도록 평이한 문체와 감동적인 내용으로 저술되었으며, 동시에 목회자와 신학생들에게도 잘 알려지지 않은 최근의 연구 자료를 제시하여 신학을 공부하고 사상을 넓히는 데도 많은 도움을 줄 것이다. 본 시리즈를 통해 하나님과 인간과 세상을 이해하게 되고 건강한 신앙 공동체를 세울 수 있을 것으로 확신한다.

수석 편집인 안인섭 박사(총신대학교 교수)

| 참고 문헌 |

• 1차 문헌

Beza, Theodore. *Correpondence De Theodeore Bezae* [*CB*]. I-XXVIII. Librairie Droz. 1960-2006.

_____ . *Tractationum Theologicarum, in quibus plerasque Christianae Religionis dogmata adversus haereses nostris temporibus renovatas solide ex Verbo Dei defenduntur* [*TT*]. 3 vols. Geneva: Vignon, 1582.

_____ . *Tractatus Pius et Moderatus de Vera Excommunicatione et Christiano Prebyterio*. London: John Norton, 1590.

_____ . *A Book of Christian Questions and Answers. Wherein are set forth the cheef points of the Christian relgion in manner of an abrdgement*. trans. Auther Golding. London: William How, 1578.

_____ . *The Christian Faith*. trans. James Clark. Lewes: Focus Christian Ministries, 1992.

_____ . *Concerning the Rights of Rulers Over Their Subjects and the Duty of Subjects Towards Their Rulers*. ed. A. H. Murray. trans. Henri-Louis Gonin. Cape Town: H. A. U. M., 1956.

_____. *Sermon sur les trois premiers chapitres du Cantique des Cantiques de Salomon*. Geneva: Jean le Preux, 1593.

_____. *Master Beza's Sermon upon the First Chapters of the Canticles of Casnticles*. Oxford, 1587.

_____. *A Shorte Learned and Pithie Treatize of the Plague*. trans. John Stockwood. London: John Norton, 1590.

_____. "The Sum of All Christianity, or the Description and Distribution of the Causes of Salvation of the Elect and the Destruction of the Reprobate, Collected from the Sacred Writings." In *The Potter and Clay: The Main Predestination Writings of Theodore Beza*. trans. Philip C. Holtrop. Grand Rapids: Calvin College, 1982.

_____. "A Brief and Pithy Sum of Christian Faith." In *Reformed Confessions of the 16th and 17th Century in English*. vol. 2 1552-1566. ed. James T. Dennison. Grand Rapids: Reformation Heritage, 2010.

_____. 박건택 옮김. 『종교개혁 영웅들의 초상』 용인: 크리스쳔 르네상스, 2017.

_____. 박건택 옮김. "제사하는 아브라함." 『종교개혁사상전집』 서울: 개혁주의신행협회, 2000.

_____. trans. Philip C, Holtrop. *The Potter and Clay: The Main Predestination Writings of Theodore Beza*. Grand Rapids: Calvin College, 1982.

_____. *Life of Calvin*. In *Selected Works of John Calvin: Tracts and Letters*. vol. 1. ed. a. trans. Henry Beveridge. Edinburgh: Calvin Translation Society, 1844. reprint, Grand Rapids:

Baker, 1983.

_____. ed. G. Baum a. Cunitz. *Historie ecclésitastique des églises réformées aus royaume de France*. Paris: 1883; reprint, Nuewkoop, 1974.

Calvin John. *Ioannis Calvini Opera quae supersunt omnia* [*CO*]. ed. Whihelm Baum, Eduard Cunitz, and Eduard Reuss. 59 vols. Brunswick, NJ: C. A. Schwetschke and Son, 1853-1900.

_____.『기독교강요』Ⅰ-Ⅳ. 서울: 생명의말씀사, 1988.

• 2차 문헌

강남수. "종교전쟁 전야의 위그노파 분화과정."「역사학연구」52(2013): 325-256.

_____. "기즈 가의 호전적 가톨릭주의."「동국사학」57(2014): 580-619.

_____. "프랑스 종교전쟁기의 조국애-대법과 로피탈의 활동을 중심으로."「대구사학」115(2014): 331-360.

권태경. "칼빈의 교육사상에 대한 연구: 제네바 아카데미를 중심으로."「총신대논총」24(2004): 339-350.

김충현. "프랑스 종교개혁과 종교전재에서 잔 달브레(Jeanne d'Albret) 의 역할."「여성과 역사」23(2015): 271-306.

_____. "낭트 칙령에 나타난 국가와 교회의 관계."「서양역사와 문화연구」14(2006): 1-27.

박건택. "Theodore Beza(1519-1605) 개혁파 정통신학의 선구자."「신학지남」1994: 211-237.

_____. "칼빈과 카스텔리옹에 있어서 양심의 자유."「신학지남」1999:

66-97.

_____. "칼빈과 프랑스의 종교적 자유." 「신학지남」 67(2000): 103-137.

_____. "베자(Beza)의 서가문에 나타난 칼빈상." 「신학지남」 56(1989): 138-161.

박경수. "미카엘 세르베투스 사건에 대한 평가: 칼빈은 프로테스탄트 불관용의 대표자였는가?" 『교회의 신학자 칼빈』 서울: 대한기독교서회, 2009: 191-212.

박효근. "위그노의 꿈과 좌절." 『전쟁과 프랑스 사회의 변동』 성남: 홍문각, 2017: 87-121.

_____. "프랑스 종교개혁과 파리 위그노 공동체." 「한성사학」 28(2913): 109-44.

_____. "생 바르텔르미 대학살과 폭력의 재구성." 「서양사론」 123(2014): 170-99.

_____. "프랑스 종교개혁과 위그노 여성의 '역설'." 「여성과 역사」 19(2013): 143-72.

양신혜. "성경의 권위에 대한 베자의 이해." 「한국개혁신학」 57(2018): 133-66.

_____. "베자의 국가 저항권에 대한 이해." 「갱신과 부흥」 24(2019): 85-114.

_____. "고난 중에 핀 꽃: 참된 그리스도인의 삶: 베자의 『흑사병에 대하여 알아야 할 것』을 중심으로." 고신대학교 2019년 종교개혁 기념 학술제 발표집.

_____. "카스텔리오의 종교적 관용의 신학적 토대로서의 이성에 대한 이해." 「성경과신학」 74(2015): 1-31.

_____. "칼빈의 종교적 관용에 대한 이해." 「한국기독교신학논총」 85(2013): 117-142.

임승휘. "프랑스 종교전쟁과 관용 개념의 탄생-푸아시 회담(1562)에서 낭트칙령(1598)까지." 「이화사학연구」 37(2008): 289-315.

_____. "프랑스 신교도 모나르코마크의 정치이론(1572-1584)." 「프랑스사연구」 (2006): 5-28.

임원택. "칼빈의 후계, 베자." 고신대학교 개혁주의학술원 편. 『칼빈과 종교개혁자들』 부산: 고신대학교 출판부, 2012: 69-84.

Amstrong, Brain. "Semper Reformanda: The Case of the French Reformed Church, 1559-1620." ed. W. Fred. Graham. *Later Calvinism International Perspective*. Kirksville: Sixteenth Century Journal Publishers, 1994: 119-140.

Bainton, Roland Herbert. *Woman of the Reformation in France and England*. NP: Academic Renewal Press, 2001.

Baird, H. Martyn. *Theodore Beza*. Eugene, Orgen: Wipf & Stock, 1899.

Berg, M. A. van den. *Friends of Calvin*. Grand Rapids, Mich.: W. B. Eerdmans, 2009.

Bray, J. S. *Theodore Beza's Doctrine of Presdestination*. Nieuwkoop: De Graaf, 1975.

Diefendorf, Babara B. "The Religious Wars in France." In *A Companion to the Reformation World*. ed. R. Po-chia Hsia. Oxford: Blackwell, 2006.

_____. *The Saint Bartholomew's Day Massaacre: A Brief History with Document*. Bedford: St. Martin, 2009.

Garrisson, Janine. *Les Protestants au xvie siècle*. Fayard, 1988.

Geisendorf, Paul-F. *Théodroe de Bèze*. Geneva: Alexandre Jullien, 1967.

Gorden, B. 이재근 옮김. 『칼뱅』 서울: IVP, 2018.

Grant, A. and Ronald Mayo. 조병수 옮김. 『프랑스 위그노 이야기』 용인: 가르침, 2018.

Gray, Janet Glenn. *The French Huguenots-Anatomy of Courage*. Grand Rapids: Baker House, 1981.

_____. "The Origin of the Word Hugenot." *The Sixteenth Century Journal* 14(1983):

Greef, W. 황대우 옮김. 『칼빈의 생애와 저서들』 서울: SFC, 2006.

Holt, Mark P. *The French Wars of Religion, 1562-1629*. Cambridge, New Yor: Cambridge University Press, 2005.

Jungen, Ch. 김형익, 이승미 옮김. 『칼빈이 말하는 그리스도인의 사회참여』 서울: 실로암, 1989.

Kingdon, Robert M. *Geneva and the Coming of the Wars*. Genève, 1956.

_____. *Genevan and the Consolidation of the French Movement*. Genève, 1967.

Kraus, Joachim. "The Contemporary Relevance of Calvin's Theology."

Link, Christian. "Bekenntnis der in Frankreich zerstreuten Kirche 1559." *Calvin Studienausgabe*. Bd. 4, ed. E. Bush. Neukirchen-Vluyn: Neukirchener, 2002.

Maag, Karin. *Seminary or University?: the Genevan Academy and reformed higher education, 1560-1620*. Brookfield: Scolar Press, 1996.

Manetsch Scott M. 신호섭 옮김. 『칼빈의 제네바목사회의 활동과 역사』 서울: 부흥과개혁사, 2019.

_____. "Beza and the Crisis of Reformed Protestantism." In Martin I. Klauber. *The Theology of the French Reformed Churches: From Henri IV to the Revocation of the Edict of Nantes*. Grand Rapids: Reformation Heritage Books, 2014: 24-56.

_____. "The Journey Toward Geneva: Theodroe Beza's Conversion, 1535-1548." David Foxgrover ed. *Calvin, Beza and Later Calvinism*. Grand Rapids, Michigan: Calvin Studies Society, 2006: 38-57.d

_____. *Theodore Beza and the Quest for Peace in France, 1572-1598*. Leiden: Boston: Köln: Brill, 2000.

Maruyama, Tadataka. *The Ecclesiology of Theodore Beza*. Geneva: Libreairle Droz, 1987.

Maurois, Anre. 신용석 옮김. 『프랑스사』 서울: 김영사, 2006.

McNeill, John T. 『칼빈주의 역사와 성격』 서울: 크리스찬다이제스트, 1994.

Menna Prestwich ed. *International Calvinism 1541-1715*. Oxford: Clarendon, 1985.

Monter, W. *Calvin's Geneva*. Huntighton: Krieger, 1975.

Muller, Richard, A. "Theodore Beza(1519-1605)." In *The Reformation Theologians: An Introduction to Theology in the Early Modern Period*. ed. Carter Lindberg. Oxford: Blackwell, 200: 213-224.

_____. "Use and Abuse of a Document: Beza's Tabula Praedestinationis, The Bolsec Controversy, and the Origins of Reformed Orthodoxy." In *Protestant Schloasticism: Essays in Reassesment*. ed. Carl R. Trueman and R. S. Clark, 33-61. Carlisle: Paternoster, 1999.

_____. *Post-Reformation Reformed Dogmatics*. vol. I. Grand Rapid: Baker Books, 1987.

Petri, Hans. *Blätter für Wüttembergische Kirchengeschichte* 55. 1955.

Raitt, Jill. "Theodore Beza(1519-1605)." In *Shapers of Religious Traditions in Germany, Switserland, and Poland, 1560-1600*. New Haven and London: Yale University Press, 1981: 89-104.

_____. "Beza, Guide for the Faithful Life." *Scottish Journal of Theology* 39 (1986): 83-107.

_____. *The Eucharistic Theology of Theodore Beza: Development of the Reformed Doctrine*. Cambersburg, PA: American Academy of Religion, 1972.

_____. *The Colloquy of Montebéllard: Religion and Politics in the sixteenth century*. New York: Oxford University Press, 1993.

Reid, W. Standford. "Calvin and the Founding of the Academy of Geneva." *The Westminster Theological Journal* 18(1955): 1-33.

Schaff, Philip. 박종숙 옮김. 『교회사전집』 7. 고양: 크리스챤다이제스트, 2004.

Selderhuis, H. 김귀탁 옮김. 『칼빈의 핸드북』 서울: 부흥과개혁사, 2013.

Sinnema. "Calvin and Beza: The Role of the Decree-Excution Distinction in their Theologies." Calvinus Evangelii Propugnator: Calvin, Campion of the Gospel (Papers

Presented at the International Congress on Calvin Research, Seoul, 1988. Grand Rapids, 1988.

_____. "Beza's View of predestination in Historical Perspective." In *Théodore de Bèze(1519-1605): Actes du Colloque de Geneve*. Droz, 2007.

Southworth, John F. "Theodore Beza, Covenantalism, and Resistance to Political Authority in the Sixteenth Century." Ph. D. Westminster Theological Seminary, 2008.

Spijker, W. van't. 박태현 옮김. 『칼빈의 생애와 신학』 서울: 부흥과개혁사, 2009.

Steinmetz, David C. *Reformers in the Wings: From Geiler von Kaysersberg to Theodore Beza*. Grand Rapids: Baker Book House, 1971.

Stjerna, Kirsi. 박경수, 김영란 옮김. 『여성과 종교개혁』 서울: 대한기독교서회, 2013.

Sunshine, Glen S. "Reformed Theology and the Origins of Synodical Polity: Calvin, Beza and the Gallican Confession." In *Later Calvinism International Perspective*. ed. W. Fred Graham: 141-58.

VanDrunen, D. 김남국 옮김. 『자연법과 두 나라: 개혁파사회사상의 발전에 대한 연구』 서울: 부흥과개혁사, 2018.

Wendel F. 김재성 옮김. 『칼빈: 그의 신학사상의 근원과 발전』 고양: 크리스챤 다이제스트, 1999.

Witte, John Jr. 정두메 옮김. 『권리와 자유의 역사: 칼뱅에서 애덤스까지 인권과 종교자유를 향한 진보』 서울: Ivp, 2015.

Wright D. Shawn. *Theodore Beza The Man and the Myth*. Glasgow:

Christian Focus Publications Ltd., 2015.

Yardeni, Myriam. "French Calvinist Political Thought, 1534-1715." In *International Calvinism 1541-1715*. Menna Prestwich ed. Oxford, 1985: 315-377.

저자 소개

총신대에서 신학을 공부하고, 서강대에서 종교학을 전공했다. 이후 독일로 넘어가 베를린 훔볼트대학에서 칼빈의 성경의 권위와 해석으로 신학박사학위를 받았다. 총신대, 칼빈대, 대신대에서 교회사를 가르치며 교회를 위한 신학을 꿈꾸며 교회의 교사 양육을 위한 '교리학교'를 만들어 섬기고 있다.

베자
교회를 위해 길 위에 서다

초판 인쇄 2020년 1월 6일
초판 발행 2020년 1월 15일

지은이 양신혜
발행인 최우식
발 행 익투스

책임편집 박상범 **편집** 김귀분
마케팅 팀장 김경환 **마케팅** 박경헌
마케팅지원 주정중, 박찬영
행정·경영지원 현지혜
제작 서우석 **홍보·교정** 홍주애
외부교정 송지수

주소 서울시 강남구 영동대로 330
전화 (02) 559-5655-6 **팩스** (02) 554-0782
홈페이지 www.holyonebook.com
출판등록 제2005-000296호
ISBN 979-11-86783-20-7 03230

ⓒ2020, 익투스
잘못된 책은 바꾸어 드립니다.